FLEUR DE LYS

FLEUR DE LYS

PAR

OSMOND

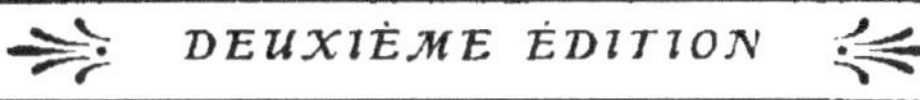

DEUXIÈME ÉDITION

NANTES

Imprimerie A. DUGAS & Cie

5, quai Cassard

—

1905

En Vente aux Bureaux de la LÉGITIMITÉ

29, Rue de la Trésorerie — BORDEAUX

A *Monsieur le Comte de Lucin*

Monsieur le Comte,

Les devoirs de mon ministère ne me permettent plus de m'occuper de la question de Louis XVII. Aussi depuis quatre ans que je suis ici, si je suis resté un convaincu, j'ai cessé d'être un militant. Mais vous m'avez offert de rééditer ma brochurette de 1897, *Fleur de Lys*. Je ne pouvais pas refuser. Il me fallait d'ailleurs peu de travail pour la compléter et la mettre au point. C'était l'affaire de trois jours de réclusion.

Et maintenant voici mon œuvre. A vous de lui donner un renouveau de vie. Il ne me reste plus, avant de retourner à mes occupations professionnelles, qu'à vous souhaiter bon succès, à vous remercier au nom d'une cause qui m'est toujours chère, et à vous dire que, désormais, vous possédez la reconnaissance et le respectueux dévouement de

votre féal,

Osmond.

Coullons (Loiret), ce 15 mars 1905.

IN HOC SIGNO VINCES

ERRATA

Pages	au lieu de :	lisez :
84	qui l'amena jadis	qui l'attira
95	27 avril 1836	1840
98	en témoignage	en témoigne
100	l'indépendance de sa justice	dans sa justice
129, note	en possédaient	en possèdent
136	sur ce point erroné	sur tel point
138	immédiatement en France	immédiatement en arrivant en France
152, note	et de la ressemblance	et la ressemblance
168	pas tous leur indépendance.	leur indépendance. »
180, note	Boulevard du Collège, 19	du Collège, 19, Limoges.
193	sur notre vieille cité	vieille Société
XXVIII	Il a dû être de la part des Bourbons	pour les Bourbons
XXXII	Etait manqué, on voulait	étant manqué, on voulait

FLEUR DE LYS

PAR

OSMOND

I

LE LIVRE AU MOUCHOIR

Une des choses qui étonnaient le plus grand'mère, — il y a de cela quarante ans, hélas ! — c'était de me voir pleurer en lisant. Elle, qui ne savait pas lire, se demandait par quel étrange phénomène, du noir sur du blanc pouvait bien me tirer les larmes des yeux. J'avais beau lui dire que c'était très touchant, lui raconter parfois l'histoire que je lisais, elle me regardait, tout en m'écoutant, avec quelqu'inquiétude : « Etait-il Dieu possible qu'il y eût tant d'affaires sur des bouts de papier ? » Un jour, son inquiétude devint réelle et vive. J'avais trouvé à la Bibliothèque paroissiale un livre intitulé *Louis XVII*, par M. de Beauchesne. Couché à plat ventre sur la maie, les pieds en l'air, le bras gauche accoudé et soutenant la tête — c'était ma position favorite — je lisais la mort du pauvre petit Louis XVII au Temple, et mes larmes coulaient. Arrivées à la pommette des joues, elles tombaient une à une, goutte à goutte à chaque instant plus pressées et plus larges. Bonne maman entendit leur bruissement sur le papier et m'arracha le livre des mains, je les joignis en suppliant. Elle me regarda dans les yeux et jusqu'au fond de l'âme. J'avais le visage transfiguré par l'émotion, le regard brillant, quoique voilé par les larmes. « Grand'mère, lui dis-je, il s'agit de votre pauvre petit Dauphin, dont vous m'avez tant parlé. Vous pleuriez vous-même en me racontant son martyre. Laissez-moi lire et je vous dirai tout ensuite. »

Quand je fus en état de tenir ma promesse, bonne maman fut émue comme moi et comprit pour la première fois de sa vie, qu'un morceau de papier imprimé pouvait faire pleurer. C'est M. de Beauchesne qui avait opéré ce miracle.

Le fait est que M. de Beauchesne est empoignant. C'est un magistral metteur en scène. Pendant trente ans il a remué toutes les âmes.

Et voici qu'un jour on nous le lisait au réfectoire du collège où j'achevais mes études, et nos cent cinquante fourchettes s'appliquaient à être aussi silencieuses que possible. On sortit en récréation, et chaque groupe d'élèves ne parlait que de Louis XVII. On admirait M. de Beauchesne. Alors un de nos vieux maîtres, un prêtre, s'approcha et nous dit : « Quel splendide roman, mes amis ! » Il y eut un cri d'unanime pro-testation : « Comment, monsieur, un roman ! » Le prêtre sou-rit et nous dit : « Eh, oui, un roman, car j'ai parfaitement connu dans l'Ouest un vénérable chanoine qui, étant jeune prêtre, avait vu Louis XVII au camp de Charette. » Je fus suffoqué. — « Oh ! monsieur, m'écriai-je, c'est trop beau pour être un roman ! — C'est un roman, reprit-il, Louis XVII s'est évadé du Temple. Après cela les infortunes que M. de Beau-chesne nous conte ne sont rien à côté des infortunes vraies du malheureux Dauphin ! » (1)

---

(1) Un roman !! Ce vieux maître ne se trompait pas.

Le Cte de Cornulier-Lucinière nous écrivait, de Nantes, ce qui suit, il y a peu de jours :

« M. l'abbé L.... (vénérable ecclésiastique Nantais) vient de me raconter, il y a 48 heures, que son ami le curé de St-Gohard, à St-Nazaire, aperçut, un jour, vers 1875, du haut de la passerelle d'un transatlantique, où il se trou-vait, un monsieur décoré, à la tournure distinguée, qui semblait examiner le navire avec une grande attention.

« L'idée lui vint de descendre sur le quai du bassin et de s'adresser à cet étranger, auquel il proposa de visiter le bâtiment, en l'informant qu'il **avait** l'autorisation d'y introduire ses amis. L'offre fut acceptée avec **empressement**.

« La visite du steamer terminée, le curé demanda à ce monsieur **à qui il** avait eu l'honneur de parler.

— Au Cte de Beauchesne.

— Seriez-vous l'auteur de la vie de Louis XVII ?

— Non : ce n'est pas moi, mais c'est mon frère qui en est l'auteur !

— Pourrais-je vous demander ce que vous pensez de ce livre ?

— Oh ! oh ! *ce* **roman** *lui a bien été payé !!!* »

Heureusement la cloche sonna la fin de la récréation, car j'allais répliquer avec plus ou moins de convenance et attraper un 4, c'est-à-dire un *très médiocre* de « Discipline générale », qui m'aurait fait priver de sortie mensuelle.

⁎

Quinze ans plus tard je voyais annoncé dans mon journal un livre nouveau, la *Survivance du Roi-Martyr par un ami de la Vérité*. Je sautai sur ma plume et demandai à mon libraire s'il avait quelque chose de sérieux sur Naundorff. Je reçus, quelques jours après, un livre aujourd'hui introuvable, intitulé : *Naundorff ou Mémoire à consulter sur le dernier des faux Louis XVII*, par A. F. V. Thomas, chevalier de la Légion d'honneur, ex-inspecteur général de l'approvisionnement des combustibles de la ville de Paris, etc., Paris, Dentu et Delaunay, 1837. Je me trouvais avoir, du premier coup, le livre le mieux documenté et le mieux écrit contre Naundorff. Le fils de ce M. Thomas, en effet, avait été d'abord un partisan ardent du prétendant; il avait même, en 1835, publié le journal la *Justice* en sa faveur, et puis, après avoir bien connu ses secrets et ses relations s'était tourné contre lui. Le procédé me semblait malpropre, mais le livre pouvait être instructif.

Je lus avec avidité.

Et j'appris avec stupéfaction que Naundorff avait été reconnu comme Louis XVII par Madame de Rambaud, jadis première femme de chambre de M. le Dauphin depuis sa naissance jusqu'à sa réclusion au Temple, et aussi par M. de Joly, dernier ministre de la justice de Louis XVI. Ces autorités me parurent imposantes. Il est vrai, l'auteur voyait dans l'adhésion de M. de Joly « la suite de la faiblesse de l'âge ». Et quant à Madame de Rambaud, l'auteur en dit ceci : « Elle me parut bien intelligente pour le métier de dupe. J'eus peur de calomnier son esprit en justifiant ses intentions ». Mais, sur ces entrefaites, j'avais déniché dans la bibliothèque d'un ami, les *Mémoires* du vicomte Sosthène de la Rochefoucauld, le père du duc de Doudeauville et du feu duc de Bisaccia ; M. de la Rochefoucauld y raconte que les personnes qui s'étaient intéressées à Naundorff « n'avaient pu résister au témoignage d'une femme *fort honnête*, jadis au service de la famille royale, et qui affirmait que dans le personnage qu'on lui représentait, elle reconnaissait parfaitement le fils de l'auguste Marie-Antoinette... Ceci devenait sérieux, car si la méfiance est naturelle et juste dans un cas pareil, il faut pourtant qu'elle s'arrête quelque part et le témoignage de cette femme ne manquait pas d'importance ».

Plus bas, le vicomte nomme positivement madame de Rambaud et donne sa lettre à la duchesse d'Angoulême, lettre par laquelle elle annonce à Madame qu'elle a retrouvé son auguste frère. Je la reproduirai en son lieu.

Pour M. de Joly, j'avais de quoi me renseigner dans ma propre bibliothèque. J'avais eu jadis comme *prix*, l'histoire de l'archiconfrérie de Notre-Dame-des-Victoires, archiconfrérie dont M. de Joly fut la première conquête. Or, j'y lis que M. de Joly, avocat à la Cour de cassation, demeura jusqu'à sa mort (1837) le conseil, très expérimenté et très recherché, d'un grand nombre de familles. Ainsi M. de Joly n'était point un... vieux radoteur, Madame de Rambaud n'était point... une vieille rouée, et M. Thomas s'était laissé aveugler par la rancune. — Mais alors ?...

* *

Quelques mois plus tard, Madame Gayraud, femme d'un colonel alors en garnison à Bordeaux, disait à Mademoiselle Nancy Bouis (12, rue Sainte-Lucie, Carcassonne) (1) qui a fondé, avec moi, *La Légitimité* : « M. de Beauchesne a avoué à un prêtre qu'il avait fait son *Louis XVII* sur commande et que, si ceux-là qui lui avaient demandé l'ouvrage, l'avaient

---

(1) Je viens de nommer Mlle Bouis. Je ne l'ai jamais vue. C'est par Madame Amélie, fille aînée de Louis XVII, que j'ai été mis en rapports avec elle. Au commencement de nos relations épistolaires, je lui demandai qui elle était. *Quid dicis de teipso?* Sa réponse me fut une notice biographique suffisante. Mlle Bouis avait pour elle esprit, distinction, cœur et piété. J'en savais assez et je lançai avec elle — à cent cinquante lieues de distance — cette frêle nef de *Légitimité*. Elle flotte encore. *Fluctuat nec mergitur.* Depuis lors, les événements de la vie nous ont séparés, mais je n'en conserve pas moins pour ma collaboratrice de 1883, le plus respectueux et — elle aurait pu, par son âge, être ma mère. — le plus filial souvenir.

voulu, il eût aussi bien défendu l'évasion qu'il a soutenu la mort au Temple. Cet aveu de M. de Beauchesne, je le tiens de l'ecclésiastique à qui il a été fait ».

Quand j'eus connaissance de cet aveu, je me décidai à étudier à fond la question Louis XVII. Mais déjà le livre de M. de Beauchesne, qui m'avait fait mouiller des mouchoirs, était incapable désormais de me tirer une larme, car je ne croyais plus que... « c'était arrivé ».

Si maintenant vous voulez savoir, lecteurs, comment je suis devenu naundorffiste, je ne demande pas mieux que de vous montrer la route suivie. Mais ce sera pour le prochain chapitre : le chemin de Damas n'est pas d'un parcours aussi facile qu'un de nos modernes boulevards.

II

SUR LE CHEMIN DE DAMAS

Les gens de loisir sont parfois bien embarrassés de leur temps. Savoir tuer le temps, eh ! c'est un art dans certains milieux. Et cependant on a beau se livrer à tous les plaisirs à la mode, on ne parvient pas toujours à chasser l'ennui. Je ne parle pas de Paris où la vie est absorbante, je parle du Gâtinais, où certes aucun tourbillon mondain ne vous emporte. Toutefois je n'eus pas besoin, pendant l'hiver de 1880 à 1881 de chercher, chaque jour, comment je passerais la journée du lendemain. J'avais acheté le *Louis XVII* de Beauchesne, le plaidoyer de Jules Favre, pour les Naundorff, la *Survivance du Roi Martyr* et toutes les brochures pour et contre les prétentions naundorffistes. Puis j'avais acheté aussi — fort cher, naturellement — les livres épuisés, spécialement ceux de Gruau de la Barre, qui fut, pendant cinquante ans, l'homme-lige de Naundorff, et ensuite le tuteur et le « vice-père » de ses enfants. Enfin, je m'étais procuré à peu près tous les livres parus jadis en faveur du faux-dauphin Richemont, y compris la collection de son journal l'*Inflexible*. Il s'agissait d'abord d'absorber, de digérer, de s'assimiler tout cela et ensuite, au milieu de tout ce fatras, de trouver sa voie.

Ce n'était pas chose facile. J'y mettais, modérément, de douze à quatorze heures sur vingt-quatre. J'étudiais toute la journée et le soir, quand j'avais *soupé* je me mettais encore à mon bureau pour étudier. Ah ! tenez, parlez-moi des heures de nuit en province et dans la campagne pour l'étude sérieuse ! Les heures coulaient : je n'avais plus la notion du temps. La pendule sonnait ; je ne l'entendais pas. Mon feu s'éteignait : j'avais bien la sensation physique et instinctive du froid aux pieds, mais je n'en n'avais pas le sentiment réflexe et poursuivais mon travail. Heureusement ma lampe à pétrole ne contenait d'huile que pour neuf à dix heures. Allumée à quatre heures du soir, elle baissait et s'éteignait vers une heure du matin. Il fallait bien se coucher alors, les pieds glacés... et sans faire de bruit. Ma vieille servante, en effet, demeurait au-dessus de moi, et entendait tous mes mouvements. J'étais devenu expert pour déjouer sa sollicitude quasi maternelle et quelque peu tyrannique. Je savais détourner mon fauteuil de bureau, me déchausser, me dévêtir sans faire entendre le plus léger bruit. Je connaissais même et savais éviter telle lame de parquet qui gémissait sous mon poids. Aussi la bonne mère *Génie* — lisez Eugénie — ne se douta jamais de mes nuits laborieuses. Seulement elle fit ressouder sur toutes les coutures mon bidon à pétrole, croyant qu'il s'en allait, puis rassurée sur ce point, elle changea deux fois d'épicier : leur marchandise ne valait rien, disait-elle.

*
* *

Les brumes de l'hiver faisaient place maintenant au radieux soleil du printemps. Les ténèbres de l'Histoire s'évanouissaient aussi et faisaient dans mon esprit, place à la lumière. Au retour des hirondelles mon *opinion* était fixée. Je dis *opinion* et non *conviction*, car pour aller de l'une à l'autre, il fallait encore une nouvelle étape. Mais enfin, c'est déjà beaucoup d'avoir une opinion et j'en avais une. Et d'abord rien ne me prouvait positivement la mort de Louis XVII au Temple. Il y avait bien son acte de décès donné en *fac-simile* par M. de Beauchesne, mais cet acte, M. de Beauchesne l'a trouvé, non pas à son rang dans le registre des décès, mais en feuille volante dans le registre des commissaires de police de la Ville de Paris ; il en convient.

Et bien fait-il. Cet acte en effet porte le n° 364. Mais nul n'a jamais pu dire les noms des personnes inhumées sous les n°s 363 et 365. Ç'eut été pourtant bien facile si l'acte eut été à sa place dans le registre officiel.

Et alors quelle autorité cet acte peut-il avoir ? Qui prouve qu'il n'a pas été fait vingt ans plus tard sous la Restauration et pour les besoins de la cause ? Il y a bien aussi le procès-verbal d'autopsie, mais il est insignifiant au point de vue de l'identité de l'enfant du Temple. Les quatre médecins opéra-teurs y disent : « Nous avons trouvé dans un lit le corps mort d'un enfant qui nous a paru âgé d'environ dix ans et que les commissaires *nous ont dit être* celui du fils de défunt Louis

Capet. » Ils ne se compromettent guère les médecins du Temple ! *On leur a dit* que c'était bien le Petit Capet. Mais était-ce bien lui en effet ? Ils refusent de l'affirmer, et cependant deux d'entre eux, médecins de la famille royale connaissaient fort bien M. le Dauphin. Eh bien ! ils n'ont pas voulu déclarer que c'était lui et ils ont pris une périphrase.

Mais du moins, va-t-on me dire, les commissaires, eux, le connaissaient bien ? Eh non ! Ces commissaires étaient : Damont, Gomin et Lasne. Damont était de service au Temple depuis deux heures quand l'enfant mourut. Avait-il vu le prince trois ans plus tôt avant son emprisonnement ? C'est possible. Mais entre un enfant de sept ans bien portant et un enfant de dix ans agonisant, il y a quelque différence. Damont ne pouvait le reconnaître avec certitude.

Si encore l'enfant avait affirmé directement ou indirectement, par quelque propos, son origine royale ! Mais non, Damont lui a entendu dire cette seule parole fort banale : « Mettez-moi dans un endroit où je ne souffre pas autant. » On peut dire cela sans être roi de France.

Quand à Gomin et à Lasne (1), qui furent au Temple l'un sept mois, l'autre deux mois, ils ont dû bon gré mal gré, s'apercevoir de la substitution. Je l'avoue, et leur témoignage serait grave et même décisif contre Naundorff, n'étaient les circonstances dans lesquelles ils l'ont rendu. C'était aux premiers temps de la Restauration, Louis XVIII avait chargé le comte Decaze de faire une enquête pour retrouver et récompenser ceux qui s'étaient montrés fidèles ou simplement humains lors du martyre de Louis XVI et des siens. L'historien Chantelauze en convient, beaucoup furent « alléchés par la perspective. » Louis XVIII fut stupéfait du nombre et de l'ardeur des dévouements qui se révélaient. On eût dit que le Temple, la Commune, la garde nationale avaient été, de 1792 à 1795, exclusivement peuplés de royalistes. Gomin trouva le moyen d'entrer directement au service du roi, d'abord comme concierge de Meudon, puis comme fourrier des feutiers. Et la place était bonne, car même après la chute de Charles X en 1830, les Bourbons exilés lui firent jusqu'à sa mort, une pension de

---

(1) Qui ont été les gardiens du Dauphin.

retraite, lui fournissant ainsi quinze ou dix-huit cents... bonnes raisons de se taire.

S'il avait dit que l'enfant mort au Temple n'était pas Louis XVII, il n'eût pas fait partie de la domesticité de Louis XVIII.

Quant à Lasne, M. Decaze lui fit espérer une pension civile et la croix d'honneur. Sa maladresse, toutefois, l'empêcha d'atteindre le but. Sa vantardise fut si grande, lorsqu'il rappela ses services que la Restauration ne le crut pas. Il soutint néanmoins ses dires avec opiniâtreté ; on a son amour-propre ! Seulement, la vérité seule est constante avec elle-même, et voici l'infortune qui advint à Lasne et à Gomin. Plusieurs fois ils furent appelés en justice, à propos de Naundorff ou de l'imposteur Richemont, en 1834, 1837 et 1840. Or leurs dépositions — assermentées, hélas ! — sont en contradiction si évidente avec la vérité connue et avec leurs propres témoignages, que, manifestement, ces dépositions sont celles de faux témoins. Un de nos adversaires, M. de la Sicotière veut bien convenir que Lasne et Gomin se sont contredits sur certains « détails. »

« *Détail* » est très joli !

Par exemple :

« J'ai été nommé en septembre 94. — Non, en mars 95. — J'ai gardé l'enfant neuf mois ; non, quarante jours ; non, deux mois et dix jours. » Détail !

« L'enfant m'a parlé tous les jours et il disait de très jolies choses. — Non, je n'ai entendu le son de sa voix qu'une seule et unique fois pendant tout le temps. » Détail !

« Il est mort un matin. — Non, à deux heures et quart. — Non, à trois heures. » Détail insignifiant !

« J'étais seul avec lui quand il est mort, dit Lasne. — Non, dit Gomin, il est mort sous mes yeux, — Non, dit Damont, j'y étais, moi, avec Lasne, quoiqu'il nie ma présence, et sans Gomin, quoiqu'il prétende y avoir été. » Détails ! Détails !

« Il est mort sur mon bras gauche. — Non, dans son lit et en extase. — Non, sans concert angélique et sur la selle, parce qu'un besoin le tourmentait. » Particularité sans importance !

« Je l'avais vu aux Tuileries, comme capitaine des gardes françaises, où j'avais dix-sept ans de service. — Mais non, car les Tuileries étaient alors inhabitées, je n'étais même pas sergent, et le prince n'était pas né. » Minime particularité !

« Je l'avais vu souvent. — Non, je ne l'avais jamais vu. » Détail infime ! Nuance légère !

Un homme bien conciliant que M. de la Sicotière ! Conciliant à outrance !

Mais en voilà assez. Si c'est uniquement à cause des mensonges assermentés de ces deux hommes-là (1) que Naundorff a été traité d'imposteur, il faut l'avouer, son procès est révisable. En lisant les dépositions de Lasne et de Gomin, les yeux et le cœur se reportent invinciblement vers un autre tribunal, à Jérusalem...

« Et certains individus se levant portaient contre Lui un faux témoignage...

« Et leurs témoignages ne s'accordaient pas ! »

Ce texte de la Passion s'applique admirablement à Gomin et Lasne. Seulement, l'Evangéliste ne dit pas que chacun des deux faux témoins se soit contredit lui-même, tandis que Lasne et Gomin se contredisent eux-mêmes, et sur des points capitaux.

Je me suis attardé. Hâtons-nous. Donc rien ne me prouvait vraiment que Louis XVII fut mort au Temple.

*
* *

Est-il prouvé qu'il en soit sorti ? Et alors quand et comment ? Certes ce ne sont pas les renseignements qui me manquaient ! J'avais sur le fait de l'évasion vingt témoignages authentiques et sérieux. Seulement comme ces renseignements étaient con-

---

(1) M. Foulon de Vaulx écrit dans le *Carnet* de novembre 1903 : « Tandis qu'à Paris on faisait dire à Lasne que Louis XVII était mort dans ses bras, dans le pays de Montbéliard dont il était originaire, il avait déclaré, à qui voulait l'entendre, qu'il y avait eu substitution d'enfant. Mme Dietz-Monin, dont la famille possède une des plus grandes industries de la contrée, se souvient fort bien m'a-t-elle dit, d'avoir, enfant, vu ce vieillard et d'avoir entendu souvent affirmer dans son entourage cette substitution. » D'autre part le *Figaro* du 15 novembre 1903 affirme que Mme la marquise de Roche-Bérenger « a conservé un manuscrit de Gomin des plus curieux, touchant l'évasion du jeune Louis XVII ». Mais ce sont là des renseignements dont il serait prématuré de faire état.

tradictoires, quant aux circonstances et quant à la date, je me trouvais fort indécis. Il y a des témoignages en faveur d'enfants qui ont été envoyés dans l'Ouest par la Convention pour embarraser la fidélité royaliste, et par les royalistes pour dépister les limiers de la Convention. L'intrigue des faux-dauphins, qui a duré plus d'un demi-siècle, a été ourdie tantôt par les ennemis du vrai Dauphin, dans le but de le démonétiser et de le faire passer pour un imposteur comme tant d'autres, tantôt par les amis du vrai Dauphin, dans le but de faire perdre sa trace ou, au contraire, de lui préparer la voie. Or, on a des témoignages fort authentiques sur plusieurs de ces personnages mystérieux. Leurs pistes, au sortir de la Tour fatale, se croisent et s'entrecroisent en un écheveau indémêlable. Impossible de reconnaître, de suivre sur un de nos chemins campagnards fréquentés par des troupeaux de moutons, la trace de telle ou telle brebis : impossible aussi de reconnaître sur le chemin de l'Histoire la trace vraie du Dauphin évadé, au milieu des changes créés par les ennemis et les amis. Alors que faire des témoignages authentiques que nous avons ??

*
* *

Je retournais le problème sur toutes ses faces. Un jour je crus avoir trouvé le mot de l'énigme. J'avais vu le brigadier de gendarmerie de mon canton arrêter un passant — le flot des mendiants n'inondait pas encore nos campagnes comme aujourd'hui, — je l'avais entendu lui dire de sa voix militaire : « Vos papiers ? ». L'homme interpellé avait tiré un livret de sa poche, l'avait montré au gendarme qui, satisfait de l'examen, avait dit : « Passez ! ». Tiens, tiens, me dis-je, mais je n'ai qu'à faire comme lui et à demander à la tourbe des faux-dauphins : « Vos papiers ? » Oui, mais voici ce que j'appris quelques semaines plus tard : l'homme au livret était en Cour d'assises. Il avait pris le livret à un compagnon de route et avait supprimé le volé pour éviter ses plaintes. Allons ! me dis-je, des papiers ne prouveront jamais rien. Il me faut des preuves qui défient le vol et la contrefaçon, des preuves intrinsèques et exclusivement personnelles. Où les prendre ?

Oui, où les prendre? Bien des semaines je « tirai des chainées » dans ma chambre, les mains derrière le dos, la pensée pleine de cette interrogation obsédante. A la fin le voile fut déchiré par la main de la mère Génie, ma vieille gouvernante. « Monsieur, me dit-elle, vous avez queupart (1) bien connu les Ragot, du Lieujoli? — Bien sûr, mère Génie. — Eh bien, vous ne savez donc pas ce qui est arrivé à Ernest, leur garçon? — Ma foi non, mère Génie. — M'est d'avis qu'il a de la ressemblance avec votre Louis XVII. Figurez-vous qu'il était parti, en 70, pour l'armée de la guerre. Il n'est revenu que huit ans après. Sa sœur qui avait reçu son extrait mortuaire après la bataille de Coulmiers et qui avait, comme de juste, hérité de lui, ne voulut pas le reconnaître. Même que son homme, un garçon à Bouteloup, des Collinets — revenait de la chasse au moment où elle mettait son frère à la porte comme un traînard ; *Maillassé*, le chien de Bouteloup, suivait son maître, le nez sur ses talons. Il était las c'te bête. Tout d'un coup, le traînard le reconnait et l'appelle : *Maillassé !*

Le chien relève le nez, regarde, hésite un instant, et puis, v'la qu'il le reconnait itou, bat de la queue, se couche à ses pieds, et puis saute après lui avec des petits cris et des petites jappées de contentement, et puis encore lui lèche les mains et se dresse pour le *bicher* au visage. Bouteloup tout afouberti, regarda sa femme, mais lui voyant une larme qui venait au coin de l'œil, épaula son fusil, mit le traînard en joue et lui dit : « L'homme, il n'est que temps. Allez vous-en. » L'homme reprit : « Maillassé, il n'y a que toi d'honnête ici. Viens. » Et le chien suivit son ancien maître, à la grande colère de l'autre qui le rappelait inutilement. Le pauvre renié s'en alla demander la couchée à son camarade de première communion qui, le lendemain, réunit à sa table une douzaine d'amis du catéchisme et de l'école. Ernest se fit longuement questionner par eux.

Il leur montra par ses réponses qu'il savait tout ce qu'Ernest Ragot devait savoir. Il dit même à quelques-uns en parti-

---

(1) Peut-être, en patois sancerrois.

culier, certaines affaires intimes et délicates qu'on ne fait pas battre à son de caisse. Puis il leur montra les **signes de son corps** et surtout une tache de café au lait qu'Ernest avait sur la poitrine, et les camarades s'écrièrent : « Rostchild est riche. Il pourrait acheter une majorité de députés, s'il voulait, mais une tache comme ça, s'il en avait envie, il ne pourrait pas se la payer. »

Et ils ajoutèrent encore : « Si tu n'étais pas Ernest, tu ne nous aurais pas convoqués. Un imposteur n'aurait pas eu ce toupet-là, sachant bien qu'il ne serait pas à la hauteur. » Et alors, monsieur, la sœur d'Ernest se décida, non à reconnaître son frère, mais à lui donner une forte somme pour qu'il... — Mère Génie ! m'écriai-je, j'ai mon affaire pour Louis XVII. *Eurêka !* Nous y sommes, de ce coup-là, sur le chemin de Damas. Ou plutôt, non, nous arrivons, nous sommes arrivés. Damas ! Damas ! Tout le monde descend ! »

Et je me sauvai dans ma chambre et me mis à mon bureau.

« Bonté de Dieu ! criait mère Génie, êtes-vous pressé, ce soir, monsieur ! Vous en oublierez bien votre prière, ma foi ! »

Mais, je n'écoutais plus ma vieille gouvernante. J'écrivais, j'écrivais, j'écrivais.

Cette nuit-là, quand ma lampe s'éteignit, je pris un flambeau sur ma cheminée et je continuai mon travail. Et quand le père Nicolas, le bedeau du village, tinta l'*Angelus* matinal, j'écrivais encore, j'écrivais toujours. Enfin, j'allai prendre deux heures de repos, quand tout le village se levait autour de moi. Inutile ! Impossible de dormir. Ma pensée formulait obstinément trois preuves d'identité entre Louis XVII et Naundorff ; trois preuves intrinsèques, incommunicables, absolues.

Ces trois preuves, les voulez-vous, lecteurs ?

Vous hésitez ? Eh bien ! auparavant, je vais vous faire entendre d'autres voix que la mienne. Voulez-vous entendre des anciens ou des modernes ! Vous aimez mieux écouter les voix avant l'écho ! Vous avez raison. Aussi bien, s'il est difficile de raconter, dans tous les détails, l'évasion du Dauphin et les circonstances ultérieures de sa vie mystérieuse, les témoignages concordent sur le fait même de l'évasion au moyen d'une substitution et sur les grandes lignes du récit.

III

INTERWIEV DE LA CONVENTION
ET DE LA COMMUNE

Mon Dieu, oui, nous allons, s'il vous plaît, interroger la Convention et la Commune, et ces terribles Assemblées vont se laisser faire. Toutes les réponses qu'elles nous feront, et que je vais vous transmettre, sont absolument authentiques et j'aurai soin, toujours, d'indiquer mes sources.

Je commence donc.

M. Hippolyte-Nicolas Poulain, comte du Fays (1), maréchal de camp retraité en 1820, a publié dans la *Justice*, en 1835, le témoignage suivant :

« En 1797, deux ans après la prétendue mort du fils de Louis XVI, je fus informé d'une manière positive, par Mme de G., que le duc de Normandie avait été sauvé du Temple, et que cet enfant n'avait pu sortir du Temple, qu'après décès de l'enfant que le *Comité de Salut public* avait fait passer pour lui ; que ce Comité, qui avait eu connaissance de la substitution, le croyait hors de ses mains ; tandis qu'il n'était pas sorti de la prison du Temple et qu'il y était adroitement caché ».

Barras avoue dans ses *Mémoires*, en essayant de détourner le sens et la portée du fait, que les Comités croyaient à l'évasion et en avaient laissé échapper le secret :

« Dans ce système de mensonges destinés au peuple, que les gouvernements les plus différents semblent se passer l'un

---

(1) On écrivait jadis comte Dufailly. — M. le vicomte Oscar de Poli a jadis prétendu contre nous que ce général était un personnage fictif. Depuis lors. j'ai publié dans la *Légitimité* du 1er octobre 1899 l'état-civil et les états de service de cet officier supérieur né à Langres. le 25 novembre 1764.

à l'autre dans la même vue de déception, les Comités répandaient le bruit que les détenus du Temple s'étaient évadés. »

Nous verrons plus loin que Barras ne veut pas tout dire et qu'il en savait plus long que ses collègues.

1° L'un des mieux instruits était Rovère. Le 13 septembre 1842, M. d'Arsac, de Lyon, déclare (1) :

« Feu M. Thomé Gaudin, avocat au Parlement de Grenoble, avait des rapports d'affaires et de confiance intime avec la famille du comte de Belmont, dont Mme la marquise de Rovère faisait partie. Cette dame avait donné les soins les plus délicats au susdit Thomé Gaudin pendant le temps de sa détention à Paris, lors de la grande persécution. A son retour de Grenoble, il me fit connaitre, *en décembre 1794*, avoir reçu de la bouche du marquis de Rovère l'avis de la délivrance du fils de Louis XVI des verrous de la prison du Temple, avec la circonstance que le prince avait été mis en sûreté hors de l'atteinte de ses ennemis..... J'ai toujours conservé la certitude de l'existence de ce prince. Je l'affirmai en face des contradictions des émigrés dont j'étais entouré à Lyon, en 1796, et qui me pressaient d'en porter le deuil. »

M. d'Arsac savait bien, après ce que Rovère lui avait dit, que l'enfant mort au Temple était un substitué.

2°. — Le 28 décembre 1794, le conventionnel Lequinio demanda que le jeune Capet fut expulsé afin de « purger le sol de la liberté du seul vestige de royalisme qui y reste ». Si l'enfant du Temple était un substitué, il était impossible de satisfaire Lequinio sans dévoiler le mystère. Le 22 janvier 1795, ies Comités firent leur rapport. En voici les conclusions :

« Un ennemi est bien moins dangereux lorsqu'il est en votre puissance que lorsqu'il passe aux mains de ceux qui soutiennent sa cause ou qui ont embrassé son parti. Supposons que l'héritier de Capet se trouve placé au milieu de nos enne-

---

(1) *La Restauration convaincue d'usurpation*, par Suvigny, 1851, Paris, imp. Lacour, rue Soufflot, 16, page 29. Tous les documents renfermés dans ce livre sont certifiés authentiques par une déclaration avec serment de MM. Suvigny, Pascal, Noyer et le célèbre sculpteur Foyatier. Ces Messieurs sont morts. mais par des intermédiaires que je connais *personnellement* et qui les ont connus *personnellement* tous les quatre. je suis assuré de leur probité et de la constance de leur témoignage.

mis,.bientôt vous apprendrez qu'il est présent sur tous les points où nos légions auront des ennemis à combattre. *Lors même qu'il aura cessé d'exister*, on le retrouvera partout, et cette chimère servira longtemps à nourrir les coupables espérances de Français traîtres à leur pays... L'expulsion des tyrans a presque toujours préparé leur rétablissement, et si Rome eut retenu les Tarquins, elle n'aurait pas eu à les combattre. »

Le rapporteur qui parlait ainsi, s'appelait... Cambacérès. Comme il prévoyait bien le pseudo-delphinisme et ses effets ! Or, était-il naturel de prévoir ainsi que la mort de Louis XVII serait contestable et contestée ? Non, car il eût été bien facile de faire la lumière. Si on ne l'a point faite, c'est qu'on la redoutait. Cambacérès savait bien ce dont il retournait. Il ne pouvait donc faire droit à la motion de Lequinio.

Au reste, s'il se prêta à la substitution et à l'évasion, ce ne·fut point par pure chevalerie. Un militant du parti royaliste, M. Joseph Paulin, qui mourut à Rouen le 3 janvier 1842, nous dit dans un témoignage publié de son vivant (1) :

« En 1795, la société dont j'ai parlé et à laquelle je continuais d'appartenir, n'ayant pu sauver Louis XVI, voulait au moins enlever son fils à ses bourreaux. De grands sacrifices avaient été faits auprès de Carnot (2), de *Cambacérès* et de plusieurs autres puissants d'alors, pour les rendre favorables à cette grande entreprise. Je me souviens d'avoir, souvent, par l'ordre du comte de Frotté, porté chez eux des sommes considérables en or. Mme de Beauharnais était au courant de ces démarches et les secondait.

« Le 2 ou 3 juin de cette même année 1795, je me trouvais à Rouen avec le comte de Frotté, il me dit d'aller chez une pauvre femme qu'on appelait la mère Paultier, vinaigrière, demeurant rue Martinville, au coin de la rue du Figuier, et que là on me

---

(1) *Mémoire* par M. Gruau de la Barre, avocat, au soutien de la plainte en diffamation contre le gérant du *Capitole*, 1840, page 67. — Ce témoignage a été publié aussi, et plus complet, dans un ouvrage subséquent du même auteur, les *Intrigues dévoilées*, T. I, p. 574.

(2) Nous ne comptons pas cependant Carnot au nombre de nos témoins parce qu'aucun écho ne nous est venu de lui.

donnerait de l'or qu'il fallait aussitôt porter à Paris. Je trouvais effectivement chez la mère Paultier un gilet en peau, dans la doublure duquel on avait cousu 48.000 fr. en or (1). Je revêtis ce gilet, et je m'acheminai sur Paris. En arrivant, je trouvai le comte de Frotté qui m'y avait précédé. Il me dit que tout était disposé pour l'enlèvement du Dauphin. »

Un conventionnel, Fabre (de l'Aude), auteur de l'*Histoire secrète du Directoire* publiée sur ses manuscrits, en 1832, raconte qu'ayant causé avec Cambacérès longtemps après la mort supposée de Louis XVII, et lui ayant rapporté une conversation tenue à ce sujet chez M. d'Esparbès, Cambacérès répondit : « Mon opinion est que le fils de Louis XVI n'est pas mort au Temple. — Mais, répondit Fabre, sur quoi fondez-vous cette opinion ? — Sur ce que je sais, répliqua-t-il froidement, et sur ce que je ne dirai point. — Pourquoi ? Les temps sont changés. — Non, pas au moins les hommes ».

La comtesse d'Adhemar, dans ses *Souvenirs sur Marie-Antoinette* (2) est aussi formelle, sur la participation de Cambacérès à ces mystères ;

« Certes, dit-elle, je ne veux en aucune manière multiplier les chances qui s'offriront à des imposteurs ; mais en écrivant ceci au mois de mai 1799, je certifie sur mon âme et conscience, être positivement sûre que Sa Majesté Louis XVII n'a point péri dans la prison du Temple. Promis aux Vendéens, on le leur a remis fidèlement ; mais en même temps par une politique infernale et POUR ENLEVER TOUT PRIX A CE GAGE PRÉCIEUX, on a répandu la nouvelle de sa mort (3). Lorsque j'arriverai à ce moment fatal de notre histoire, je me charge de réunir en un faisceau les preuves victorieuses de ce que j'avance ; mais je le répète, je ne me charge pas de dire ce que le Prince est devenu : je l'ignore. Le seul *Cambacérès*, homme

---

(1) Les louis étaient alors de 24 et 48 livres.

(2) Dont l'authenticité a été contestée, à tort peut-être. De même que la dernière rédaction des *Mémoires* de Barras a été faite par Rousselin, et celle du *Journal* de Cléry par Mariala, de même les *Souvenirs* de Mme d'Adhémar ont pu être rédigés par un autre sur ses papiers. Et cet autre, on le voit, était bien renseigné.

(3) La philosophie de l'évasion, telle qu'elle s'est faite, est ici bien comprise.

de la Révolution, pourrait compléter mon récit, car là-dessus il en sait beaucoup plus que moi. »

Il fut discret et bien lui en prit. Exilé un instant, après les Cent Jours, il rentra quand il le voulut bien, et Louis XVIII régularisa sa situation d'*Altesse* et de duc de Parme dépossédé, en lui conférant un nouveau titre. Voilà où menaient sous la Restauration, l'habileté et la prudence. Et encore avait-il été ministre pendant les Cent Jours, ce qui était pourtant aux yeux de Louis XVIII, le crime irrémissible.

3°. — Courtois, lui aussi, a connu la substitution et l'évasion. Son fils l'a raconté à M. Philibert Audebrand qui donna récemment son récit dans les *Annales Politiques et Littéraires* du 20 février 1898. Les souvenirs du narrateur sont un peu brouillés dans les détails. Heureusement nous en avons d'autres plus nets.

En 1836, un M. Aubry, de Bruxelles, était en prison pour dettes à Londres. On lui dit qu'il y avait en cette ville, raconte Gruau de la Barre (1), « un prince très bon pour les pauvres et on l'engagea à s'adresser à lui pour solliciter des secours ; ce qu'il fit. Le duc de Normandie, ayant reçu une lettre de cet homme que nous ne connaissions pas, me chargea de l'aller voir et de lui porter quelque assistance. La première fois que je vis le prisonnier, il me demanda quel était le prince français auquel il avait écrit et qu'on lui avait désigné sous le nom de duc de Normandie. Sur ma réponse que c'était le fils de Louis XVI, il me dit aussitôt.... « J'ai demeuré autrefois à quelques lieues de Remblusin, village de la Lorraine, où M. Courtois faisait lui-même sa résidence. J'ai eu l'occasion de le voir plusieurs fois, et je lui ai entendu dire : « Qu'un jour viendrait où des papiers qu'il avait en sa possession pourraient être d'une grande utilité à un auguste personnage qui avait été enlevé de prison ; qu'un décret de la Convention avait ordonné de grandes recherches et sans aucun succès ; que plus tard, on avait déclaré qu'il était mort en prison (2), sans que rien ait constaté qu'il ait été repris : ce

---

(1) Ce témoignage a paru, pour la première fois, en 1837 dans l'édition anglaise de l'*Abrégé des Infortunes du Dauphin*.

(2) Est-ce sous le Directoire ou sous Napoléon ?

qui prouvait incontestablement que ce personnage était réellement en fuite, et que sa mort prétendue n'était qu'un mensonge, et la substitution d'un autre à sa place. »

M. Aubry a donné à M. de la Barre un certificat concernant ces renseignements, dûment signé et daté du 15 mars 1837.

Ce témoignage était d'accord avec des renseignements que possédait, dès 1818, M. le marquis de Champagne. Nous donnons un extrait d'une lettre que le marquis écrivit le 27 août 1818, à un ami de Lyon. Cette lettre fut communiquée à M. Gozzoli, directeur de la *Voix d'un Proscrit*, qui la publia dans son numéro du 20 mai 1839 :

« Vous me demandez des détails sur le conventionnel Courtois, mort à Bruxelles, depuis l'exil des principaux régicides... Courtois se fit désigner par la Convention pour faire le rapport sur les papiers trouvés chez le dictateur : il devint par ce moyen le confident de tous les personnages qui avaient été en correspondance avec Robespierre... A l'époque du 18 fructidor, je lui parlai de la possibilité de voir revenir les princes et Louis XVIII à leur tête. Il me répondit : « Croyez-vous que Louis XVII soit mort ? Et connaissez-vous *le véritable auteur de la Révolution* ? J'ai vu tous les papiers de Robespierre, et si vous connaissiez tout ce que je sais, vous ne parleriez pas de Louis XVIII comme de l'héritier du trône. *Robespierre a été son principal agent !* » Je fis observer à Courtois qu'il accusait Louis XVIII parce qu'il voyait en lui le vengeur de son frère Louis XVI... Courtois me répliqua par ce vers de *Rhadamiste* :

> Hérite-t-on Seigneur, de ceux qu'on assassine !

« J'ai souvent vu Courtois depuis cette époque ; il m'a toujours assuré que le jeune roi n'était pas mort au Temple. »

4° — Harmand (de la Meuse) fut chargé, avec Mathieu et Reverchon, de visiter le petit prisonnier du Temple, au nom des Comités. Ce fut une de ces enquêtes, comme on en fait tant de nos jours, qui ont pour but de calmer les inquiétudes du public, de lui faire prendre patience, et... d'enterrer l'affaire. Le rapport fut secret et peut-être seulement verbal. Mais nous avons le récit qu'en fit Jean-Baptiste Harmand en 1814, alors qu'il fut nommé par Louis XVIII préfet des

Hautes-Alpes. Ce rapport se lit dans un livre intitulé : *Anecdotes relatives à quelques personnes et à plusieurs événements remarquables de la Révolution*, réimprimé en 1820, après la mort de l'auteur.

Nous ne pouvons le citer : il est infiniment trop long. Résumons-le d'un mot. Pendant *plusieurs heures* (!) Harmand et ses collègues interrogèrent le jeune prisonnier, lui promirent des friandises, des jouets, des promenades dans le jardin, des compagnons de jeu. Ils envoyèrent même chercher du raisin conservé que l'enfant mangea de bon cœur. L'enfant ne se fâcha pas, mais il les regarda *fixement* et ne prononça pas une parole. Harmand pensa que, si l'enfant ne parlait pas, c'est qu'il était sourd-muet : si, entendant bien, et pouvant parler, il avait *voulu* ne pas répondre, il se serait fâché ou tout au moins aurait donné quelques signes d'impatience. Chez un jeune garçon de neuf ans, une si longue *impassibilité* eut été complète *impossibilité*. On lit dans le *Sacré-Cœur* du 20 mai 1898 la lettre que voici, au sujet d'Harmand :

« Ainsi que vous le savez, nous l'avons eu comme préfet à Gap. Au moment où cet ancien conventionnel administrait notre département, il y avait un groupe de légitimistes qui racontait à qui voulaient l'entendre que le Dauphin n'était pas mort au Temple. Une personne qui fréquentait Harmand de la Meuse le questionna un jour sur le Dauphin, et le préfet lui fit cette réponse : « Lorsque j'ai visité le Dauphin au Temple, *nous savions* que ce n'était pas lui qui était en notre présence, mais bien le fils d'un partisan de la royauté, muet et malade, mais il fallait donner le change à l'opinion publique et faire croire que le fils du roi était encore emprisonné. » C'est la personne à qui Harmand a fait cette déclaration, qui me l'a répétée plusieurs fois. Il y a encore des parents de ce Monsieur (1). »

Harmand avait déjà fait semblable confidence, quand il était, sous l'Empire, à la préfecture de Strasbourg (2).

On lit d'ailleurs ceci dans son récit de 1814. Harmand déclare que les gardiens du Temple, Laurent et Gomin, lui

---

(1) Le Directeur du *Sacré-Cœur* peut dire le nom de son correspondant.
(2) *La branche aînée des Bourbons* par Gruau de la Barre, 1871, p. 128.

ont assuré que le prisonnier ne parlait plus depuis que Simon
et Hébert lui auraient fait dire des infamies contre la Reine.
Il n'est pas impossible que Laurent et Gomin aient dit cela.
Gomin n'avait pas encore entendu son prisonnier une seule
fois. Laurent, comme Barras, Delmas et autres l'avait bien
entendu, mais il se garda de démentir son collègue. En 1814,
Laurent était mort et Gomin était domestique... de
Louis XVIII ! Cela dit, citons un passage d'Harmand :

« Après avoir présenté cette anecdote à l'éternelle douleur
des âmes *sensibles*, je la livre aux observateurs de la nature.
Est-il possible qu'à l'âge de neuf ans un enfant puisse faire
une telle détermination et y persévérer ? C'est ce qui n'est
pas vraisemblable sans doute, mais je réponds à ceux qui dou-
teraient ou qui nieraient, par un fait. »

Cela veut dire, si je ne me trompe : « Sire, votre domestique
Gomin tient à sa place, et ne dira rien. Moi non plus. Mais
j'en sais long. Ce mutisme serait-il *vraisemblable*, serait-il
même *possible* si l'enfant eut été votre neveu ? »

Louis XVIII n'était point un sot. Il nomma Harmand, préfet
des Hautes-Alpes.

5°. — Reverchon dût tirer les mêmes conclusions
qu'Harmand puisqu'il eut le même spectacle sous les yeux.
Reverchon était, dit M. de la Barre, (1) « lié fort intimement
avec Mme Delpêche que j'ai vue à Lyon en 1839. Il était du
nombre des conventionnels qui désiraient sauver les jours du
fils de Louis XVI et il en avait fait confidence à son amie.
Mme Delpêche était liée également avec Joséphine. Ayant
quitté Paris vers cette même époque, elle pria Reverchon de
lui annoncer le résultat de l'événement. Il le fit le jour même
de l'évasion. La lettre qu'il lui a écrite et que j'ai lue, porte la
date de juin 1795, le timbre de la poste du temps, et annonce,
par des mots *convenus*, que l'enlèvement du Dauphin venait
d'avoir lieu ».

6°. — Sieyès aussi fut initié au mystère.

On lit dans les *Mémoires de Tous*, écrits pour sa part, par
l'archiviste de la police Peuchet, cité plusieurs fois avec
honneur par M. de Beauchesne :

---

(1) *Intrigues dévoilées*, 1846, T. I, p. 519.

« M. le général Beaufort de Thorigny (1), qui a commandé dans la Vendée les armées de la République, était persuadé que, le 20 prairial an III, S. M. Louis XVII existait encore ; et il citait pour preuve une lettre qu'il avait reçue, dans l'intervalle du 10 au 15 juin du conventionnel Sieyès, qui lui enjoignait de reprendre les hostilités, sans attendre le terme d'un armistice précédemment conclu ; car, « si on ne devance ce terme, écrivait Sieyès, nous serons alors obligés, conformément aux conventions, de remettre le jeune Capet aux chefs royalistes. » Je n'ai pas vu cette lettre, que M. le général Beaufort conservait, assurait-il, dans ses papiers, et dont il a parlé à toutes les personnes qui sont allées le visiter dans la prison de Corbeil, où il est décédé, il y a peu de temps. »

La rédaction de Peuchet est sans doute défectueuse. Il est bien certain en effet, qu'au matin du 20 prairial, le jeune prisonnier vivait encore. Puisque le général Beaufort a vu, en la lettre de Sieyès, quelque chose d'extraordinaire, c'est qu'elle était datée tout au moins du 21 prairial. — Beaufort venait de quitter Paris, Il y avait été appelé quelques jours avant l'insurrection du 1er prairial qu'il contribua à réprimer et il venait de retourner dans l'Ouest.

Voici encore, au sujet de Sieyès, un article d'un journal anglais du temps, *The European Magazine* (décembre 1799, vol. XXXVI, p. 429) :

« Des lettres confidentielles reçues par plusieurs personnes appartenant au premier rang parmi les émigrés de la noblesse française, et d'autres, contiennent unanimement un bruit inexplicable qui trouve son origine dans le triumvirat du Luxembourg (2). C'est-à-dire, on assure généralement, disent ces lettres, que le malheureux Louis XVII, qu'on suppose être mort au Temple le 9 juin (*sic*) 1795, vivait encore.

« Le triumvir Sieyès est désigné comme auteur et témoin de ce fait. Ce fut lui, dit-on, qui délivra l'infortuné prince de

---

(1) Le général républicain J.-B. Beaufort montra beaucoup d'humanité. Un féroce proconsul voulait faire incendier le château de Thorigny où se trouvaient incarcérés six cents habitants royalistes de Saint-Lô, il s'y opposa et leur rendit la liberté, Regardant cette action comme son plus beau titre de gloire, il voulut porter le nom de Thorigny.

(2) Bonaparte, Sieyès, Roger-Ducos.

la prison de la Convention nationale. Il se procura, à cet effet,
un enfant du même âge, de l'hôpital de l'Hôtel-Dieu, un petit
garçon scrofuleux, prétendue maladie du jeune roi. Il parvint
à faire entrer au Temple cette créature malheureuse, dont le
cadavre déformé par des ulcères et des artifices, fut exposé à
la place de la royale victime. D'après ce récit, Louis XVII vit
donc encore. Le lieu de sa résidence ne peut être connu que
de ceux qui savent son existence. L'époque et la manière de
sa réapparition dépendent des initiés à cet important secret.

« Il est facile de comprendre quel parti un archi-coquin
comme Sieyès se propose de tirer de ce récit, si l'on y croit,
comme aussi la puissance qu'il a déjà acquise, ou qu'il désire
exercer par ce secret de la Révolution. »

A la date de cet article du *the European Magazine*, précisément, le duc de Bourbon écrivait au prince de Condé, son
père (1) :

Londres, ce 16 décembre 1799.

«... Déjà les Vendéens et les Chouans ont signé un armistice qui leur a été proposé par le général Hédouville ; MM. d'Antichamp, de Chatillon, de Bourmont, de Frotté, ont accepté...
Ce sont les nouvelles qu'a apportées Bruslart, arrivé hier soir
de Normandie, où il est employé sous les ordres de M. de
Frotté...

Déjà l'on fait courir le bruit que le petit roi Louis XVII n'est
point mort. *Nouvel* EMBARRAS, *si ce bruit*, VRAI *ou faux*, prenait
un peu de consistance. Il n'en a encore aucune, mais CELA
N'EST PAS IMPOSSIBLE... »

Ainsi pour M. le duc de Bourbon le rapport de Sevestre, le
procès-verbal d'autopsie, l'acte de décès, le procès-verbal
d'inhumation, le témoignage de Lasne, Gomin et *tutti quanti*,
l'impossibilité de l'évasion, l'attitude de la Vendée, le silence
des libérateurs depuis quatre ans, celui de Louis XVIII, de la
duchesse d'Angoulême et de toute la branche aînée, tout cela
n'est pas une objection. Un *envoyé de Frotté*, arrive en Angleterre et tout aussitôt court le bruit de l'évasion. M. le duc de

---

(1) *Histoire des trois derniers princes de la Maison de Condé*, par Crétineau-Joly, T. I, p. 286.

Bourbon, qui est mieux à même de juger que tous nos modernes adversaires, écrit, après réflexion :

« Cela n'est pas impossible. »

Mais vous croyez, lecteurs, qu'il va proposer à son père, à
Condé, de se renseigner d'une manière plus précise et, le cas
échéant, de se ranger sous la bannière du roi légitime ? Non
pas !

« Nouvel EMBARRAS dit-il, si ce bruit VRAI ou faux, prenait
un peu de consistance. »

Le roi un embarras pour les royalistes ! ! !

Ah ! cette parole est une infamie !

Pauvre Louis XVII ! c'était un gêneur et les émigrés
aimaient mieux rentrer dans leurs biens et honneurs avec
Louis XVIII, seul possible, que rester en exil en défendant
Louis XVII, légitime et impossible. Ils connaissaient plus ou
moins les négociations tentées par Louis XVIII avec le gouvernement consulaire comme avec celui du Directoire et se
demandaient quel prix Sieyès allait exiger, après Barras, pour
garder le silence.

7°. — Henry-Larivière (du Calvados.)

Ce conventionnel, réélu au Conseil des Cinq Cents sous le
Directoire, défendit énergiquement le projet du Gouvernement
de rendre Madame à l'Autriche. On sait que l'Autriche acceptait de rendre en échange de Madame, plusieurs conventionnels qu'elle avait fait prisonniers.

« On les a arrêtés comme otages, dit Henri Larivière (1).
« offrons en échange un otage que l'Autriche ne puisse refuser.
« Proposons-lui de céder les prisonniers qu'elle retient, en
« lui remettant *Madame*. » L'orateur fut interrompu par des
vociférations de mauvais augure pour la jeune princesse.

Larivière, nullement troublé, reprend sans s'émouvoir,
appuyé d'ailleurs par Boissy-d'Anglas et quelques autres :
« Citoyens, vous ne pouvez vous le dissimuler, *Madame* n'est
« qu'une victime ; et lorsque par elle nous trouvons les
« moyens de délivrer nos collègues souffrants, ce serait pour
« nous une honte éternelle de n'en pas saisir l'occasion. Au
« reste, si vous n'approuvez pas cette mesure, ajoute-t-il en

---

(1) *Fastes de la France* de C. Mullié, T. III, p. 238.

« regardant l'*abbé Sieyès*, je vais faire connaître par quels
« moyens on a *fait disparaître un* GAGE *de paix*. Je périrai peut-
« être, mais mes paroles auront retenti dans toute l'Europe et
« *fait connaître d'*ODIEUX MYSTÈRES. »

Ce discours en imposa aux coupables, et la proposition fut
adoptée, mais, un peu plus tard, Sieyès, se vengea et Larivière
fut fructidorisé.

Il ressort de tout cela que Sieyès était bien renseigné et
Larivière aussi.

8°. — Lanjuinais savait aussi! Le 11 novembre 1849, M. B...
ancien préfet, ancien conseiller d'Etat, homme des plus honorables déclare (1) entre autres circonstances :

« J'ai parfait souvenir d'avoir entendu M. le comte Lanjuinais, qui, membre de la Convention, avait été témoin ou
victime de la Révolution, dire en 1818, à l'occasion du procès
de Mathurin Bruneau, que la mort du Dauphin, chez (2) le
cordonnier Simon était très loin d'être un fait incontestable.
A la surprise qui se manifesta, il entra dans des détails fort
curieux sur les tentatives faites pour l'enlèvement du jeune
prince, sur la fin prompte et inexpliquée de personnes en tête
desquelles était le célèbre chirurgien Desault qui auraient pu
donner les preuves d'une substitution de personne faite dans
le prisonnier du cordonnier Simon, sur les peines prises dans
le temps, pour étouffer les bruits qui se répandaient à ce sujet.
Le concours de ces divers faits rendait très plausible, l'opinion que le Dauphin avait pu être enlevé. Cette conversation
avait lieu rue Pot de fer, 22, chez M· Grégoire, ancien collègue
de M. Lanjuinais à la Convention et au Sénat. »

9°. — Prieur (de la Côte-d'Or), ancien membre des Comités
a dit plusieurs fois à un ancien pair de France, qui l'a redit à
ce même B... dont nous venons de donner un témoignage :

« Qu'il était « très certain » de l'enlèvement du Dauphin du
Temple et de la substitution d'un autre enfant·à sa place ;
que l'enfant mort au **Temple** à la date officielle du 20 prairial
(8 juin 1795) était le substitué.

Paris, le 12 avril 1850.

FOYATIER. »

---

(1) *La Restauration* de Suvigny, p. 31.
(2) Inexact.

Un ancien député de Dijon et un professeur au lycée de Dijon qui, tous deux ont épousé des descendantes de Prieur ont dit à M. Gaffarel que « Prieur n'avait jamais été inquiété pendant la Restauration, parce qu'il possédait un secret d'Etat (1).

Louis XVIII était, en effet, fort avisé.

10°. — Dulaure (de Puy-de-Dôme) était également renseigné.

« Le 17 janvier 1848, J. L., ancien garde royal, ayant, depuis 1835, été au service de M. Botot, ex-secrétaire de Barras, déclare (2) :

« Un jour l'historien Dulaure vint chez M. Botot, lui demander des renseignements ; celui-ci me fit ouvrir un placard caché sous la tapisserie de son cabinet, et prendre des papiers pliés en paquets et en assez fort mauvais état. Je les étalai avec précaution sur la table et M. Dulaure écrivit des notes relatives à l'emprisonnement du Dauphin au Temple, à son enlèvement et à son remplacement par un autre enfant. »

Dulaure n'aurait pas été chez un ancien secrétaire de Barras chercher un supplément de renseignements s'il n'avait eu lui-même un commencement d'informations.

Je pourrais continuer à intewiever la Convention et j'y reviendrai tout à l'heure. Je m'interromps un instant pour interwiever à leur tour quelques membres de la Commune ou des sections de Paris, qui ont connu la *substitution* comme Rovère, Cambacérès, Courtois, Harmand, Reverchon, Sieyès, Larivière, Lanjuinais, Prieur et Dulaure. J'en vais citer trois :

1°. — Marchant (de Beaumont) (3).

Le 12 avril 1840, Mme Frèrejean, née Georges, demeurant à Chaillot, rue des Batailles, a déclaré « A l'époque de la Terreur, Marchant de Beaumont était, sous un nom que j'ignore, membre de la Commune ou du Comité de Salut public. Démagogue exalté et appelé, je ne sais à quel titre, à visiter fréquemment le jeune et infortuné Louis XVII, il en parlait plus tard à sa fille avec une sorte d'intérêt.

---

(1) Voir la lettre de M. Gaffarel dans la *Légitimité* du 1er août 1897.
(2) *La Restauration* de Suvigny, p. 30.
(3) *La Restauration* de Suvigny, p. 31.

Il lui disait souvent :

« Souviens-toi, ma fille, j'ai l'intime conviction que le petit
» Capet n'est point décédé au Temple. Un jour l'enfant étant
» légèrement indisposé, je retournai le voir le lendemain, et,
» dans le jeune garçon qui me fut présenté, je ne reconnus
» aucun des traits de celui que j'avais vu la veille et que
» d'ailleurs je connaissais parfaitement, à cause de mes fré-
» quentes visites. »

« Mademoiselle Lucie Marchant a été mon associée pendant près de vingt ans, sa parfaite sincérité était bien connue
de tous nos amis. En conséquence, il n'est rien de plus certain que le témoignage ci-dessus, que je puis rapporter fidèlement, le lui ayant entendu répéter toutes les fois qu'il était
question de la tourmente révolutionnaire. Marchant est mort
en 1832 ; sa fille en 1846. »

2°. — Le 6 décembre 1849, Mme P. née M. (1), propriétaire,
demeurant à Paris, rue d'Enfer, déclare : (2)

« En 1818, à l'époque du procès de Mathurin Bruneau,
j'habitais avec ma mère à Pithiviers ; j'avais vingt-six ans.
Nous reçumes la visite d'un ancien et intime ami de ma
famille, qui avait succédé à mon père en qualité de maire de
la commune de Gaubertin, arrondissement de Pithiviers, il
s'appelait Pierre Mennetion (3).

« Il dit à ma mère que le Dauphin n'était pas mort, qu'il
en avait eu la preuve entre ses mains ; qu'il avait autrefois
reçu trois lettres fort importantes à ce sujet, qui lui avaient
été adressées confidentiellement par un de ses amis, « membre
d'un des districts de Paris », qui lui avait recommandé de les
brûler ; mais qu'il les avait conservées et confiées, pensait-il,
en dépôt à notre famille en 1795, date de leur envoi.

Ma mère crut, en effet, se rappeler le dépôt et me pria de
chercher. Je retrouvai bientôt trois lettres enveloppées soi-
gneusement dans un papier. M. Mennetion n'eut pas de peine
à les reconnaître ; il témoigna beaucoup de joie de leur conservation, les prit et nous les lut.

---

(1) Mme Palard, née Mitaine, croyons-nous.
(2) La *Restauration* de Suvigny, p. 68.
(3) L'état-civil de Gaubertin écrit : Melquiond.

La première était à peu près ainsi conçue : « Mon ami, je
» t'apprendrai un singulier événement ; on vient de nous
» enlever le fils de Louis XVI et de lui substituer un enfant
» malade, contrefait, presque mourant, et qui, je crois, n'a
» jamais su parler. Il les a chevenx rouges, l'autre les avait
» blonds. Nous ne savons ni par qui ni comment a été fait le
» coup. Je te prie, mon ami, de faire d'actives recherches,
» dans les environs, et de prévenir le district de Boiscommun.
»· Tu ne montreras pas ma lettre et tu la brûleras. »

La seconde, datée de deux ou trois jours plus tard, disait :
« Mon ami j'ai oublié de t'envoyer le signalement de l'enfant
» enlevé ; il est blond, a la peau blanche, les yeux bleus, les
» sourcils blonds et clair semés. » — La lettre parlait aussi
du teint, de la bouche et du menton, mais je ne sais plus en
quels termes ; je me rappelle aussi qu'il était question d'une
marque au côté gauche (1) et que la lettre se termine ainsi :
« Le chirurgien Desault est mort (2) ; on le présume empoisonné.
» On fait des recherches de tous côtés en sous main ; je ne
» sais pas comment cela va se passer. Brûle cette lettre. »

La troisième est moins présente à ma mémoire ; elle était
moins intéressante ; on énumérait les endroits où les recherches avaient été faites, leur inutilité et la mort au Temple de
l'enfant substitué. On recommandait encore de brûler.

M. Mennetion apporta les lettres en disant : « Je vais les
envoyer à Louis XVIII ; je suis content de lui prouver que son
neveu n'est pas mort au Temple, et qu'il en a été enlevé... »

M. Mennetion était un naïf ! Naturellement, il n'a jamais eu
de nouvelles de ses lettres.

3° — Fournier l'*Américain* sectionnaire, vivait avec son frère,
prêtre, lequel avait eu le malheur de prêter serment à la constitution civile du clergé. Ce dernier, rentré dans la voie
de l'obéissance, desservait, en 1831, une petite paroisse
auprès de Paris. M. le comte de la Barre eut l'occasion de
le voir dans le département de la Sarthe et le pria de rappe-

---

(1) Naundorff l'avait aussi.
(2) Ces lettres étaient donc de mai et de juin 1795. L'auteur de la lettre, si
l'on doit accepter comme exactes toutes les allégations du texte, n'a connu
que le substitué. Il a cru que son introduction au Temple était toute récente.
Il a pensé enfin, à cause de la taciturnité de l'enfant, qu'il était sourd-muet.

ler ses souvenirs pour lui dire quelle était la croyance publique dans le temps où l'on annonça la mort du Dauphin. Voici sa réponse : (1)

« Nous étions à table, quand on vint à la hâte prévenir mon frère de se rendre à la Tour, parce que (2) le fils de Capet venait d'expirer. Il me quitta à l'instant. A son retour (3), il était furieux ; je le vois encore jeter avec rage son chapeau sur le parquet et me dire :

« Je viens d'être témoin d'un faux : le fils de Louis XVI s'est échappé du Temple ! »

On ne peut souhaiter rien de plus positif.

Fournier l'*Américain*, après avoir heureusement, malgré ses forfaits, traversé des moments difficiles, fut déporté par Bonaparte, aux îles Seychelles (4), avec Boniface, le gardien du Temple qui laissa évader le commodore Sydney Smith. C'est au Temple aussi que Fournier l'*Américain* en avait appris trop long et avait mérité de disparaître.

*
* *

Mais revenons aux Conventionnels, à ceux maintenant qui, sans parler de substitution, ont su et affirmé, cependant, le fait de l'évasion.

11° — Sergent-Marceau, est le onzième Conventionnel dont nous invoquions le témoignage. Gruau de la Barre reproduit (5) une lettre adressée à l'un de ses amis vers 1844 :

« Mme R... me mande, écrit-on à cet ami qu'elle a vu à Nice l'ex-Conventionnel et régicide Sergent-Marceau, presque centenaire, beau-frère du célèbre général Marceau, qui lui a dit

---

(1) *Intrigues dévoilées*, par Grau de la Barre, T. I, p. 519. Fournier était curé de Villette, près Mantes. Il démissionna le 15 novembre 1837 et mourut le 23 mars 1860.

(2) On n'a pas dû alléguer ce *parce que*, puisque le décès fut tenu secret jusqu'au lendemain.

(3) Par conséquent, le lendemain après-midi.

(4) Cependant M. Forneron dans le *Correspondant* du 10 nov. 87 prétend, p. 390, que Fournier, arrêté à Auxerre en juillet 1811, fut détenu arbitrairement au château d'If. F7 6526 et 3439. Était-il donc revenu de sa déportation ?

(5) *Intrigues dévoilées*. T. I, p. 591.

qu'il savait *positivement* que le Dauphin n'était pas mort au Temple... Ce remarquable vieillard jouit de toute la lucidité de son esprit et d'une parfaite mémoire. »

Et Gruau de la Barre ajoute : « Je connais Mme R..., et elle m'a depuis, en présence de témoins, confirmé l'exactitude de ces renseignements. »

Nice, alors, appartenait au Piémont, mais en 1847, à la mort de Sergent-Marceau, le gouvernement sarde mit les scellés sur ses papiers, *à la demande de Louis-Philippe*, et ne rendit ensuite à la famille que les documents insignifiants. C'est très naturel !

12° — Le 26 mai 1851, M, Xavier Laprade, avocat, dépose (1) :

« M. Auguis, député des Deux-Sèvres, me raconta à la même époque (1836) qu'il était bien sûr que le Dauphin était sorti du Temple ; que son père, qui était membre de la Convention, lui avait affirmé ce fait. »

Auguis père fut, en effet, député du même département des Deux-Sèvres à la Législative et à la Convention. Il fut membre du Comité de Sûreté générale.

13° — Un neveu du Conventionnel Châtelain (de l'Yonne), écrit ce qui suit à Gruau de la Barre : (2)

«... En 1814, j'avais alors treize ans, étant sorti du collège pour aller voir avec mon père l'entrée à Paris de Louis XVIII, j'ai su par mon père, qui l'affirmait à mon cousin Van Gorph, que le Dauphin n'était pas mort au Temple, comme on en avait fait courir le bruit, et que le trône sur lequel allait s'asseoir le roi Louis XVIII devait appartenir à Louis XVII, dont la trace avait été perdue, mais qui, dans la pensée de mon père, n'était pas mort.

... J'appris donc de mon père que le Dauphin avait été sauvé du Temple. Mon père le savait ou plutôt l'avait su un des premiers, ayant été comme garde national de service à la prison du Temple quelques jours après l'évasion du Dauphin. Il avait depuis obtenu la confirmation de la certitude de l'évasion par son oncle, M. Châtelain (de l'Yonne) qui fut

---

(1) *En politique point de justice!* par Gruau de la Barre, 1851, p. 240.
(2) *En politique point de justice !* p. 244.

membre de la Convention Nationale et du Conseil des Cinq Cents...

Londres, 27 novembre 1846.

Le chevalier de Châtelain ».

14° — Pochotte (de la Seine-Inférieure),député à la Convention et aux Cinq Cents, semble avoir connu l'évasion. Je lis p. 126 de l'*Histoire de Louis XVII* par Le Normand des Varannes, Orléans, Herluison, 1890 :

« Mais ce n'est pas seulement à Rouen que le Dauphin (1) avait des sympathies. L'agitation s'étendait à tout le département. Une dame Pochotte, résidant à Neufchâtel, écrivit (2) à Bruxelles, à son mari, ancien Conventionnel ayant voté la mort du roi, pour qu'il demandât à Fouché son témoignage en faveur de Charles de Navarre, car il connaissait le secret de sa naissance... »

Si la femme de Pochotte croyait à l'évasion et était là-dessus d'accord avec son mari, c'est sans doute que l'ex-Conventionnel la lui avait affirmée.

15° — Nous venons de nommer Fouché : assurément il a su l'évasion. Il a même alternativement persécuté et favorisé Louis XVII, évadé du Temple, pour obéir à Napoléon ou complaire à Joséphine. Il serait trop long de raconter ces alternatives dont la résultante finale fut ce masque de *Naundorff*, collé sur la figure du Dauphin, masque à la fois protecteur et oppressif, oppressif pour son identité royale, protecteur pour sa vie et sa liberté. Je me contenterai de noter quelques circonstances spéciales.

Le baron de Lamothe-Langon a publié des *Mémoires de Napoléon* dont la rédaction peut ne pas être de l'empereur, mais dont les éléments manuscrits viennent bien de lui. Le baron les tenait, en effet, du baron Guillaume Peyrusse qui, de 1809 à 1815, ne quitta jamais le quartier impérial, le suivant même à l'île d'Elbe et à Waterloo. Or, on lit, p. 211 du tome Ier :

---

(1) Pour M. Le Normant, Mathurin Bruneau qui se faisait appeler Charles de Navarre, était le Dauphin.

(2) Archives nationales, dossier Mathurin Bruneau, rapport de police du 4 septembre 1817.

« Ce n'est point qu'au moment de la mort de Louis XVII un autre bruit ne se soit propagé : on prétendit que le Dauphin avait été enlevé de sa prison du consentement des Comités ; qu'un autre enfant, mis à sa place, avait été promptement sacrifié, victime d'une politique odieuse, afin que l'on put nier la remise du roi de France à ses serviteurs ; et, bien que la parole eût été tenue, annuler l'effet par le bruit de cette mort (1).

« Joséphine, dès l'époque de notre mariage, me parut convaincue de l'exactitude de ce récit ; elle se croyait très avant dans cette intrigue, et m'en parla avec bonne foi, me désignant à qui le prince avait été remis, en quel lieu on le cachait et en quel temps on le ferait reparaître. Je levai les épaules, et dans ce récit, je ne pouvais voir que la simplicité d'une femme crédule ; plus tard, je voulus savoir ce qu'il en était réellement. Je me fis d'abord présenter le procès-verbal des hommes de l'art ; je fus surpris de cette phrase : « On nous a présenté un corps qu'on *nous a dit être* celui du fils de Capet ; ce qui ne voulait pas dire positivement que c'était celui du Dauphin ; d'ailleurs, aucune pièce ne constatait l'identité... Je fis faire des fouilles au cimetière de Sainte-Elisabeth (2) au lieu indiqué de la sépulture du cadavre... La bière, encore bien conservée, ayant été ouverte en présence de Fouché et de Savary, se trouva vide. »

Avant de faire les fouilles, Fouché fit une enquête. Et voici, indiqué, dans le document suivant, l'un des témoins qui comparut en cette information.

On lit dans le journal, *La Justice*, du lundi 13 avril 1835, la déclaration suivante :

« Le sieur G. (3)..., hommes d'affaires, a rapporté que, quelque temps avant la mort du fils de Louis XVI, plusieurs personnes se présentèrent à l'Hôtel-Dieu, avec un portrait du

---

(1) La philosophie de l'évasion, telle qu'elle s'est faite, est ici fort bien comprise.

(2) De Sainte-Marguerite, qui recevait aussi les morts de Sainte-Elisabeth.

(3) Le comte Thomas d'Agioux, ancien rédacteur de la *Justice*, a confirmé, en 1884, devant notre ami M. le comte Paul de Place, qu'il a parfaitement connu M. G... et reçu son témoignage. Thomas, malgré sa trahison, demeurait convaincu de l'identité royale de Naundorff.

duc de Normandie, et cherchèrent un enfant qui ressemblât à ce prince ; que l'ayant trouvé, ils l'emportèrent avec eux et le remplacèrent par un enfant bien portant, pour que l'on ne s'aperçut pas de l'enlèvement ; ce qui fut cause que dans la *Gazette de Médecine* du temps, on publia qu'un miracle s'était opéré à l'Hôtel-Dieu ; qu'un enfant très malade, avait été guéri dans quarante-deux heures. Il a de plus ajouté que le sieur Thuriot (1), qui fut chargé de l'enterrement de l'enfant mort au Temple, lui dit à cette époque : « C'est une pénible commission pour moi de faire enterrer le fils de Capet » et qu'il lui répondit : « Bah ! c'est un mannequin, un enfant substitué que vous allez enterrer ; le véritable fils de Louis XVI a été sauvé du Temple », que, *plus tard*, M. Thuriot en rendit compte à Fouché qui le fit mander à cet effet. »

Ainsi Thuriot confirme les dires du baron de Lamothe-Langon sur le rôle de Fouché en cette affaire.

Plus tard, Napoléon eut Louis XVII en son pouvoir dans la prison de Vincennes. Fouché, pour plaire à l'impératrice, sauva la vie du Dauphin et lui donna la clef des champs. Nous avions déjà, à ce sujet, une lettre de Mme Marco de Saint-Hilaire (2) à la duchesse d'Angoulême, lettre fort précieuse quoique point assez explicite. La voici en partie.

« A. S. A. R. Madame la duchesse d'Angoulême

» Madame,

» Depuis l'année 1795, je n'ai cessé d'entendre dire que le » malheureux Dauphin, fils de Louis XVI, avait été sauvé du » Temple, et qu'un autre enfant y fut introduit à sa place. Cet » espoir qui était nourri dans le cœur de tout bon Français, » était devenu une croyance religieuse ; elle fut entretenue » pour moi à une époque où je fus placée auprès de José-» phine, femme de Bonaparte. *J'acquis alors la certitude que* » sa bonté, son respect et son attachement à la famille des

---

(1) S'agit-il du conventionnel Thuriot-Larosière ? Je pense que non : d'autant plus qu'il était en fuite à cette date.

(2) Mme de Saint-Hilaire donna copie de cette lettre à Naundorff qui la publia, en 1836, dans son *Abrégé des Infortunes du Dauphin*, page 217.

» Bourbons, l'avaient portée, *de convention avec le ministre*
» *Fouché*, à soustraire le malheureux reste du sang de nos
» rois des cruelles mains de son époux qui avait prononcé sa
» perte.....

» Versailles, le 9 septembre 1883.

» MARCO DE SAINT-HILAIRE, née Besson, anciennement
attachée à Madame Victoire de France, tante du roi. »

Aujourd'hui, nous avons mieux et plus explicite. En 1814, en présence de l'empereur Alexandre, Joséphine s'est attribué l'évasion du Dauphin, de la prison de Vincennes, comme de la Tour du Temple, mais Fouché n'étant pas nommé dans ce document nouveau, ce n'est pas le lieu de le donner ici. Disons toutefois qu'il éclaire et confirme la lettre de Mme de Saint-Hilaire, où la coopération de Fouché est nettement indiquée. C'est bien du même fait qu'il s'agit dans les deux pièces.

Napoléon, je suppose, avait voulu rattraper Louis XVII, à tout prix, et Fouché lui avait promis de le reprendre. Un agent bien stylé sera allé jouer à Rome le rôle de Dauphin et Napoléon aura jugé tout naturel que le fugitif se fut réfugié auprès du Pape (1). Fouché l'aurait fait arrêter à Rome par Radet et ensuite lui aura fait prendre la place de Louis XVII à Vincennes. Mais Napoléon ne fut pas longtemps dupe de cette fourberie, si l'on en juge par le billet que le mois suivant (juin 1810) il écrivait à Fouché :

« Monsieur le duc d'Otrante,

« Vos services ne peuvent plus m'être agréables. Il est à propos que vous partiez sous vingt-quatre heures pour demeurer dans votre sénatorerie d'Aix. Cette lettre n'étant à autre fin, je prie Dieu qu'il vous ait en sa sainte garde.

» NAPOLÉON. »

---

(1) Ce qui ne dut pas être un bon point pour lui dans la pensée de l'empereur. Le pape Pie VII n'était pas encore à Savone lors de l'évasion de Vincennes. Il y fut emmené *peu après*.

Ce ne sont là en partie que des suppositions, je le veux bien, mais elles ne sont pas sans fondement. Il y a là plus que des coïncidences, et je ne suis plus étonné que Fouché, le prêtre apostat et régicide, ait pu s'imposer comme ministre à Louis XVIII. Il en savait terriblement long !

16. -- Barras ! Mais celui-ci a eu part trop prépondérante en cette affaire pour ne pas en parler plus au long. Nous l'interrogerons spécialement au suivant chapitre.

* *
*

Jusqu'ici, nous avons fait parler vingt et un conventionnels et sectionnaires. C'est bien, mais nous pouvons un peu mieux encore. Avoir l'aveu de la Convention elle-même ? Ce serait l'idéal ! Idéal irréalisable, toutefois, car si nous pouvions avoir l'aveu de la Convention, alors, il n'y aurait jamais eu de mystère et la *question* de Louis XVII ne serait pas une *question*. Non, la Convention, dans son ensemble, n'a jamais su l'évasion. Je me demande même si les membres des Comités l'ont tous connue. Du moins, ceux qui, dans ces Comités, avaient effectivement le pouvoir, l'ont sue, car ils ont fait rechercher le Dauphin évadé, ils ont donné des ordres de perquisitions et arrestations et ces ordres ont été exécutés. Il y a donc là un aveu en quelque sorte officiel et qui a plus de valeur que les témoignages de conventionnels isolés. Peut-être même y a-t-il un peu plus que je ne pense, car enfin le conventionnel Courtois nous a dit tout à l'heure « qu'un décret (1) de la Convention avait ordonné de grandes recherches et sans aucun succès. » Et certes, il était bien placé pour le savoir. Quoiqu'il en soit, voyons l'exécution de ces ordres. Cette exécution a été incomplète, parce que l'ordre donné a été contremandé. M. L. de Cissey, l'apôtre du dimanche, le frère de l'ancien ministre de la guerre, écrivait ceci (2) : « Je suis assuré par cent preuves que le Dauphin a été sauvé.

---

(1) Un certain nombre de décrets de circonstance n'ont pas été imprimés. M. de Beauchesne en cite plusieurs.

(2) *Légitimité*, T. I., page 386.

J'ai des écrits nombreux qui le prouvent surabondamment encore, comme l'ordre, expédié le soir même en province, d'arrêter le Dauphin, puis contremandé pour ne pas divulguer cette fuite, de sorte que quelques courriers seulement l'avaient emporté...

» L. DE CISSEY. »

. Dans son plaidoyer pour Naundorff, J. Favre raconte plusieurs de ces arrestations :

« Dans tous ces documents, dit-il, je ne rencontre pas un mot de protestation fondée sur l'acte de décès du Dauphin. Non ; d'un bout à l'autre du territoire, à Lyon, à Rouen, sur les côtes de Bretagne, partout, retentit ce nom de Louis XVII, de Louis XVII considéré comme vivant ! Et la Convention est obligée de prendre des mesures pour réprimer toutes ces tentatives insurrectionnelles... Et toutes ces mesures, chose étrange, vous en conviendrez, sont dirigées contre *un enfant que l'on poursuit sur toutes les routes de la République !*

» Au mois de Juillet 1795, à Thiers, quelques semaines après le prétendu décès du Dauphin, on arrête un jeune enfant qui voyageait avec un agent royaliste, M. Ojardias. Ils traversaient Thiers, se rendant dans un château ; immédiatement on suppose que c'est le Dauphin... Le représentant du peuple résidant à Thiers met toute la police sur pied. On arrête le voyageur. Mais bientôt on reconnaît qu'on a commis une erreur ; le 22 messidor, on donne en ces termes l'ordre de les mettre en liberté :

Liberté — Justice — Egalité — Humanité.

« Du Puy, le 22 messidor an III.

» J. P. Chazal, représentant du Peuple, délégué par la Convention Nationale dans les départements du Puy-de-Dôme, de la Haute-Loire, du Cantal, de l'Aveyron et de la Lozère, au procureur-syndic du district de Thiers :

» J'ai entendu Ojardias ; il a justifié de sa conduite ; le fait qui lui était imputé est faux. Je vous autorise à lever les ordres qui retenaient l'enfant dans la maison de Barge-Réal, ainsi que ceux qu'on aurait pu donner contre la liberté d'Ojardias.

» Salut et fraternité.

» *Signé :* J. P. Chazal.

» Certifié conforme :

» *Le procureur du district de Thiers,*

» *Signé :* Brugière-Barante (1). »

La Quotidienne du 6 novembre 1823 disait : « Le sieur Morin a eu l'honneur de mettre sous les yeux de S. A. R. Monsieur, une pièce, qui atteste qu'à l'époque où courut le bruit de l'enlèvement de Louis XVII au Temple, il fut arrêté comme soupçonné d'être l'auguste enfant. »

Morin de Guérivière fit faire une copie collationnée de l'ordre de Chazal, par Maîtres Esney et Guiffrey, notaires à Paris. Dans la pièce 53 de la *Restauration* de Suvigny, le général Lapoype atteste qu'il était très lié avec le père du jeune Morin de Guérivière, « qui fut dirigé vers Thiers pour donner le change à la Convention. »'

M. *Léon-Louis Maillard*, dit le comte de la Barre (2), demeurant autrefois boulevard et hôtel Beaumarchais, à Paris, a été aussi, dans le temps du décès supposé du Dauphin, arrêté par ordre du Comité de sûreté générale comme étant le Dauphin. J'allai le voir en 1840 avec M. Briquet, avocat à la cour royale, et il nous raconta toutes les particularités de son arrestation.

« M. Bourbon-Leblanc m'a affirmé avoir eu connaissance d'un jugement rendu au tribunal d'Angoulême en 1795, après la mort de l'enfant du Temple, qui ordonnait qu'un enfant arrêté fût rendu à la liberté, attendu qu'il avait été justifié qu'il n'était pas le Dauphin. »

Enfin, dans le *Véritable orphelin du Temple*, par Emile

---

(1) C'était le père de Amable-Guillaume-Prosper Bruyère, baron de Barante, pair de France, ambassadeur de Louis-Philippe en Russie, auteur de l'*Histoire des ducs de Bourgogne*, membre de l'Académie française, etc.

(2) *Intrigues dévoilées*, tome I, p. 537.

Sauveur, c'est-à-dire par Edmond Vidal (Lyon 1839, p. note) on lit :

« A peu près dans le même temps, un homme, justement honoré de la confiance publique, qui vit encore, passant par Orléans (1), avec un jeune enfant dont il était le précepteur, fut arrêté et consigné dans son hôtel. Comme il paraissait étrangement surpris de cette mesure, un de ses gardes lui dit : « Tu ignores donc que le fils de Capet s'est sauvé du Temple ? l'enfant que tu accompagnes a excité les soupçons, et on va vérifier son signalement. »

On lit dans *la Restauration* de M. Suvigny, p. 67 :

« Pièce 31. — Le 21 décembre 1849, M. B. D***, horticulteur né à Saint-Romain de Colbose, arrondissement du Havre (2), déclare :

» En 1794 ou 95, requis pour servir sous les drapeaux, je me rendis à la municipalité afin de justifier que la réquisition ne pouvait m'atteindre, attendu que je n'avais pas l'âge révolu. Pendant que je luttais, pour ainsi dire, corps à corps avec les membres du Comité, Petit, Condé, Duval, Dupuis, etc., tout à coup le citoyen Berthelot se précipite plutôt qu'il n'entre dans la salle du conseil, et, sans m'apercevoir, parce que j'étais masqué par la porte, s'écrie tout effaré, en patois du pays :

» Citoyens, *no* va recommencer les perquisitions domiciliaires : Capet est *écappé*. »

Il est clair *que toutes ces arrestations n'ont point été arbi-*

---

(1) M. de Beauchesne a eu chez lui et longtemps, les archives du greffe d'Orléans, et en particulier, tout ce qui a rapport au voyage de Varennes. On sait que la Haute Cour de justice qui devait d'abord juger le roi après ce triste voyage était convoquée à Orléans. C'est là que furent faits les préliminaires du procès interrompu par la réconciliation du Roi et de la Constituante. M. le premier président Dubois (d'Angers) s'opposa énergiquement au déplacement des archives ; mais sur l'ordre förmel de l'impératrice Eugénie, dont Beauchesne avait la faveur, il fallut céder. Ce ne fut que par des réclamations répétées et pressantes que M. le premier président obtint enfin la réintégration de ces documents. Pendant longtemps il les croyait bien perdus. Et encore nous savons que *tout n'est pas revenu !* Nous tenons ces détails de M. H. Mouroux, greffier en chef de la Cour d'Orléans.

(2) Voir pour l'enfant dirigé sur le Havre, le témoignage publié par moi, d'un petit fils du maréchal Bugeaud, *Légitimité*, T. II, p. 433.

traireset qu'elles étaient l'exécution d'ordres de la police générale de la Convention. Oui tous ces faits prouvent l'authenticité du décret précité. Ils le prouvent de la meilleure manière à savoir par son exécution.

Je citerais bien d'autres exemples, mais il faut se borner. Je ne peux pourtant résister à l'envie de dire ici que l'opinion publique, à la vue des efforts infructueux du Gouvernement, sut traduire sa pensée moqueuse et souligner les efforts désespérés du Pouvoir.

Dans la séance du 23 thermidor an III (*Moniteur* du 10 août 1795), *plus de deux mois après la prétendue mort du Dauphin*, un des secrétaires de la Convention donne lecture d'une lettre par laquelle le citoyen Treillard dénonce une estampe qui circulait à Lyon. Voici les paroles de ce secrétaire telles que nous les trouvons au *Moniteur* : « Cette estampe représente un
» cénotaphe à côté duquel est un arbrisseau dont les branches
» et le feuillage couvrent le monument. Au pied de cet arbris-
» seau est un serpent qui lève la tête et qui semble vouloir
» piquer quelque chose. A la simple vue de cette gravure, tout
» parait innocent : mais si l'on fait attention au fond blanc
» dans les deux côtés du cénotaphe, et au-dessus des branches
» de l'arbre ou arbrisseau, on remarque très distinctement les
» figures de Louis XVI, de Marie-Antoinette, du fils et de la
» fille de Capet. Le serpent m'a été annoncé *comme représen-*
» *tant la Convention nationale qui, dit-on, voudrait et ne peut*
» *pas atteindre le Petit Capet.* »

C'est, du reste, ce qu'on disait dans tout le quartier du Temple, au moment même de l'enterrement. M. Chantelauze nous donne, p. 413 de son *Louis XVII*, un rapport de police dont voici un extrait : « 24 prairial... Dans le quartier du Temple, le peuple disait hautement : que les préparatifs faits pour l'enterrement du Petit Capet n'étaient qu'une feinte, qu'il n'était pas mort, et qu'on l'avait fait partir et sauver bien loin. »

Ainsi le peuple du quartier du Temple ne se gênait pas, outre mesure, pour gouailler les agents de police sur cette comédie d'enterrement. Ceux-ci ont bien entendu, puisqu'ils ont eu la complaisance de l'écrire... pour nous.

Merci, braves Pandores !

IV

POUR LES BEAUX YEUX DE JOSÉPHINE

Le grand *meneur* de l'affaire fut Barras.

Le grand *moteur* fut la citoyenne Beauharnais.

Barras, dans ses *Mémoires* se vante... en goujat, de ce qu'on appelle, en certain monde, « ses bonnes fortunes ». Mais avant que fut jetée dans le monde cette confession sans repentir, l'Histoire savait déjà que Joséphine fut... l'amie intime de Barras ; que Barras la maria à Bonaparte, jeune homme alors sans conséquence à ses yeux ; qu'il protégea Bonaparte en ses débuts, surtout à cause de Joséphine ; et qu'il resta en relations fréquentes avec celle-ci jusqu'au retour d'Egypte et au coup de Brumaire. En 1794-95, Joséphine ne connaissait pas Bonaparte, et fut sans doute devenue vicomtesse de Barras, si le membre le plus en vue du Directoire n'avait laissé là-bas, en Provence, une épouse légitime, dont il s'occupait peu, mais qui le génait encore.

Or, Joséphine était très royaliste et très bonne.

Elle s'intéressa au Dauphin et demanda à Barras de le sauver. Barras le promit.

Et dès le 10 thermidor au matin, alors que la lutte de la Commune contre la Convention durait encore, alors que Robespierre n'était pas encore guillotiné, Barras installait comme gardien du Temple, le citoyen Laurent, jeune homme venu, comme Joséphine, de la Martinique.

Mais, chez un politicien tel que Barras, les intérêts passent avant les sentiments, ou du moins ceux-ci doivent transiger avec ceux-là. Or, que faire avec Louis XVII restauré? Etre son régent? Danton l'avait rêvé et ce n'était vraiment pas la peine de chausser ses souliers. Barras était assuré d'avoir contre lui, outre les partis, le comte de Provence et, à treize ans et un jour, Louis XVII lui-même. Il y avait mieux à faire pour un homme sans grande fortune, affamé de tout, sans autre opinion que son intérêt personnel. La Vendée tenait la

République en échec et réclamait Louis XVII. D'autre part le comte de Provence avait plus que jamais la fureur de régner. N'y aurait-il pas un moyen de remettre Louis XVII à la Vendée sans empêcher *Monsieur* de devenir Louis XVIII ?? Barras eut une idée. Il imagina « le roi mort qui vit » talisman de fortune pour lui et les autres politiciens. Non, ce n'est point un rêve... On peut enlever secrètement l'enfant-roi, en lui substituant un autre enfant qu'on laissera mourir à sa place et dont on enregistrera le décès comme celui de Louis XVII. Et ainsi la main qui tiendra le voile mystérieux du Temple fera courber les usurpateurs.

Maintenant cette idée de Barras ne lui a-t-elle pas été suggérée ? Il était franc-maçon. *Or, la franc-maçonnerie avait décidé le régicide — avec appareil judiciaire, — dès 1782, au convent de Wilhemsbad.* On avait cru, par là, détacher le peuple de la royauté. Le fait une fois accompli, on s'apercevait que la Nation, si elle était rendue à elle-même, reviendrait vite à l'antique légitimité. Affaiblir cette légitimité en la rendant douteuse et contestable dans la personne de l'héritier, c'était donc bien faire œuvre maçonnique. On a dû le faire observer au F∴ Barras, s'il n'y a pas songé tout seul.

Mais au fait.

⁎

Paulin, dont nous avons déjà parlé, nous apprend (1) la part personnelle que prit Joséphine aux préparatifs de l'événement. Mais elle eut alors à subir une déception. Barras n'était pas là. Il avait été envoyé en mission par la Convention nationale. On en profita pour se débarasser du premier substitué qui, s'obstinant à ne point mourir, avait dû être remplacé par un autre très malade dont on pouvait attendre la mort à brève échéance (2).

« Le 4 juin, raconte Paulin, nous attendîmes la nuit pour exécuter notre périlleuse entreprise. A l'heure convenue, une voiture de blanchisseur s'arrêta à la porte du Temple ;

---

(1) *Intrigues dévoilées*, T. I, p. 575.

(2) J'ai découvert la personnalité de cet enfant. M. Otto Friedrichs, complétant ma découverte, a retrouvé le véritable état civil du jeune prisonnier.

j'en étais le conducteur. A un signal, la porte de la prison s'ouvrit : j'étais resté à faire le guet. Environ vingt minutes après, on plaça dans la voiture un grand panier qui contenait du linge, mais ce panier avait un double fond qui renfermait la fortune de la France (1). Nous nous remîmes en route, le cœur plein de joie et palpitant de crainte. Aussitôt que le fils de Louis XVI fut en sûreté, le comte de Frotté s'empressa d'en porter la nouvelle à Mme de Beauharnais qui depuis devint l'épouse de Bonaparte. Le lendemain, EN VOYANT le jeune prince, Mme de Beauharnais parut très fâchée : « *Ah ! malheureux ! s'écria-t-elle, qu'avez-vous fait ? Vous allez livrer le fils au poignard des assassins de son père !* »

Il fallut se remettre à l'œuvre sur plan nouveau. Le plan était audacieux et fut néanmoins réalisé. Joséphine en fit la confidence à Mme Delmas, nourrice du duc de Berry.

« J'atteste, dit celle-ci, sous la foi du serment, que le jeune prince a été enlevé *dans une bière*. Il était encore au Temple lorsque le jeune enfant de l'hôpital mourût, et cette mort est cause de l'évasion du Prince : j'ai eu la confiance de Mme la marquise (*sic*) de Beauharnais ».

Mme Delmas alla la voir sous le Directoire et alors, dit-elle, M^{mé} de Beauharnais « m'a fait comparaître devant Barras instruit de l'amour que je portais au fils du Roi-Martyr (2). M. Barras me fit cadeau d'une tabatière de prix dont le fond contenait les quatre portraits en relief de la famille royale ».

Oui, Louis XVII est sorti du Temple, endormi, mais vivant, dans le cercueil qui le portait au cimetière.

Nous reviendrons là-dessus (3) ; pour le moment, nous ne

---

(1) Paulin fut victime de ce mauvais tour et, jusqu'en 1835, crut avoir sauvé le Dauphin.

(2) Il avouait donc devant Mme Delmas la survie de Louis XVII. Il la lui avoua encore en 1824.

(3) L'évasion en cercueil est confirmée : 1° par la mort en quinze jours de quatre employés des pompes funèbres, qui avaient pris part à ce simulacre d'enterrement, d'après le témoignage de Voisin, leur caporal (*Légitimité*, 17 décembre 1884) ; 2° par le témoignage du R. P. d'Aquin, oncle de M. Pierre Veuillot (*Autour d'une Révolution*, par M. le comte d'Hérisson, Paris, Ollendorff, 1888, p. 310) ; 3° par le témoignage du roi de Prusse, Frédéric-Guillaume II, qui, dès 1795, fit frapper une médaille dans laquelle un cercueil est indiqué aux numismates comme l'instrument de l'évasion du Dauphin. Je ne puis ici développer ces preuves. Ce serait trop long.

pouvons pas quitter Joséphine. Le jour même de l'évasion, elle vit le Dauphin évadé, elle en fit la confidence à une sœur aînée de Mme Joubert-Hulot.

On lit dans la *Restauration convaincue d'usurpation*, par M. Suvigny, p. 21, le certificat suivant :

« Attachée à la famille de Louis XVI par principes, j'ai suivi avec intérêt tout ce qui avait rapport à ces malheureuses victimes de nos discordes civiles.

» La mort du Dauphin a été proclamée à Paris ; mais à cette époque j'ai appris le contraire ; ma sœur aînée avait l'avantage d'être reçue chez Mme de Beauharnais, et m'a répété qu'elle avait entendu de sa bouche que le Dauphin n'était pas mort au Temple et qu'elle l'avait vu le jour de son enlèvement.

» Les publications qui ont eu lieu depuis quelque temps ne me surprennent pas. Il est constant pour moi que le fils de Louis XVI n'est pas mort au Temple.

» Fait en présence de Mme S... de Montrouge.

A. H. HULOT, femme JOUBERT.

Née le 25 mars 1767.

Route d'Orléans, 34. — 27 juillet 1850 ».

Joséphine fit la même confidence à Mme Duplessis, et ajouta qu'elle avait revu le Dauphin plus tard « à son retour d'Italie ».

On trouve dans l'ouvrage cité plus haut, de M. Suvigny, le témoignage suivant, page 73 :

« Je soussignée, Marie-Françoise Duplessis, femme Richard, demeurant à Paris, rue Saint-Jacques, 126, déclare sur mon âme et conscience que les faits suivants sont vrais et de toute exactitude :

» Lors du deuxième mariage de Napoléon, l'impératrice Joséphine, ne voulant pas se trouver présente aux fêtes et aux réjouissances qui devaient naturellement avoir lieu en France, quitta secrètement et momentanément son château de Navarre, et se rendit en Suisse, où elle passa quelques semaines à Montchoisi, près de la petite ville d'Orbe, canton de Vaud, chez Mme Duplessis, née comtesse d'Aumale, qu'elle connaissait beaucoup.

» L'impératrice parlait souvent à Mme Duplessis, ma marraine, des malheurs du fils de l'infortuné Louis XVI, de son évasion et des autres vicissitudes de sa vie... L'impératrice l'avait elle-même vu le jour de son enlèvement du Temple, et revu plus tard à son retour d'Italie...

» Dans le moment où l'on me croyait le plus occupée des jeux de mon âge (j'avais environ dix ans), mon attention fut tout à coup détournée par l'exclamation suivante faite par ma marraine : « Eh quoi ! le fils de l'auguste et infortnné Louis XVI existe encore !... — Oui, répondit la princesse, j'en ai la certitude.

» Cette conversation, dont je n'entendis pas la suite parce que ces dames sortirent du salon, est encore présente à ma mémoire.

Signée : Marie-Françoise DUPLESSIS,
femme RICHARD.

Fait à Paris, le 15 mai de l'an 1844. »

Hélas, le Dauphin, après quelques années de vicissitudes, fut repris et enfermé très secrètement dans un cachot du donjon de Vincennes.

Nous donnerons plus bas, sur ce fait, un témoignage de l'impératrice elle-même.

Mme Marco de Saint-Hilaire a été dame d'honneur de Joséphine. « J'acquis alors, nous a-t-elle dit déjà, la *certitude* que sa bonté, son respect et son attachement à la famille des Bourbons l'avaient portée, de convention avec le ministre Fouché, à soustraire le malheureux reste du sang de nos rois des cruelles mains de son époux qui avait prononcé sa perte. »

Le Dauphin, évadé de Vincennes, se cacha en Allemagne sous le masque de *Naundorff*, pendant que Fouché faisait semblant, nous l'avons vu, de le chercher et de le retrouver à Rome. Fouché laissa croire à l'impératrice que ces recherches étaient sérieuses et la généreuse femme intercéda de nouveau auprès de l'empereur irrité. Voici un témoignage de M. l'abbé Henri Deportes à ce sujet : (1)

---

1) *Légitimité* du 5 septembre 1886.

« Yebleron, par Fauville, 8 août 86.

« Il y a peu de temps, je me suis rencontré avec M. l'abbé de Coularé de la Fontaine, professeur au Petit Séminaire de Mont-aux-Malades près Rouen, et nous avons été amenés à parler de la *Légitimité* et de la cause qu'elle soutient. A ce sujet, il m'a raconté, ainsi qu'à l'un de mes condisciples, Georges Bourgeois (rue de la Grosse Horloge, 151, Rouen), que dans sa jeunesse il avait appris d'une dame de sa connaissance le fait suivant : Cette dame, qui faisait partie de la cour de Napoléon Ier et était attachée à l'impératrice Joséphine assista un jour à une conversation entre l'empereur et sa femme et elle entendit Joséphine supplier Bonaparte en faveur du Dauphin évadé...

H. Deportes. »

Mais voici venir 1814 et la chute de Napoléon. Si à ce moment la pauvre impératrice répudiée avait su où était le Dauphin, si elle eût pu le présenter au chevaleresque czar de Russie, Alexandre Ier, Louis XVIII aurait probablement continué dans l'exil son règne *in partibus*.

Nous avions déjà sur les efforts de Joséphine en 1814 quelques renseignements, mais on en contestait l'authenticité et la gravité ; aujourd'hui que nous possédons des documents datés et signés de personnes honorables et compétentes, documents qui concordent avec nos renseignements plus anciens, il devient clair que ces renseignements n'étaient point sans valeur et nous nous reprocherions de les laisser dans l'ombre.

Lisez donc les *Mémoires et Souvenirs d'un Pair de France*, Paris, 1830, p. 413 :

« Il y avait plusieurs jours que je n'avais vu l'Impératrice Joséphine à laquelle j'étais demeuré fidèle malgré les événements, lorsque, le 24 avril, je reçus une lettre d'elle par l'entremise du comte B., attaché à sa personne par les nœuds du sang. Elle me priait de venir le lendemain déjeuner à la Malmaison, où elle avait à m'entretenir de choses qu'elle ne voulait pas confier au papier. Je répondis que je serais exact au rendez-vous, et je sortis pour aller voir un de mes collègues, le comte... ; je lui appris ans la conversation où j'allais le

lendemain. Ce cher ami, qui ne bougeait pas d'auprès de Joséphine quand elle était puissante, qui l'avait beaucoup moins
vue à dater du divorce, et point du tout depuis le 31 mars, me
représenta, avec un véritable intérêt, qu'un gouvernement qui
s'établit regarde toujours avec méfiance ceux qui conservent
des relations avec la puissance expirante ; que si je voulais
parvenir à la pairie, une fausse démarche pourrait m'en priver, et que, dans tout ce qui touchait à la politique, il fallait
faire taire le cœur pour n'écouter que la raison.

» ... J'arrivai le lendemain à ce séjour d'une splendeur qui
achevait de disparaître. Une garde nombreuse et française ne
l'environnait plus. Il n'y avait plus là qu'un piquet de cosaques
envoyé par l'empereur Alexandre dont la conduite envers
Joséphine fut admirable : il ne cessa point d'aller la voir en
grande cérémonie ; il pouvait le faire sans danger, car lui
n'avait rien à demander à la nouvelle cour de France.

» L'huissier de la chambre, resté fidèle à son poste...
m'annonça. Joséphine m'attendait, elle était seule... Le premier point que nous traitâmes était d'une telle importance,
il était fait pour amener de si étranges résultats, que je reculai
devant la mission dont Joséphine voulait me charger. Je
suppliai l'impératrice de renoncer à ce qu'elle prétendait
entreprendre à cet égard : je tâchai de lui faire concevoir le
péril qui résultait pour elle d'une révélation pour le moins
imprudente, et dont les suites devenaient incalculables ; je ne
lui cachai pas que ma perte était assurée, dans le cas où je
la seconderais. La véhémence avec laquelle je lui parlai lui
arracha un sourire mélancolique, mais ne la détermina pas à
suivre mon conseil ; elle se contenta de me répondre : « Je
» sens, en effet, que j'ai tort de vous placer dane une position
» aussi pénible ; votre dévouement pour moi ne peut aller
» jusqu'à me seconder dans une affaire qui, au fait, n'est pas
» la mienne, et dont je pourrais ne pas me mêler, sans pour
» cela faire tort à aucun de ma Maison ».

« Lorsqu'elle m'eût parlé ainsi, je redoublai la vivacité de
mes instances, me flattant de l'amener à brûler les documents qu'elle me montra, et qui contenaient des secrets
capables de bouleverser l'Europe, si jamais ils étaient mis au
jour ; ce fut en vain : « Ma résolution est prise, me dit-elle,
» j'en parlerai à l'empereur Alexandre ; il est juste, et sans

» doute, puisqu'il veut que chaque chose soit mise en son
» rang, il prendra les intérêts d'un MALHEUREUX JEUNE
» HOMME. »

« Je ne fis plus d'objection. Joséphine agit comme elle me
l'avait annoncé ; elle révéla ce qu'elle aurait dû taire, car
peut-être, enfin, elle-même était trompée (1) dans ce qu'on
lui avait fait croire aveuglément. Sa mort presque subite, qui
arriva peu de temps après, ensevelit à jamais dans de pro-
fondes ténèbres la connaissance d'un cas fort singulier, et
délivra d'un témoin redoutable. »

Joséphine, en effet, n'entendit point les conseils de la prudence. Elle n'écouta que son cœur.

Parmi les amis que Naundorff s'était faits à Londres,
l'un des plus zélés et des plus constants était l'honorable et
révérend Charles-Georges Perceval, recteur de Calverton, qui
traduisit les propres mémoires biographiques du Prince en
anglais. Une note insérée dans sa traduction contient l'ane-
docte suivante, qu'il dit lui avoir été communiquée par deux
dames de l'aristocratie anglaise. Dans une des visites du tzar
Alexandre à la Malmaison, celui-ci se félicitait lui-même,
avec une satisfaction particulière, de la part essentielle que
son armée avait eue à la Restauration : « Quant à la Restauration, lui dit Joséphine, vous y êtes, Sire, mais quant à la
légitimité, vous n'y êtes pas. Tous les morts ne sont pas dans
les tombeaux ! »

Là-dessus, le tsar en voulut savoir davantage et Joséphine
dut s'expliquer. M. Labreli de Fontaine, bibliothécaire de la
duchesse douairière d'Orléans, — un vrai savant, — a publié,
à Paris, en 1831, deux brochures intitulées : *Révélations sur
l'existence de Louis XVII, duc de Normandie.* On y lit, p. 25.

« Après le départ de Napoléon pour l'île d'Elbe, la bonne
Joséphine s'adressa à l'empereur Alexandre et lui découvrit
l'existence du fils de Louis XVI. Elle le pria de ne point se
prononcer définitivement. Alexandre, touché des vertus et de
la généreuse démarche de cette excellente princesse, lui
promit de faire tous ses efforts pour que tout restât, en

---

(1) Elle ne pouvait l'être. Elle avait eu en tout cela un rôle plus actif et plus
personnel qu'il ne lui convenait de le dire au narrateur.

France, dans un état 'provisoire, jusqu'à ce qu'on eût découvert le fils de ,Louis XVI, à qui il ferait rendre la justice qui lui était légitimement due. »

Je pourrais citer d'autres renseignements encore, mais la place m'est mesurée. Arrivons vite à des documents personnels et d'une authenticité incontestable. Ils vont d'ailleurs confirmer et, pour ainsi dire, authentiquer les extraits que nous venons de citer et prouver que ceux qui les ont écrits, quels qu'ils soient, étaient bien documentés.

*
* *

La *Légitimité* du 1er décembre 1897 contenait le témoignage suivant :

« Monsieur le Directeur,

» ... En 1832, le comte Potocki et un de ses amis, étant entrés dans un bureau de tabac de Wilna, remarquèrent avec stupéfaction que le tabac qu'ils venaient d'acheter était enveloppé dans une lettre autographe du comte de Provence, Louis XVIII.

» Ils retournèrent au magasin demander à la marchande d'où elle tenait ce papier. Très candidement, celle-ci leur répondit qu'elle avait une grande quantité d'écrits semblables, auxquels elle ne comprenait d'ailleurs rien, puisqu'ils étaient rédigés en français ; qu'elle n'y attachait du reste aucun intérêt et que toutes ces paperasses étaient contenues dans trois malles recouvertes en maroquin rouge et marquées L. en cuivre repoussé.

» Renseignements pris, ces caisses provenaient des bagages du comte de Provence, dont le convoi avait été pillé par des brigands, à son départ de Mittau.

» Le comte Potocki et son ami achetèrent malles et papiers moyennant cent roubles. Ils firent venir un paléographe de Saint-Pétersbourg, pour examiner et classer les documents, et purent bientôt se convaincre que, dans ces pièces, se trouvaient les ordres du comte de Provence pour faire disparaître le Dauphin *évadé du Temple*, en même temps qu'ils acquirent la certitude des instructions données par Monsieur pour l'arrestation de la famille royale à Varennes.

4

» La découverte de ces papiers fit quelque bruit. On en parla à l'empereur Nicolas Ier, qui voulut voir ces documents et les garda dans son cabinet, où ils restèrent pendant tout le règne d'Alexandre II. Il y a trois ans, l'empereur Alexandre III les fit déposer aux archives secrètes du Musée d'artillerie.

» Naturellement, on ne fut pas sans s'émouvoir de cette découverte à la cour impériale.

» Un soir qu'on s'en entretenait, l'impératrice Alexandra, en présence du comte Smirnow, gouverneur de Saint-Pétersbourg, de la comtesse Smirnow, dame d'honneur, et d'un chambellan, demanda à l'empereur, son mari, ce qu'il fallait en penser.

» Je vais vous dire, répondit Nicolas, ce que m'a rapporté mon frère Alexandre. » Ici, l'empereur raconta la visite que fit en 1814 l'empereur Alexandre à l'impératrice Joséphine, retirée à la Malmaison.

» C'est moi, dit l'impératrice Joséphine, qui, *de concert*
» *avec Barras*, ai fait sortir le Dauphin du Temple, grâce à
» mon petit domestique, originaire de la Martinique et
» nommé par mon influence gardien au Temple, en rempla-
» cement de Simon. Barras substitua au Dauphin un enfant
» muet, malingre et scrofuleux, afin d'éviter toute difficulté
» avec les comités révolutionnaires.

» Le Dauphin partit pour la Vendée.

» Le Dauphin fut enfermé pendant quatre ans dans le
» donjon de Vincennes. C'est moi encore, cette fois, qui fis
» évader le Dauphin pour me venger du mariage de Napoléon
» avec l'archiduchesse Marie-Louise. » (1).

» Là dessus, Alexandre s'écria : « Je verrai demain Talley-
» rand pour lui dire que le trône de France appartient au fils
» de Louis XVI et non au comte de Provence. »

» En effet, Alexandre eut une entrevue le lendemain à ce sujet avec Talleyrand. Ce fut à la suite de cette conversation que Joséphine reçut le bouquet empoisonné qui causa sa mort trois jours après. L'empereur Alexandre en apprenant cette

---

(1) Légère inexactitude. L'impératrice voulait dire : « Du second mariage de Napoléon qui venait d'être décidé en principe, et pour lequel on commençait des négociations secrètes. »

mort si rapide, dit tout haut : « Voilà un coup de Talleyrand ! »

» Je tiens les détails relatifs aux papiers du comte de
Provence, du comte Potocki lui-même, qui est mort en 1880 à
quatre-vingt onze ans. Quant à la conversation de l'empereur
Nicolas 1er et de l'impératrice Alexandra, elle m'a été rapportée
par la comtesse Smirnow, qui l'entendit elle-même, ainsi que
je l'ai dit plus haut. Je n'ai été autorisé à révéler ce fait qu'a-
près la mort de la fille de Mme Smirnow, qui touchait une
pension. Elle est morte il y a trois ans.

» J'ajoute qu'ayant eu l'honneur d'être présenté à l'empereur Alexandre II à Nice, je me permis de lui adresser cette
demande :

« Si la Providence permettait que le petit-fils de Louis XVI
» remontât sur le trône, Votre Majesté le reconnaitrait-elle
» comme roi ? — Oui, et par télégramme, me répondit le tzar,
» car j'ai toutes les preuves de son identité à Saint-Péters-
» bourg. »

« Comte D. de Beaurepaire-Louvagny. »

Voilà un témoignage décisif (1), qui nous fait assister au
colloque d'Alexandre et de Joséphine à la Malmaison.

---

(1) On en a récemment attaqué l'autorité (*Légitimité* du 1er mars 1905),
sans motifs bien sérieux à mon gré ; l'impératrice n'aurait pas pu dire, paraît-
il, que Laurent avait été son domestique. Mais d'abord rien ne prouve qu'il
ne l'a pas été. Ne lui a-t-elle pas tout au moins donné quelques gratifications ?
Et puis, elle a bien pu dire de Laurent : « c'était un homme à moi, » expression que le czar Alexandre ou Nicolas a pu traduire par *domestique*. D'ailleurs Joséphine a pu aussi *arranger* un peu les choses dans son récit. Il ne
faut pas demander à un témoin de s'oublier complètement lui-même. Ainsi
l'impératrice dit que Laurent a été nommé par son influence. C'est peut-être
une petite vanterie, car, à la date de cette nomination, elle était encore à la
prison des Carmes. Toutefois, je dis : *peut-être*, ignorant quand elle a
connu Barras.

Elle n'aurait pas non plus pu dire, parait-il, que Laurent avait été le successeur de Simon à la Tour du Temple. Il l'a été pourtant, sinon sans intervalle,
du moins sans intermédiaire.

Je vois bien ce qui gêne : c'est que M. Yvan d'Assof, le très distingué historio-
graphe du donjon de Vincennes, prétend que, d'après les plans de ce fort,
Louis XVII n'a pu y être enfermé dans les conditions que Naundorff raconte.
M. d'Assoff dit cependant : « Primitivement, cette demeure féodale possédait

C'est bien Joséphine qui a pris l'initiative ; Barras a été l'exécuteur, Laurent a été l'instrument. C'est au moyen d'une

---

des étages inférieurs. J'ai retrouvé la trace d'escaliers qui y conduisaient, dans le grand puits dont l'orifice est actuellement bouché. Mais les pièces de ces sous-sols ont été comblées de terre, avant le xviie siècle. » Soit, mais n'a t-on pu en déboucher une pour la circonstance ?

Et puis, le personnel civil et militaire qui habitait le château de Vincennes était fort nombreux à cette époque. A qui fera-t-on croire que tout ce monde-là, même le gouverneur, ne buvait que de l'eau ? Et alors, il devait bien y avoir quelques caves !

Du reste : on y a bien trouvé une cellule pour le duc d'Enghien, et ce, en 1804 ! Etait-il plus difficile d'y séquestrer Louis XVII ?

M. d'Assoff dit aussi que Louis XVII eut été inscrit au régistre d'écrou. Pas nécessairement. Le 14 mars 1809, Napoléon ordonnait que Palafox serait enfermé à Vincennes « de manière que l'on ne sût pas qui il était. » Le 14 juin de la même année, l'empereur furieux écrivait à Fouché : « J'ai reçu un mauvais galimatias de ce scélérat de Palafox. Je suis mécontent que vous l'ayiez accepté et, par là, fait connaître qu'il était à Vincennes, tandis qu'il devait y être ignoré... Mon intention est qu'il y vive séquestré du monde. » A plus forte raison, ce devait être son intention pour Louis XVII. (*Revue des Questions historiques*, 2me trim., 98).

Je ne vois donc rien qui puisse infirmer le témoignage de M. le comte de Beaurepaire-Louvagny. Je dois dire cependant que Naundorff n'a jamais écrit que son emprisonnement de 1804 à 1808 avait eu lieu à Vincennes, c'est après sa mort seulement que Gruau de la Barre l'a imprimé dans les *Intrigues dévoilées*.

J'ai retrouvé les traces du geôlier qui dans cette prison, fut chargé d'enlever au Dauphin un signe naturel qu'il avait sur la cuisse, afin de le démarquer. Il est mort à Thimory (Loiret), et s'appelait Cousin-Rossignol. Ne voulant pas commettre cette cruauté, il se sauva et se cacha sur un bateau du canal du Loing. Ce canal était donc à proximité. — *Légitimité*, 7 déc· 1884, p. p. 893-94.

Cousin-Rossignol ou d'autres avaient parlé sans doute, car la population de Vincennes savait que Louis XVII était prisonnier au donjon, et l'y croyait encore lors de l'invasion des alliés en 1814. On lit, en effet, dans le livre curieux et rare de Louis-Ange Pitou, intitulé l'*Urne des Stuarts et des Bourbons* :

« Lorsque le gouverneur de Vincennes résista si longtemps et dit qu'il » avait un dépôt qu'il ne voulait remettre qu'à Louis XVIII, beaucoup de » personnes du peuple se persuadaient que c'était Louis XVII renfermé comme » otage. »

Le séjour antérieur de Louis XVII dans la prison de Vincennes s'était ébruité, et l'on croyait que l'héroïque général Daumesnil était le gardien du Prince.

(Légitimité du 15 mars 1895).

substitution que le coup a été fait. Le Dauphin a filé en Vendée. Plus tard il a été repris et mis à Vincennes. Et c'est Joséphine, menacée d'abandon et irritée, qui l'a de nouveau délivré. Nous ne pouvons souhaiter rien de plus positif.

Du reste, nous avions déjà, depuis longtemps, relativement à cette entrevue entre le tzar Alexandre et l'impératrice Joséphine, un témoignage péremptoire, celui de la reine Hortense, fille de Joséphine et mère de Napoléon III. Le voici pour la partie actuellement utile. Le 6 juillet 1840, la marquise de Broglio-Solari se rendit en l'étude de Me John Sise Venn, notaire à Londres et y fit rédiger un acte public où on lit;

« .... Je déclare ce qui suit :

« 1o... 2o... 3o... Qu'ayant passé quelque temps avec
» Hortense, reine de Hollande, à Augsbourg, vers l'année 1819
» ou 1820, elle me confirma, dans plusieurs conversations,
» l'évasion du Dauphin du Temple ; et qu'entre autres choses
» elle me dit que, lorsque l'empereur Alexandre et le roi de
» Prusse allèrent visiter Joséphine, ils lui dirent : « Qui
» mettrons-nous sur le trône de France ? » Et Joséphine leur
» répondit : « Naturellement le fils de Louis XVI. »

» CATHERINE HYDE
» Marquise de Broglio-Solari » (1)

L'impératrice Eugénie parle comme sa belle-mère, la reine Hortense. Joséphine a raconté l'entrevue à sa fille, comme Alexandre Ier l'a racontée à son frère. Nous le verrons un peu plus loin.

Voici d'autres échos de la Malmaison. On lit dans le *Bulletin de la Société d'études sur la Question Louis XVII*, 1893, p. 246.

« Je soussigné, Louis G., certifie (2), avoir dicté... ce qui suit :

» M. le comte Armand d'Houdetot, dont j'ai été homme de confiance, racontait souvent aussi que la reine Hortense lui

---

(1) Cet acte notarié a été publié dès la même année 1840 par Gruau de la Barre dans son *Mémoire*, contre le gérant du *Capitole*, p. 66. L'expédition publiée porte les légalisations du Consulat général de France à Londres.

(2) Témoignage légalisé.

avait rapporté que, se trouvant à la Malmaison quand y vint
le tzar Alexandre, ce dernier demanda à sa mère qui on devait
mettre sur trône, à quoi Joséphine répondit : « Le fils de Louis
XVI, cela va sans dire. » Le tzar repartit : « C'est juste. »

Le tzar avait dû en parler dans son entourage, car voici (1).
évidemment un écho de ses confidences impériales :

« C'était lors de l'invasion des Russes, en 1814-1815. L'armée
française était en déroute, poursuivie par un corps d'armée
ennemi qui avait pris son cantonnement dans la ville de Sois-
sons et ses environs. Mon père, juge d'instruction, reçut
l'ordre d'héberger et loger un général russe, dont je n'ai
jamais su le nom, et son état-major. Officiers et soldats enva-
hirent toute la maison. Ma famille entière se confina au rez-
de-chaussée, dans le cabinet de mon père, tandis que le salon
de ma mère, au premier, était donné au général russe.

» Dans la soirée, au moment du dîner, celui-ci fit prier
mon père de monter. Je le suivis, et je vois encore très clairement cette scène : le petit salon avec ses fauteuils Louis XV en
moquette à fond grenat et à clous de cuivre, une pendule en
bronze en forme d'urne sur la cheminée, auprès de laquelle le
général était assis.

» Si mes souvenirs me servent bien, il n'avait pas plus de
40 à 45 ans ; des cheveux bruns ébouriffés, une figure éner-
gique dénotant l'habitude du commandement et qui n'était
pas sans bonhomie.

» Il parlait très purement le français, et, de la façon la
plus polie il invita mon père à s'asseoir, puis, à partager son repas, qu'on venait de servir sur une petite table
ronde, roulée au milieu du salon à ses côtés. Mon père
s'excusa ; mais homme du monde d'ailleurs, il fut tout
de suite à son aise. Il avait eu dans sa jeunesse, à Paris,
des relations très intimes avec le comte d'Artois, auquel,
par parenthèse, il ressemblait beaucoup. Légitimiste sincère, il profita de la bienveillance du général russe pour
s'informer de l'avenir probable de la France, et lui demanda

---

(1) *Légitimité*, T. II, p. 758.

carrément quel roi les puissances alliées se proposaient de mettre sur le trône en remplacement de Napoléon.

» Debout, près de mon père, j'admirais l'uniforme brillant du général, ses nombreuses décorations, et je regardais plutôt que je n'écoutais la conversation des deux interlocuteurs. C'était tout naturel à un enfant de mon âge ; néanmoins, je me rappelle très distinctement la réponse du général russe : « Il y a tout lieu de croire, et c'est mon opinion, que ce sera le duc de Normandie. »

« J'ai maintenant quatre-vingts ans, j'en avais onze à cette époque ; je suis sûr que mon souvenir de cette scène et des paroles du général est exact. J'ajoute que mon père, m'ayant congédié, demeura seul avec lui. Il m'avait dit : « Va trouver ta mère ». J'obéis. Ma présence gênait-elle mon père ? S'informa-t-il du duc de Normandie ? Je l'ignore. Gentilhomme et magistrat des plus sérieux, il n'ouvrit jamais la bouche des mots qui avaient pù être échangés entre le général et lui....

» D. L. B. du ROZAY,

» Capitaine en retraite, chev. de la
» Légion d'Honneur.

» *Carcassonne, le 18 mars 1884.* »

Avant de quitter les Russes, citons encore ce témoignage que J. Favre offrait vainement de faire entendre, dans le procès Naundorff. Jules Favre disait à l'audience du 20 février 1874 :

« Le prince R..., sujet russe, *fils du feld-maréchal de ce nom* (1), avait appris de la bouche même de l'impératrice Joséphine que le fils de Louis XVI était vivant pendant le règne de l'empereur Napoléon Ier. Ce prince a raconté le fait à Mme B..., mère de M. Victor B..., longtemps ambassadeur de Russie à Vienne, qui en a instruit les membres de sa famille, prêts aujourd'hui à attester le fait. »

On sait que la Cour d'Appel de Paris refusa d'entendre aucun témoin... Son siège était fait.

---

(1) M. Otto Friedrichs a dévoilé ce nom dans la *Plume* des 1er septembre et 1er octobre 1899. Il s'agit du prince Repnine, fils du général prince **Nicolas Grigoriewitch Repnine.**

Nous pourrions donner bien d'autres témoignages encore, mais la présente brochure est un résumé rapide, nécessairement fort incomplet, et non la *Somme* de la question Louis XVII.

** **

Et maintenant, il nous faut parler de Barras. C'etait un homme et un politicien ; il a moins parlé que Joséphine. Il a parlé, toutefois. Non pas dans ses *Mémoires* qui ne contiennent que son apologie. Là, il écrit incidemment que Louis XVII mourut au Temple. Ce mot est-il de lui ? Car nos lecteurs le savent, ses prétendus *Mémoires* ont été rédigés, sur ses notes, par un nommé Rousselin. Le mot *il mourut* est-il de Rousselin ou de Barras ?? Quoi qu'il en soit, et quelle qu'ait pu être l'attitude officielle et publique de Barras, il est évident que les confidences contraires, à lui échappées, traduisent mieux — traduisent seules — sa pensée intime. J'ai déjà parlé d'une déclaration notariée de Mme la marquise de Broglio-Solari. En voici le commencement :

« Aujourd'hui, le 16 juillet 1840, par devant Me John Sise Venn, notaire public à Londres, dûment admis et juré, se trouvant à Camberwel Green, n° 8, près Londres, et les deux témoins soussignés, qui ont attesté l'identité de la comparante, fut présente Mme Catherine Hyde, marquise de Broglio-Solari, anciennement attachée au service de S. M. Marie-Antoinette, reine de France, et de Mme la princesse de Lamballe ; laquelle comparant en présence de moi, notaire, et des dits témoins, a déclaré solennellement comme suit, savoir :

« Moi, Catherine Hyde, marquise de Broglio-Solari, ancien-
» nement attachée au service de S. M. Marie-Antoinette et de
» la princesse de Lamballe, et connue sous le nom de la
» *Petite Anglaise*, je déclare ce qui suit :

» 1° — Que me trouvant à Bruxelles avec mon mari, le mar-
» quis de Broglio-Solari, ministre de la République de Venise,
» pendant l'hiver de 1803, *nous fûmes invités à dîner chez*
» *Barras, un des ex-directeurs de la République française.*

» Bonaparte étant devenu le sujet de la conversation *entre*
» *mon mari et Barras*, ce dernier, un peu échauffé par le vin,
» s'écria : Je vivrai pour voir pendre ce scélérat de Corse, à
» cause de son ingratitude envers moi, qu'il a exilé ici pour

» l'avoir fait ce qu'il est : mais il ne réussira pas dans ses
» projets ambitieux, *car le fils de Louis XVI existe* ». *Ceci se*
» *passait en 1803*. A cette époque, le préfet Pontécoulant avait
» reçu l'ordre de ne laisser visiter Barras que par les étrangers ;
  « 2° — Que mon mari et moi, nous étions présents à la vente
» que fit cet ex-directeur au général Moreau de la terre de
» Grosbois, anciennement appartenant au comte de Provence,
» fait que je cite ici comme une preuve de l'intimité de Barras
» avec mon mari, qu'il appela à signer audit contrat de
» vente ».

On nous dira peut-être, pour atténuer la valeur de ce témoignage, que Barras n'était plus de sang-froid.

Je réponds : au contraire, *in vino veritas !*

Nous avons cité également le témoignage de Mme Delmas, nourrice du duc de Berry, à laquelle, sous le Directoire, Joséphine fit des confidences et que Barras félicita de son dévouement au Dauphin. Voici la suite du document :

« J'ai été voir Mme de Beauharnais sous le Directoire : elle m'a fait comparaître devant *Barras* après l'avoir instruit de l'amour que je portais au fils du roi martyr. M. Barras me fit cadeau d'une tabatière de prix dont le fond contenait les quatre portraits en relief de la famille royale. Je l'ai rencontré en 1824 sur le *Quai aux fleurs*, il m'a reconnue, et moi je n'ai pu le reconnaître que par un signe qu'il avait sous l'œil gauche, tant il était changé par une maladie goutteuse. Il me dit : — « *De quelle injustice on s'est rendu coupable envers le Prince martyr !* Venez me voir, je reste à Chaillot ». Mme Sainte-James et Mme Boulard me dirent : « — Vous avez eu une grande conférence avec Barras ? » Je répondis qu'il m'avait parlé du fils de Louis XVI. « Est-ce qu'il vit encore ce pauvre enfant ? » J'affirmai qu'il vivait et que c'était *Barras et Joséphine* qui l'avaient sauvé. « Quelle injustice, me répliquèrent ces dames, que ce ne soit pas lui qui règne ! Les parents sont pires que les étrangers. »

« Signé : G. DELMAS ».

Nous avons cité aussi la réponse de Botot, ex-secrétaire de Barras à l'historien Dulaure qui venait consulter ses papiers. Voici la fin du témoignage. Le domestique de Botot ayant étalé ces papiers, Dulaure prit des notes sur l'évasion et la substitution : « M. Botot expliqua comment cela s'était fait par des hommes qui étaient dans le secret du mouvement républicain ; il dit que les chefs l'ignoraient, car pour eux le Dauphin était une sauvegarde précieuse. Il montra une lettre dans laquelle le plan des chefs était détaillé. Par différentes autres lettres des principaux moteurs de l'époque, il démontra à M. Dulaure que le Dauphin n'était pas mort, comme on l'avait dit. M. Dulaure demanda la permission d'emporter les papiers, M. Botot refusa en disant : « Mon cher Dulaure, j'y tiens comme à ma vie ; *j'en sais plus que Barras à cet égard.* Tu connais maintenant la vérité. Il n'est pas mort. Il doit vivre encore. Il a été notre sauvegarde à tous et Louis XVIII le savait bien. »

Est-il exact que le secrétaire de Barras en savait plus long que son maître ? Je ne sais. Il avait été mêlé à certains détails d'exécution que le maître pouvait ignorer. Mais enfin, la direction avait appartenu, non à Botot, mais à Barras.

Le *Sacré-Cœur* du 13 mai 1893 contenait l'article suivant :

« Le 4 mai, un chanoine du diocèse de Fréjus écrivait à notre correspondant de Marseille, au sujet de Barras, ce qui suit :

» Ah ! J'allais oublier le fameux Barras, de Fox Amphoux (Var), membre du Directoire, et moyennant bon salaire, favorisant l'évasion ou plutôt l'enlèvement. Plus tard, sous le consulat de Bonaparte, il était poursuivi comme partisan de Louis XVII, parce qu'il disait qu'il vivait encore, ce qui n'amusait guère Napoléon. Barras se tenait caché. Il vint à Lorgues, où il connaissait deux familles, et il disait ici que le duc de Normandie n'était pas mort au Temple. Je me souviens très bien avoir entendu dire cela à mon père et à mon oncle le curé et à d'autres royalistes. »

Et le *Sacré-Cœur* ajoute : « Le témoignage de ce saint et vénéré prêtre ne peut être mis en doute ; il émane d'un vieillard âgé de 84 ans, qui a toujours eu pour ligne de conduite la justice, la sainteté et la charité, et à qui on pourra justement appliquer ces paroles de l'Ecriture Sainte : *transiit benefaciendo.* »

Terminons en rappelant le mot que l'impératrice Joséphine dit au tzar Alexandre Ier : C'est elle qui a tout fait « *de concert avec Barras.* »

V

LES ÉCHOS DE LA TOUR

M. de Beauchesne parle parfois de bruits et rumeurs qui circulaient dans le peuple relativement à l'évasion, et de méfiances incompréhensibles qui existaient jusque dans la garde du Temple.

Nous lisons en particulier (II, 313) : « Ces bruits... journellement apportés au Temple par les commissaires civils et la garde nationale de service, donnaient lieu aux plus étranges interprétations, aux opinions les plus diverses parmi lesquels figurait celle de *l'évasion* de l'orphelin royal de la tour. Un jour, le *commandant du poste* demanda à voir le petit Capet. « La garde nationale garde le Temple, dit-il, et *je veux savoir qui nous gardons.* » Lasne, Gomin et le commissaire ignoraient quel intérêt cachaient les paroles de cet officier ; *ils n'accueillirent point sa réclamation,* ils n'avaient point d'ordres pour le faire. »

Nous lisons précédemment (II, 238) : « *L'ombre mystérieuse qui régnait autour d'eux faisait parfois douter de leur existence même.* Une lettre de Laurent, adressée le 18 vendémiaire an III (1er nov. 1794) au Comité de salut public, nous apprend que, d'après un rapport à lui fait par le citoyen Walnn, adjudant général de service, plusieurs citoyens de garde disaient qu'*ils ne savaient s'ils gardaient des pierres ou quelque chose.* « Ces propos, ajoute Laurent n'ayant pas eu de suite, *j'ai cru ne pas devoir leur en donner,* et la garde a été descendue paisiblement. »

Il y avait, en effet, des gardes qui avaient plus que des doutes... et pour cause.

Nous avons cité le témoignage de Marchant (de Beaumont).

Nous avons cité celui de ce municipal qui écrivait au citoyen Mennetion (de Gaubertin).

Nous avons cité celui du sectionnaire Fournier l'Américain.

Nous avons cité celui du frère de Châtelain (de l'Yonne).

Il y en a d'autres.

M. l'abbé Renault, curé de Villadin (Aude), faisait enregistrer par les *Annales des Croisés de Marie*, de Limoges (N° de février 1895), les révélations que lui fit un de ses parents, vers 1853. Ce parent avait été souvent de garde au Temple.

« J'ai très bien connu Louis XVII dans la Tour du Temple, lui disait-il ; non, il n'y est pas mort. L'enfant qui est mort n'était pas lui. Lui, ils l'ont sauvé, mais je n'ai pas su ce qu'il était devenu, après en être sorti. »

Mme Delcros a beaucoup connu un nommé Charbonnier, seïde de la Révolution. Il prétendait avoir fait échouer au Temple un plan d'évasion de la famille royale. Et néanmoins il était convaincu que plus tard le Dauphin en était sorti (1).

Mme la baronne de X*** a publié le témoignage que voici dans la *Légitimité*, du 19 décembre 1886 (2).

« Monsieur,

« Permettez-moi de vous communiquer un renseignement que je retrouve dans une ancienne lettre d'une de mes amies, lettre où elle me parlait de la question Louis XVII. Voici ce qu'elle me disait : « Je me souviens très bien d'avoir vu à Nyons (Drôme) une lyonnaise, nommée Mlle Lacuria, qu'un M. Michel, *de Meyne* (maison de campagne près de Nyons) avait mise près de sa jeune fille pour l'élever. Cette demoiselle, très respectable et digne de foi, m'a raconté que son père, militaire dévoué à la famille royale, avait été choisi, avec un autre, non moins digne de cette mission, pour monter la garde au Temple, la nuit de l'évasion du Dauphin ; et elle m'en détaillait toutes les circonstances, qui se retrouvent, à très peu près, les mêmes que celles narrées dans la *Survivance*. J'ai été frappée de cette coïncidence et du nombre des autres témoignages en faveur de cette évasion. »

Voici un autre témoignage bien curieux et absolument positif.

« Je, soussignée, considérant la brièveté de la vie et de

---

(1) Témoignage de M. l'abbé Delcros, professeur d'histoire, *Légitimité,* 1897, page 553.

(2) M. Alb. Renard, directeur de la *Légitimité* peut dire le nom de cette dame.

l'incertitude du moment de la mort, et voulant rendre hommage à la vérité dans le seul intérêt de la justice, je crois devoir rendre le témoignage suivant, dont j'approuve la sincérité :

« Mon oncle, Jacques Moinac, premier confiseur de la Cour (celle de Louis XVI) y était plus particulièrement connu à cause de son excellent cœur, sous le nom de *bon Jacques*. Ses fonctions le mettaient souvent en rapport avec le jeune duc de Normandie, qu'il voyait journellement. Son dévouement à la famille de son roi attira bientôt sur lui un arrêt de proscription. Il n'évita la hache révolutionnaire que par la protection d'un compatriote puissant qui parvint à l'y soustraire.

» Louis XVI et la vertueuse Marie-Antoinette étaient montés sur l'échafaud. Jacques se dévoua à l'héritier de son maître. Ses protestations révolutionnaires avaient fait croire à la sincérité de son *sans-culotisme*. A force de flatteries et d'adresse, il avait gagné la confiance des farouches cerbères qui gardaient l'entrée du Temple, et dont il partageait les orgies, afin de pouvoir les accompagner quelquefois, lorsqu'ils gardaient le jeune prisonnier. C'était pendant ces fréquentes visites qu'il trouvait moyen de glisser à l'enfant les boîtes de pastilles de bouillon qu'il composait lui-même.

» Cependant Jacques était devenu suspect aux époux Simon. Il crut prudent de se tenir éloigné du Temple.

» Ayant appris plus tard la mort de l'enfant, il affecta tant de joie, qu'après plusieurs refus, il obtint enfin la permission en faveur de son sans-culotisme bien connu, de voir le petit Capet après son décès ; mais qu'elle ne fut pas sa surprise et son bonheur, en considérant attentivement les traits de l'enfant, d'acquérir la certitude que *l'enfant mort au Temple n'était pas le fils de Louis XVI, qu'il connaissait parfaitement*, pour l'avoir vu tous les jours et plusieurs fois au Temple.

» Tout de suite, en sortant du Temple, mon oncle vint trouver M. de la Motte, de Lyon, dont le fils fut coupé en morceaux et envoyé dans une malle à son père (ce fait est arrivé durant la Terreur), et lui dit : « Je viens de voir l'enfant qui est mort au Temple. Ce n'est pas le Prince. — Nous en aurons la certitude aujourd'hui, lui répond M. de la Motte. » En effet, M. de la Motte sut le jour même, d'un autre côté, que l'enfant qui était mort n'était pas le Dauphin et que la femme Simon avait contribué pour quelque chose à l'évasion. »

« Tous les faits ci-dessus m'ont été rapportés par mon oncle, M. Jacques Moinac, qui m'en parlait tous les jours, quand nous étions seuls. Mon oncle est mort au commencement de la Restauration.

» Paris, ce 21 juillet 1839.

« Vve DESMAZES. née MOINAC ».

Ce certificat a été remis par Mme Desmazes à M. Hipp. Bérard, avocat à la Cour d'appel de Paris, lequel l'a publié dans *La Voix d'un Proscrit*. du 20 février 1840.

***

Au tour des médecins, maintenant.

Le premier dont nous invoquerons le témoignage est l'illustre chirurgien Desault, dont le *Moniteur*, du 4 juin, faisait l'éloge :

« La France, l'Europe entière *vient de perdre* le citoyen Desault, officier de santé en chef de l'hospice de l'*Humanité*, le premier dans la pratique comme dans l'enseignement de l'art qu'il a professé. Son nom est depuis longtemps célèbre dans tous les pays du monde où la chirurgie est en honneur ; son nom ne périra point. Son pays lui doit d'immenses travaux et de nombreux élèves. En ce moment la République n'a pas une armée dont les plus habiles officiers de santé, ne soient des élèves de Desault. Telle fut la supériorité de ce grand chirurgien que la postérité, qui commence hélas, trop tôt pour lui, le nommera sans doute un grand homme. »

Larmes de crocodiles, on va le voir !

Desault, était accompagné au Temple d'un aide ou *prosecteur* le docteur Adoue, dont le docteur Carrière, neveu de celui-ci, a recueilli le témoignage (1).

Le sieur Carrière, docteur en médecine à Béziers, mort depuis peu, était âgé de 82 ans environ quand il l'a transmis. Voici, sinon dans les termes mêmes, du moins dans son sens

---

(1) Je l'ai publié dans la *Légitimité* du 31 août 1884.

exact, la manière dont il s'est exprimé au sujet des événements pour lesquels il était consulté :

« J'habitais Paris en qualité d'écolier et je logeais chez mon oncle qui fut plus tard le docteur Adoue. Mon oncle, alors âgé de 30 ans, accompagnait comme prosecteur le docteur Desault dans ses visites. Il l'accompagna notamment au Temple, où il fut chargé de soigner le Dauphin, fils de Louis XVI. Je me rappelle avoir entendu raconter maintes fois à mon oncle que l'enfant royal avait été substitué et remplacé par un autre enfant rachitique et voici comment il racontait cet événement :

« J'accompagnais le docteur Desault dans sa visite au
» Temple. En arrivant dans la cellule, le docteur s'approche
» du lit où reposait le Dauphin, et lui prend la main pour
» lui tâter le pouls. Tout à coup Desault, qui était très violent
» de caractère, s'écrie en poussant un juron : « Ils ont enlevé
» l'enfant ! » Le lendemain (1), Desault mourait après un
» dîner auquel il avait été invité ! »

« Tels sont les faits que M. le docteur Carrière tient de son oncle, le docteur Adoue, comme les lui ayant entendu raconter souvent. Ce dernier, originaire de l'Isle-en-Dodon (Haute-Garonne), s'est fixé à Toulouse après ces événements et s'est acquis en cette ville une certaine réputation comme médecin. Il est décédé depuis plusieurs années. »

Ce renseignement fut certifié et complété par une lettre de M. Pézieux, de Lyon, adressée à Mme Amélie, fille aînée de Naundorff :

« Lyon, 24 juin 1881.

» Madame la Princesse,

» J'ai l'honneur de vous adresser ci-joint la déclaration du docteur Carrière... J'ai eu la deuxième déclaration, qui forme à peu près un double avec celle-ci. Elle m'est venue d'un ami, M. Roy, qui s'était trouvé malade à Béziers, et à qui le docteur Carrière, dans un entretien, a tenu le même langage qui, du reste, s'accorde bien avec l'histoire de l'évasion du

---

(1) Non. La première visite de Desault a eu lieu le 6 mai 1795 et il est mort le 1er juin suivant.

Temple. Dans cette dernière version il est dit que : « Pendant
» le dîner où fut convié Desault on éloigna tant qu'on put les
» domestiques du service de la table et que le docteur accen-
» tuait fortement ses paroles, en s'écriant que l'enfant qu'il
» soignait avait été changé... » La déclaration ci-dessus du
docteur Carrière a été écrite et reçue par M. Comte, alors
négociant à Béziers en 1874...

Pézieux, 5, rue Centrale, Lyon. »

Desault avait encore un autre aide, le docteur Abeillé. Je
ne sais s'il en fut accompagné au Temple, mais ce que je sais
bien c'est qu'Abeillé jugea prudent de mettre l'Atlantique
entre la Convention et lui. Voici, à ce sujet, un témoignage
qui fut remis au comte Gruau de la Barre (1) :

« Je soussigné déclare qu'ayant habité New-York (États-
Unis d'Amérique), j'y ai fait, en 1830, la connaissance du
docteur Abeillé, ancien élève du docteur Desault, qui soigna
le Dauphin, fils de Louis XVI, dans la prison du Temple,
et que ledit docteur Abeillé m'a assuré plusieurs fois que le
Dauphin n'était pas mort au Temple ; mais que pour faire
croire à sa mort, l'on avait substitué à sa place un autre
enfant de son âge ; que cet enfant ayant été empoisonné, l'on
fit venir le docteur Desault pour le soigner, que ce docteur
ordonna des contre-poisons qu'il fit prendre à l'enfant ; mais
que ne reconnaissant pas dans cet enfant le duc de Normandie, qu'il connaissait parfaitement, il eut l'imprudence de
communiquer ses soupçons à un de ses amis, et que ledit
docteur est mort empoisonné (2) le lendemain même de son
imprudente communication. C'est un fait public.

« Le docteur Abeillé, en sa qualité d'élève du docteur
Desault, craignant pour ses propres jours, a, en conséquence,
quitté la France sur-le-champ pour aller habiter les Etats-
Unis où il réside depuis cette époque. Lorsque je l'ai connu,
en 1830, il demeurait au numéro 27, Reid street Broadway,
derrière Washington Hôtel, à New-York.

---

(1) *Intrigues dévoilées*, T. I, p. 528.
(2) C'est, en effet très probable, mais je n'oserais pas dire que c'est
prouvé.

« ... Ces faits ne m'ont pas seulement été communiqués par le docteur Abeillé, mais bien aussi par Madame Delisle, demeurant à New-York, Fulton street, depuis longtemps amie du médecin Abeillé, ainsi que de moi-même.

« En foi de quoi j'ai délivré la présente déclaration, comme un hommage que je rends à la vérité.

Londres, 22 mai 1843, 18, Hig-street-Camdentown.

Signé F. M. ESTIER. »

Un autre élève de Desault a transmis, à son ami le docteur Faure (de Périgueux), semblable tradition. On lit dans le plaidoyer de J. Favre, en 1851 :

« Enfin, s'il m'est permis de me citer, je dirai que lorsque je suis allé récemment plaider à Périgueux, là un homme, ancien oculiste de la duchesse de Berry (1), ami intime d'un des élèves de Desault, m'a fait appeler. Cet homme très âgé ne conserve pas le plus léger doute sur le caractère et la cause de la mort de Desault : il est mort empoisonné ».

Desault, en rentrant de la Tour du Temple, le 6 mai 1795, fit la confidence de la substitution à sa femme. Nous avons à ce sujet le témoignage de M. Lair (2) :

« Mon aïeul, disait-il (M. Marchant de Verrières), convaincu de l'existence du Dauphin, revenait souvent sur ce sujet ; en 1815 ou 1816, lors du licenciement de l'armée de la Loire, il en parlait à la femme d'un commissaire des guerres, logé devant notre maison à Saumur. Voici ce qu'elle lui répondit en ma présence :

« Je suis d'autant plus portée à croire comme vous,
» Monsieur, à l'existence du fils de Louis XVI, qu'étant toute
» jeune et liée avec la fille du médecin Desault, toute jeune
» comme moi, je vis un jour que nous étions réunies pour
» jouer, rentrer M. Desault très pâle et fort ému, on ne faisait
» pas attention à nous petites fillettes ; mais je me rappelle
» fort bien qu'il répondit à Mme Desault qui s'inquiétait de

---

(1) Le docteur Faure. La *Légitimité* du 14 novembre 1884 a donné le témoignage de son neveu, M. Armand de Termes.

(2) M. l'abbé H. Dupuy l'a publié dans la *Légitimité* du 11 novembre 1883.

» son trouble : On vient de me présenter, comme étant le » Dauphin, un enfant qui, bien certainement, ne l'est pas…

    15 mai 1883.   LAIR. »

Suivent les légalisations.

Le bruit de cette étrange découverte de Desault et de sa mort si rapide se répandit de suite.

On lit dans le *Courrier universel extraordinaire* du samedi 13 juin 1795 :

« La mort du fils de Louis XVI a donné lieu à divers bruits… Les uns prétendent que cette mort est un fait à plaisir; que le jeune enfant est plein de vie… D'autres assurent, au contraire, qu'il y a plus d'un an qu'ils avaient la certitude que l'enfant était mort empoisonné. Le plus grand nombre des incrédules parait cependant rejeter tout l'odieux d'un crime imaginaire sur le gouvernement actuel ; la guerre des Chouans, qui paraît se rallumer avec une activité alarmante ; la conduite des Lyonnais, qu'ils accusent d'aristocratie, parce qu'ils sont antijacobins ; *la mort de Desault*, chirurgien (*sic*), qui a été chargé de suivre sa maladie ; celle vraie ou fausse, *qu'on publie en ce moment, du médecin qui lui avait été adjoint* (1), tout cela leur semble des motifs de politique assez puissants pour avoir déterminé des hommes, qui ne sont connus, la plupart (2), que par l'horreur qu'ils portent aux assassins, à assassiner l'infortuné dont le nom servait de prétexte aux mouvements des rebelles ».

Ainsi, dès le premier moment, l'opinion publique, quoique déroutée, attribuait la mort de Desault au mystère politique concernant le Dauphin.

Le document qui suit montrera quelle était, dans la famille de Desault lui-même, l'opinion qu'on avait de la nature et des causes de sa mort :

« Je soussigné, Agathe Calmet, veuve de Pierre-Alexis Thouvenin, demeurant à Paris, rue de l'Estrapade, 34, déclare que, du vivant de M. Thouvenin, mon mari, neveu de M. le

---

(1) Non seulement *du* médecin, mais *des* médecins, MM. Choppart et Doublet, mais nous n'avons d'eux, sur la substitution, aucun témoignage.

(2) Et les autres ?

docteur Desault, j'ai souvent entendu Mme Desault, ma tante, me raconter que, le 17 floréal an III de la République, le docteur Desault, chirurgien en chef de l'Hôtel-Dieu, fut appelé pour visiter l'enfant « Capet » qui était, à cette époque, enfermé au Temple...

» Lorsqu'il fit sa visite au malade qui était au Temple, on lui présenta un enfant qu'il ne reconnut pas pour être le Dauphin, qu'il avait vu quelquefois avant l'arrestation de la famille royale. Le jour où M. Desault déposa son rapport, après avoir fait quelques recherches pour découvrir ce que pouvait être devenu le fils de Louis XVI, puisqu'on lui avait présenté un autre enfant à sa place, un dîner lui fut offert par les conventionnels. A la suite de ce repas, en rentrant chez lui, le docteur Desault fut pris de violents vomissements, à la suite desquels il cessa de vivre, ce qui laissa croire qu'il avait été empoisonné.

» Paris, le 5 juin 1845 (1).

» A. Thouvenin ».

Mme Desault était née Thouvenin.

La *Libre Parole* du 9 juin 1894, a enregistré une confirmation très précieuse de ce témoignage. C'est une lettre du sculpteur Daragon à Drumont, en voici quelques passages :

« Paris, 7 juin 1894.

» Mon cher Maître,

» A propos de Louis XVII, voici quelques renseignements authentiques que je mets à votre disposition. J'ai connu très intimement une nièce par alliance de Desault, chirurgien de Louis XVI ; c'est d'elle que je tiens ces renseignements. Mme Thouvenin, née Marguerite-Agathe Calmet, bien avant son mariage avec le neveu de Desault, avait vécu aux côtés de la femme du chirurgien (2) et avait beaucoup entendu parler des événements relatifs à Louis XVII. Mme Thouvenin nous a souvent dit, dans ses intéressantes conversations, que

---

(1) *La Restauration* de Suvigny, p. 42.
(2) C'est Mme Desault qui l'avait élevée et ensuite mariée à son neveu.

M. Desault s'était formellement refusé à reconnaître, dans cet enfant (1), le jeune Dauphin... M. Desault fut, quelques jours après ce refus formel, empoisonné dans un diner auquel assistaient des membres du gouvernement... Je n'ai pas revu Mme Thouvenin depuis près de vingt ans ; je ne sais si elle vit encore, mais c'était une honnête et loyale personne, très instruite et dont la parole était toute de vérité.

» Cordialement à vous, mon cher Maître.

» Laurent DARAGON, 99, quai d'Orsay ».

Mais, dira-t-on, ne savez-vous pas que la femme de Desault était folle ? Dans le procès des Naundorff, en 1874, l'avocat général, tenant tête à J. Favre, s'écria :

« Une des premières preuves qu'on invoque, c'est la mort de Desault, qu'on dit avoir été empoisonné pour avoir dit qu'il s'était aperçu de la substitution d'un enfant au Dauphin captif. Il est vrai que les rumeurs qui ont couru à cet égard ont reposé surtout sur des propos tenus par la dame Desault, qu'on sait avoir été atteinte d'aliénation mentale ».

M. Benoist admet donc que, suivant les dires de Mme Desault, sensés ou non, l'ancien chirurgien n'a pas reconnu le Dauphin dans le prisonnier du Temple. Maintenant Mme Desault était-elle folle au moment des événements ? Pas du tout. A cet égard, Jacques Boillaut, âgé de soixante-huit ans, ancien valet de pied de Louis XVIII, et depuis lors rentier, demeurant à Paris (rue de l'Université, 58), a déclaré être prêt à déposer en justice et sous la foi du serment des faits qui vont suivre :

« M. Desault, à l'époque de la première Révolution, était mon ami et le médecin de ma femme ; j'ai su, à n'en pouvoir douter, par Mme Desault, que le fils de Louis XVI avait été sauvé du Temple. Mme Desault ne m'a point caché non plus que son mari était mort empoisonné, et qu'on l'avait sacrifié pour cacher le mystère de cette évasion ; que cet empoisonnement suivit de près la déclaration que Desault fit au Comité de salut public, du changement qui s'était opéré dans le prisonnier confié à ses soins. Quelque temps après cette confi-

---

(1) Dans l'enfant du Temple.

dence, Mme Desault devint folle de désespoir, et elle est morte en cet état ».

C'est donc ultérieurement qu'elle devint folle. Elle ne l'était pas au moment de ses confidences.

D'ailleurs sa fille et sa nièce n'ont jamais été folles, pas plus que n'ont été fous Adoue, Abeillé et autres élèves dont les témoignages concordent avec ceux de Mme Desault.

Nous pourrions citer encore une multitude d'autres témoignages, entre autres celui de Mme Rousse, fourreuse, rue des Déchargeurs, au coin de celle de la Limande ; celui de M. Lesueur, coutelier, rue des Canettes ; celui de M. S., aussi coutelier, rue de Sèvres, auxquels Desault lui-même avait confié le mystère du Temple et ses propres inquiétudes. Mais n'oublions pas que ce travail doit être un rapide résumé et passons aux médecins qui ont fait l'autopsie de l'enfant mort au Temple. Résumons-nous bien vite. Desault a reconnu la substitution. Nous le savons par le docteur Adoue, témoin de la scène. Nous le savons par Mme Desault, et par dix témoins auxquels ou par devant lesquels Desault lui-même l'a dit.

*
* *

Après la mort de Desault, Pelletan fut chargé du petit prisonnier (5 juin 1795) et Dumangin lui fut adjoint (7 juin), mais l'enfant mourut le 8 juin. Pelletan et Dumangin ne connaissaient pas le Dauphin. Aussi demandèrent-ils, pour l'autopsie, qu'on leur adjoignit Lassus et Jeanroy, qui avaient été médecins de la famille royale.

Comptant sur la salutaire frayeur causée par la mort de Desault, le gouvernement acquiesça à cette demande. Son calcul se trouva juste. Les médecins ne dévoilèrent point la supercherie. Il se contentèrent de prendre un biais et de dire : « Nous avons trouvé dans un lit le corps mort d'un enfant... que les commissaires *nous ont dit être* celui du fils de défunt Louis Capet, et que deux d'entre nous ont reconnu pour être l'enfant auxquels ils donnaient des soins depuis quelques jours ».

Ils ne se compromettent guère les médecins du Temple ! *On leur a dit* que c'était bien le Petit Capet. Mais était-ce bien lui en effet? Ils refusent de l'affirmer, et cependant deux d'entre eux, médecins de la famille royale, connaissaient fort bien M. le Dauphin. Eh bien ! ils n'ont pas voulu déclarer que c'était lui et ils ont pris une périphrase.

Quand je dis *deux*, ne devrais-je pas dire *trois* ? Peut-être. Pelletan connaissait-il le Dauphin ? Je ne saurais l'affirmer (1), Mais je puis affirmer que, s'il n'a pas vu au premier coup d'œil, dès le 5 juin, que son malade n'était pas le fils de Louis XVI, il l'a su du moins avant la fin de son ministère au Temple.

A l'audience du 20 février 1874, J. Favre demanda à la Cour d'appel de lui faire entendre le témoignage qui suit :

« M. le Docteur J..., médecin de la Faculté de Paris, auteur de plusieurs ouvrages estimés, mort depuis un assez grand nombre d'années, avait à son service une domestique qui affirmait l'existence du Dauphin ; elle prétendait l'avoir vu après son évasion chez un général qui l'avait un instant abrité (2). M. J... parla de cette circonstance à l'un des médecins qui avaient signé le procès-verbal d'autopsie, la lui signalant comme en contradiction avec les constatations de ce procès-verbal. « Nous n'avons, lui répondit le docteur, rien affirmé autre que ce qui nous a été dit. D'ailleurs il était prudent de se taire. Ceux d'entre nous qui connaissaient le Dauphin ne l'ont pas reconnu dans l'enfant qui nous a été représenté, mais ils se sont bien gardés de le dire. Aucun de nous ne voulait éprouver le sort de notre confrère Desault ». En rentrant chez lui, M. J... raconta cette conversation à sa femme, il la lui répéta plusieurs fois. Mme veuve J... vit encore et déposera de ce fait ».

Or nous nous demandions quel était celui des quatre médecins opérateurs qui avait dit ces graves paroles et à quel confrère il les avait dites. M. Otto Friedrichs l'a révélé dernièrement dans la *Plume*, des 1-15 août 1899, ayant trouvé, dans les archives de la famille de Bourbon, l'original de la déclaration de Mme *Jal*. Celui des quatre médecins qui parlait

---

(1) S'il l'avait bien connu, eut-il senti le besoin de demander Lassus et Jeanroy ?

(2) Chez Charette, parait-il.

ainsi au docteur Jal, c'était Pelletan. Peut-on souhaiter parole plus décisive ?

* * *

La veuve du cordonnier Simon qui fut, au Temple, le brutal précepteur du Dauphin, a survécu, vingt ans et plus, aux événements et à son mari. Jusqu'au dernier soupir, elle a affirmé l'évasion du Dauphin. Il est vrai qu'à l'époque de l'évasion elle n'était plus employée au Temple, mais elle s'intéressait toujours à ce qui s'y passait, et avait gardé des relations avec les autres employés. Nous empruntons les documents qui suivent à la *Nouvelle Revue* de M. Nauroy, février 1882 :

CABINET PARTICULIER

Ministère de la police générale

NOTE

« On assure qu'il existe à l'hospice des Incurables une femme qui attire l'attention du public en se faisant passer pour la veuve du savetier Simon, chargé au Temple de la garde du Dauphin, *dont elle atteste l'existence...* MM. les officiers de paix sont chargés de vérifier ce renseignement et de s'assurer du véritable nom de la femme en question, et de la faire causer sur le sort de son infortuné prisonnier, afin de tâcher de pénétrer le motif qui lui fait tenir les propos qu'on lui impute (13 novembre 1816). »

Voici maintenant la réponse des officiers de paix :

Rapport du 15 novembre 1816. — « Il existe, en effet, à l'hospice des Incurables, une femme qui y est connue sous le nom de la *veuve Simon* dont le mari était cordonnier. Cette femme, née Marie-Jeanne Aladame, âgée de soixante et onze ans, épousa ledit *Simon* (Antoine) le 15 mai 1788 et entra aux Incurables le 12 avril 1796. Elle dit que son mari fut gardien du Dauphin au Temple et qu'elle en fut la gouvernante ; qu'elle a perdu, par suite des événements, tout ce qu'elle possédait ; et qu'elle a, après avoir perdu son mari, qui fut guillotiné, éprouvé beaucoup de mauvais traitements... Elle dit que le Dauphin existe, qu'elle en a la certitude, et que tout s'arrange pour qu'il reprenne sa place... (1).

Les officiers de paix attachés au Ministère,

DUSSIEUX, JOLY. »

Dès le lendemain, nos policiers sont renvoyés à la Simon et la transportent aux Tuilleries devant Decazes et Talleyrand. Là on apprit que la duchesse d'Angoulème et la duchesse de Berry étaient allées la voir. On l'interroge. On la fait signer le procès-verbal de l'interrogatoire, où on lit :

« Cejourd'hui seize novembre mil huit cent seize, est comparue, au ministère de la police, Marie-Jeanne Aladame, veuve Simon, âgée de soixante et onze ans, native de Paris, qui a répondu à nos diverses interpellations ainsi qu'il suit, savoir :

» ... Qu'elle a une entière conviction que le prince n'est pas mort dans la tour du Temple, ainsi que la nouvelle en fut répandue dans le temps ; que cette conviction est si intime que rien ne saurait l'en dissuader.

» ... Il a été *inutilement* observé à la veuve Simon que les détails qu'elle mettait à l'appui de sa croyance étaient tous invraisemblables...

» Elle a terminé par reconnaître qu'il y aurait indiscrétion grave à causer légèrement de détails qui, d'après nos observations, n'étaient peut-être point conformes à la vérité... (2).

» Et a, ladite veuve Simon, signé après lecture.

Veuve SIMON. »

Decazes, quelques mois plus tard, envoya à la Simon, non des policiers, mais des personnes du monde. Il rend ainsi compte de l'entrevue au vicomte Lainé, ministre de l'Intérieur :

« 2 août 1817.

» Monseigneur,

» J'ai promis hier à votre Excellence les détails sur une

---

(1) On ne pourra pas dire qu'elle prétendait plaire à Louis XVIII.
(2) Ainsi, on lui faisait comprendre qu'elle eût à se taire.

conférence que trois personnes ont eue avec la veuve Simon.
Il résulte de cet entretien :

» 1°.. 2° — Qu'elle ne doute nullement qu'il ait été enlevé
de la prison du Temple, parce qu'elle fut informée, dans le
temps, par le cuisinier de la prison, et de ce fait et de la
translation au Temple d'un enfant rachitique et contrefait,
qu'elle avait elle-même *vu* sortir de l'Ecole de médecine dans
un panier qu'on avait chargé sur une voiture de linge
sale ;

» 3° — Qu'elle est également certaine de son existence, soit
parce qu'elle n'a presque pas cessé d'en avoir des nouvelles
depuis son évasion, soit parce qu'il fut la voir, il y a environ
douze ans, dans l'hospice où elle est, et qu'elle le reconnut,
non seulement au premier aspect, mais à divers gestes de
vivacité auxquels il se livra pour l'engager à ne pas trahir
l'incognito qu'il avait intérêt de garder, et qui lui rappelèrent
ceux qui lui échappaient lorsqu'il était sous sa garde ;

» 4° — Qu'elle a attesté tout cela dans une espèce d'interrogatoire qu'on lui a fait subir, six semaines avant le mois de
janvier dernier, au château des Tuileries, en présence de
deux personnes qu'elle ne connaît pas, mais dont l'une (1)

---

(1) Et l'autre ? ne serait-ce pas Louis XVIII lui-même ? ? Un témoignage
récent nous porterait à le croire. Lisez attentivement la *lettre* suivante
émanant de la sœur Vincent, *petite-fille de la comtesse de Béarn, née
Pauline de Tourzel.* Elle vient d'être publiée, en 1905, par H. de Grandvelle, dans son *Evasion de Louis XVII*, Paris-IX°, H. Daragnou, éditeur, 30,
rue Duperré (1 fr. 50), p. 26 : « Pauline de Tourzel, fille de la duchesse de
Tourzel, née Croy, gouvernante des Enfants de France, épousa le comte de
Béarn, mon grand-père. Son fils, le comte de Béarn, mon père, nous a dit
bien des fois qu'à partir de 1815, il avait accompagné souvent Madame
Royale sur la tombe du roi, de la reine, de Mme Elisabeth et de la princesse
de Lamballe, mais jamais il n'a été question de celle de Louis XVII. Madame
Royale a toujours cherché son frère, *et encore très peu de semaines avant sa
mort, elle a écrit à mon père pour traiter de cette grave question qui lui tenait
fort à cœur :* je ne me souviens pas si c'est pour lui communiquer des renseignements ou pour lui dire d'en prendre de nouveaux ; je ne pensais pas
avoir à raconter ces détails, jamais par conséquent je n'y ai pas attaché
d'importance, sans cela j'en aurais pris note, au lieu de les garder pour
moi.
« Mon père et bien d'autres personnages de l'entourage royal m'ont répété
souvent que *Naundorff avait demandé à être reçu, faisant précéder sa prière*

paraît être, d'après le signalement qu'elle en donne, M. le prince de Talleyrand :

» 5° — Qu'elle a réitéré la même déclaration, tant à leurs Altesses Royales Madame et Madame la duchesse de Berry, dont elle a reçu la visite, qu'à DEUX AMBASSADEURS, deux

---

de rappels de souvenirs d'enfance que lui seul était à même de préciser, mais que Madame Royale ne pût jamais le voir ; LE DUC D'ANGOULÊME ET L'ENTOURAGE DU ROI L'EN EMPÊCHÈRENT.

« Nous questionnions beaucoup mon père qui n'aimait pas à nous trop parler de ces détails, à cause de la politique et de sa situation d'ambassadeur, puis de sénateur sous l'Empire, craignant les indiscrétions de ses enfants, ardents royalistes. De temps à autre, il nous rapportait quelques anecdotes de la vie de sa mère qui, enfant, partageait les jeux et les leçons de Madame Royale, comme du Dauphin ; *elle était bien convaincue que Louis XVII n'était pas mort, mais qu'il avait été soustrait au Temple et remplacé par un autre enfant.*

« Tous ces détails remontent dans mon souvenir vers 1855. Après mon entrée au couvent, en 1862, je conservais la certitude que Louis XVII n'était pas mort au Temple, mais ne croyais pas que de nouvelles preuves m'en seraient données par une sœur de Saint-Vincent-de-Paul, que je retrouvai à l'hôpital militaire de Montpellier où j'arrivai en 1864.

« Sœur Demongeot devait à cette époque être d'un âge avancé. Elle parlait constamment de la famille royale et de Louis XVII. En me voyant, sachant ma parenté avec Pauline de Tourzel, elle me demanda immédiatement ce que je pensais de la mort du Dauphin, à laquelle elle ne croyait pas plus que moi, mais avec d'autres preuves à l'appui. Entrée en 1813 au couvent et restée d'abord à Paris, où elle avait soigné la veuve Simon, ma Sœur Demongeot m'a dit que cette femme, dont elle possédait toute la confiance et qui la préférait aux autres religieuses, parce qu'elle écoutait tout ce qu'elle lui disait de Louis XVII avec un intérêt sans bornes, ne cessait de lui répéter que le Dauphin n'était pas mort au Temple, *et qu'il avait été soustrait sous ses yeux et ceux de son mari, emmené par des messieurs qui mirent un enfant moribond à sa place.*

« La femme Simon, croyant bien faire et ne voulant garder ce secret pour elle seule, *demanda à Louis XVIII une audience,* sûre de lui être agréable en lui faisant connaître l'existence de son neveu, tout en ignorant l'endroit où il avait été emporté, hors de France sûrement. Grande fut sa surprise quand, ses confidences terminées, elle entendit *le roi Louis XVIII* LUI FAIRE DE TELLES MENACES, *allant jusqu'à lui dire qu'il la ferait enfermer entre quatre murs, sans communication avec nul être humain,* SI JAMAIS ELLE RÉVÉLAIT SON SECRET A QUI QUE CE SOIT. Ce n'est que dans ces toutes dernières années qu'elle déchargea son cœur, en faisant promettre aux Sœurs de ne pas l'exposer aux menaces du roi. Avec une lucidité d'esprit extraordinaire, elle revenait constamment sur son affirmation de l'existence du Dauphin. Etait-ce le remords des souffrances que Simon lui avait fait endurer ou simplement le

Anglais de distinction, et à toutes les personnes qui lui ont parlé de cette affaire ;

» 6° — Qu'elle est sûre de reconnaître le prisonnier de Rouen et d'être reconnue par lui, s'il est véritablement Louis XVII.

» 7° — QU'ELLE SAIT BEAUCOUP D'AUTRES CHOSES PLUS GRAVES ET PLUS DÉCISIVES DONT ELLE NE PARLERA QUE LORSQU'ELLE SERA APPELÉE DEVANT LA JUSTICE.

» Tels sont, Monseigneur, les principaux faits qu'a racontés cette femme ; elle a mêlé à tout cela les plus grandes démonstrations d'intérêt pour Louis XVII, qu'elle affirme avoir constamment traité avec beaucoup d'égards, et elle a ajouté que depuis quelque temps elle ne sortait pas, parce qu'elle s'attendait, d'après des avis qu'elle avait reçus, à être appelée d'un moment à l'autre à Rouen. »

On jugeait à Rouen le faux-dauphin Mathurin Bruneau que la Simon s'offrait naïvement à démasquer. Bien entendu, l'offre ne fut point acceptée ; on ne voulait pas faire authentiquer en justice les « choses plus graves et plus décisives » dont elle se refusait à parler sans garanties personnelles.

---

regret de voir que la vérité étouffée faisait subsister l'injustice de son malheureux sort ?

« Ma Sœur Demongeot, craignant l'exagération ou un manque de sincérité dans les récits de la femme Simon, voyant sa mort approcher, pria l'aumônier qui l'avait confessée, de lui demander, avant de lui donner la communion, si ce qu'elle avait raconté à la Sœur Demongeot, relativement à l'évasion de Louis XVII était l'exacte vérité. L'aumônier, tenant à la main la sainte hostie, lui dit : « *Ce que vous avez raconté sur Louis XVII aux Sœurs, est-ce bien la* » *vérité ?* ».

» La femme Simon se redressa et devant la Sœur Demongeot présente s'écria : « *Je n'ai plus rien à craindre des rois de la terre puisque je vais bien-* » *tôt comparaître devant mon juge et mon Dieu que je vais recevoir : j'affirme* » *que ce que j'ai dit est la pure vérité* ».

« Sœur Demongeot ne s'est pas bornée à me raconter ce fait une fois, mais elle me l'a répétée constamment jusqu'à sa mort, en 1879.

« .... »

A la suite de cet écrit, suit l'attestation que voici :

« *J'atteste que je viens de dicter tout ce qui précède, j'en garantis la véracité.*

» *Rouen, le 28 février 1904.*

» *Blanche de Béarn, Sœur Vincent* ».

(*L'Evasion de Louis XVII*, par H. de Grandvelle, p. 26, 27, 28 et 29.)

Deux jours plus tard, Decazes écrivait un nouveau rapport :

« 4 août 1817.

» Monseigneur,

» En communiquant à Votre Excellence l'induction qu'on avait tirée de la différence du langage de la femme Simon lorsqu'elle parle de Sa Majesté et de Son Altesse Royale Madame, ou de Louis XVII, j'étais loin de prévoir que cette induction fût susceptible d'être combattue. Elle l'est cependant, et elle l'est par un témoignage qui semble inspirer à la multitude une grande confiance, c'est-à-dire par l'une des religieuses attachées à la maison qu'habite la femme Simon. S'il faut en croire ce que M. Méjean a entendu hier, de la bouche d'un médecin qui vient de payer *comme tant d'autres* son tribut à la curiosité, cette religieuse assure : Que depuis sept ans qu'elle est dans cet hospice, elle a toujours entendu la femme Simon parler de l'enlèvement et de l'existence de Louis XVII comme elle en parle aujourd'hui (en italiques dans le texte).

» Cela prouverait tout au plus que la femme Simon est de bonne foi dans l'erreur, car enfin elle ne rapporte que des ouï-dire (1) ; mais les intrigants qui se mêlent de cette affaire, ou les hommes avides du merveilleux, ne raisonnent pas ainsi ; et ils ont grand soin de conclure du témoignage de la religieuse qu'il n'est plus possible d'élever le moindre doute sur ces deux faits capitaux, puisque la femme Simon les a racontés *dans un moment où personne en France n'osait se flatter de voir triompher le système de la légitimité* et où elle ne pouvait pas soupçonner l'apparition du prisonnier de Rouen ».

Et, en effet, dans le procès du faux-dauphin Richemont, le docteur Remusat déposa ainsi :

« ... En 1811, j'étais interne dans un hôpital où se trouvaient un grand nombre de malades. Un jour, en venant faire mon service, je vis une femme qui s'appelait Simon. Je

---

(1) Decazes n'en sait rien puisque la Simon ne voulait parler que devant la justice. Du reste, elle dit qu'elle tient du cuisinier Meunier le fait de l'évasion, et qu'elle-même a *vu* le substitué partir pour le Temple.

l'entendis se plaindre du régime de l'hôpital. Elle dit : « Si mes enfants étaient ici, s'ils me savaient ici, ils ne me laisseraient pas sans secours. » Je lui répondis : « Je ne vois pas quels secours ils pourraient vous donner de plus, autres que ceux que vous avez ». — Oh ! me dit-elle, vous ne savez pas de quels enfants je parle ; c'est de mes petits Bourbons, que j'aime de tout mon cœur. — Vos petits Bourbons ! — Oui, me dit-elle, j'ai été gouvernante des enfants de Louis XVI ». Je fus étonné de ce mot : elle me le répéta. Je lui dis : « Mais le Dauphin est mort ! » Elle me répondit : « Non, il ne l'est pas ». Et alors elle me raconta que le Dauphin avait été enlevé ; je ne sais pas trop si c'est dans un paquet de linge ou autrement. Je lui fis d'autres questions ; mais je ne sus que cela. Je descendis et je demandai au médecin en chef quelle était cette femme ; on me dit que c'était la femme du geôlier du Temple. C'était en 1811. Je crois qu'elle est morte ; je n'en ai plus entendu parler ». (*Sensation*).

Ainsi, elle parlait sous Napoléon comme sous Louis XVIII ; et Decazes, on le voit, s'émouvait de cette constance d'affirmation. Ce n'était pas, du reste, affaire d'imagination chez elle, car ses rêveries n'auraient point envahi la tête de son beau-fils. Or, nous lisons dans les *Intrigues dévoilées*, t. I, p. 580 (1846) :

« Mme Dubuisson, demeurant à Orléans, a eu chez elle, il y a environ quarante ans (donc, vers 1806), le fils de Simon, de son premier mariage, en qualité d'ouvrier. Ce jeune homme lui a souvent affirmé qu'il savait pertinemment que le Dauphin n'était pas mort au Temple ».

La Simon a dit à Decazes qu'elle tenait le fait de l'évasion du cuisinier du Temple. C'était Meunier et il était devenu le cuisinier de Louis XVIII. S'il fut interrogé à la suite des révélations de la Simon, il dut être fort ennuyé et répondit certainement... de manière a conserver sa place. Mais plus tard, quand les Bourbons tombèrent en 1830, il parla. On lit dans la *Légitimité* du 6 décembre 1885 :

« Une lettre de Fontainebleau nous apprend que le cuisinier du Temple, Meunier, qui devint plus tard cuisinier de Louis XVIII, se retira à Fontainebleau après la Restauration. Meunier n'était pas marié. Un de ses aides se retira avec lui. Or, tous deux assuraient que le Dauphin n'était pas mort au

Temple. L'aide de Meunier a laissé des enfants qui ont souvent, dans l'intimité, raconté l'évasion du Dauphin. Ils le faisaient avec d'autant plus de complaisance que Mme Marchand, fille de Lasne, habitait tout près de Fontainebleau et parlait dans le sens de M. de Beauchesne(1). Malheureusement, les enfants de l'aide de Meunier sont dispersés ; mais on nous fait espérer l'adresse d'une de ses filles ».

La lettre qui nous donnait ces renseignements était de Madame la Comtesse de Duranti (2). Je ne sais si elle a poussé plus loin ses recherches, mais cela suffit déjà pour prouver que la Simon a dit la vérité : Meunier lui avait bien dit que le Dauphin s'était évadé.

Caron a dit la même chose et Caron était, au Temple, garçon servant. C'est lui qui recevait de Meunier les plats et, sur un portoir, les portait à la Tour et les servait aux prisonniers. Dans l'*Intermédiaire* du 10 février 1898, M. Bégis, un de nos adversaires, révèle une note de police inédite sur Caron :

« On croit que le nommé Caron, portier de la maison, nᵒ 15, rue du Faubourg du Temple, qui dit avoir été valet de chambre de l'infortuné Louis XVII pendant sa captivité, pourrait donner d'utiles renseignements... Peut-être serait-il nécessaire d'entendre cet homme, que beaucoup de personnes, agitées par le procès de (Rouen), vont questionner. La manière vague dont on répand ses réponses ajoute au mauvais effet que la publicité de ce procès semble avoir produit dans le peuple.

» Ce 25 octobre 1817. »

Pourquoi n'a-t-on pas cité Caron à Rouen ? Parce que « beaucoup de personnes vont le questionner » et ce, à cause de

---

(1) Ce n'est pas si certain ! Nous avons vu, p. 11, que Lasne, dans son pays, avouait l'évasion à son entourage. Je crois qu'il en est de même pour Mme Marchand. M. et Mme ***, commerçants à Chuelles (Loiret), l'ont connue à Fontainebleau, l'ont entendue avouer l'évasion et me l'ont dit positivement. Plus tard, quand je leur ai demandé un témoignage écrit, daté et signé, ils ont prétendu que jamais ils ne m'avaient dit pareille chose. Ces désagréments-là nous arrivent de temps en temps.

(2) Paris, 184, boulevard Haussmann.

« la manière vague dont on répand ses réponses ». Ses réponses, en effet, n'étaient point affirmatives de la mort de Louis XVII au Temple, et c'est même pour cela qu'on allait tant le questionner. Caron n'était un peu retenu que par la crainte et la cassette de Madame. Malheureusement pour lui, il n'eut pas toujours la même réserve et voici ce qui lui advint. On lit dans la *Légitimité*, tome I, page 113, la lettre suivante, à nous adressée sur la suggestion de M. l'abbé de Bonniot, du clergé de Paris :

« Monsieur,

» Conformément à votre désir, je m'empresse de vous confirmer ce que j'ai eu l'honneur de vous dire relativement à la mystérieuse disparition de M. Caron, qui fut l'un des surveillants, au Temple, de l'infortuné Dauphin, fils de Louis XVI.

« Il y a une quarantaine d'années que, me trouvant à dîner en compagnie de M. H. Hostein, administrateur du théâtre de l'Ambigu-Comique et de M. Caron, son régisseur, ce dernier, qui était le fils de M. Caron, dont il est question plus haut, nous déclara que son père lui avait dit à différentes reprises, ainsi qu'à sa mère, qu'il savait, mieux que personne, que le Dauphin n'était pas mort, et, à cette occasion, M. Caron nous fit, sur la façon dont il perdit son père, l'étrange récit que voici :

« En 1816, un an après le second retour des Bourbons en
» France, un dimanche matin, M. Caron père se disposait à
» déjeuner avec sa femme et son fils, lorsqu'un officier d'or-
» donnance vint le trouver et l'invita à le suivre, pour aller au
» château des Tuileries, où l'on avait à lui demander des
» renseignements sur le dauphin Louis XVII. Caron s'empressa
» de se rendre à cette invitation et monta dans la voiture de
» l'officier, qui l'emmena avec lui. Le conduisit-il aux Tuile-
» ries ? C'est ce qu'on a toujours ignoré, car on prétendit
» qu'on ne l'y avait pas vu. Toujours est-il qu'on ne revit
» jamais Caron père, et qu'on ne put jamais le retrouver,
» malgré toutes les recherches et les démarches que firent sa
» famille et la police pour arriver à ce résultat, et qu'on n'en-
» tendit plus parler de lui depuis cette époque. Avait-on
» intérêt à le faire disparaître afin de mettre à néant ses révé-

» lations relatives à l'évasion du Dauphin ? C'est ce qu'on a
» toujours supposé. »

» Tel est, Monsieur, le renseignement que vous m'avez
demandé sur cette ténébreuse affaire et que je me fais un
plaisir de vous transmettre exactement conforme au récit de
M. Caron fils, mes souvenirs à cet égard étant très positifs.

» Constamment à votre disposition, je vous prie d'agréer,
Monsieur, l'assurance de mes sentiments respectueux.

» Paris, le 5 février 1883.

» A. CARPIER, 18, rue Dauphine. »

M. Carpier fait erreur sur la date de la disparition. Louis
Blanc est plus exact en son *Histoire de la Révolution* :

« Le 4 mars 1820, un nommé Caron, qui avait été employé
au service de la bouche de Louis XVI, qui était parvenu à
s'introduire au Temple après le transfert de la famile royale
dans cette prison, et qui possédait, ou prétendait posséder sur
l'enlèvement du fils de Louis XVI, des détails secrets et importants, disparut tout à coup, à la suite de plusieurs visites d'un
grand personnage de la cour, sans que la famille ait jamais
pu retrouver sa trace : comment expliquer cette disparition? »
Je laisse au lecteur le soin de répondre.

Citons un dernier écho de la Tour. Quand la substitution
fut faite, certaines autorités subalternes qui n'avaient point
été mises dans le secret, firent venir au Temple la nourrice
du Dauphin. Voici, à cet égard, un curieux témoignage : (1),

« Je soussigné, Mathieu, prêtre, ayant appris que Mme veuve
Ladrée, née Marie-Catherine-Henriette Rousseau, demeurant
rue du Canivet, n° 4, à Paris, avait connu l'évasion du fils de
Louis XVI de la tour du Temple, me suis transporté chez
elle, le 9 du courant, avec M. C... habitant à Paris, rue
Cassette, n° 8, depuis quelques mois ; et aujourd'hui, avec
le même M. C... et M. Pascal, docteur-médecin, demeurant
rue de l'Ecole-de-Médecine, n° 12.

» Mme Ladrée nous a dit habiter ladite maison de la rue
Canivet depuis dix ans, être âgée de quatre-vingts ans, et se

---

(1) La *Restauration* de Suvigny, p. 21.

porter bien, sauf la faiblesse des jambes qui ne lui permet pas d'aller et venir. Cette respectable dame nous a paru jouir de la plénitude de ses facultés morales et intellectuelles, ainsi que de l'estime et de la considération de tous ses voisins. Nous avons reconnu en elle un caractère supérieur, actif, intelligent, qui en fait le conseil amical et bienveillant de tous ses voisins.

» Elle nous a raconté avec la plus parfaite conviction, que Mme Bertrand, rentière, demeurant aussi rue du Temple, qu'elle connaissait beaucoup, et qui avait pour amie une dame de Vitry, croit-elle (1), laquelle avait été nourrice du fils de Louis XVI, lui raconta quelque temps plus tard « que cette nourrice avait été mandée au Temple pour reconnaître son élève, qu'en présence de l'enfant on lui demanda : Reconnais-tu ton élève ? — Non, répondit-elle ; mon élève avait les cheveux blonds, celui-ci les a rouges ; mon élève avait les yeux bleus, celui-ci les a noirs. — Tu peux te tromper, nourrice, les cheveux changent, lui dit-on. — Oui, répondit-elle, mais les cheveux blonds ne deviennent pas rouges, et les yeux bleus ne deviennent pas noirs. »

» Que Mme Bertrand, chez qui la nourrice était descendue avant d'entrer au Temple, chez qui elle revint en sortant, avait su d'elle cette anecdote le même jour. »

Voici deux conséquences naturelles de la franchise de la nourrice du Dauphin, Mme Sainte-Marie, née Elisabeth Talon. L'impératrice Joséphine lui fit une pension : Mlle Avrillon, première femme de chambre de l'impératrice, nous le dit en ses *Mémoires*, (T. II, p. 297). Or Gruau de la Barre, citant (2) les *Chroniques des Tuileries* de Touchard-Lafosse, dit que Louis XVIII, une fois sur le trône, s'empressa de biffer cette pension. Désormais Mme Sainte-Marie était une ennemie à ses yeux. Au surplus, qu'on interprète comme on voudra la malveillance de Louis XVIII pour Mme Sainte-Marie, il n'en demeure pas moins certain que celle-ci, au premier coup d'œil, reconnut la substitution.

---

(1) C'était exact.
(2) Intrigues dévoilées. T. I, p. 185.

* *

Je ferais entendre encore bien d'autres échos de la Tour, mais on m'a tracé des limites. Je dois être bref. C'est assez pour le présent travail qui n'est autre chose qu'un manuel de propagande. Pour traiter la question Louis XVII à fond, il faudrait plusieurs *gros* volumes.

VI

COURONNES ET TIARE

Les enfants de Naundorff ont revendiqué le nom de Bourbon et l'héritage privé de Louis XVII devant le tribunal de la Seine, en 1851. Ils ont échoué, et la duchesse d'Angoulême a tout gardé. Ils en ont appelé devant la Cour d'appel de Paris en 1874 et n'ont pas réussi davantage. Le comte de Chambord a gardé tout l'héritage de la duchesse d'Angoulême et l'a transmis à ses neveux, le duc de Parme et le comte de Bardi. Mais l'un des fils de Naundorff, Charles-Edmond, s'était réservé et n'en a appelé qu'aux derniers jours de la période trentenaire, puis il est mort. Sa veuve a eu soin, chaque trois ans, de renouveler l'assignation au nom de ses enfants mineurs et eux-mêmes devenus majeurs, ont continué la même tactique, en sorte qu'aujourd'hui encore, il n'y a pas chose jugée. L'affaire n'a été ni prescrite ni périmée. Elle viendra à son heure devant la Cour d'appel de Paris.

Louis XVII a eu cinq fils : Charles-Edouard, Louis-Charles, Charles-Edmond, Adelberth et Emmanuel, dont les deux premiers et le dernier n'ont pas laissé de postérité. *Charles-Edouard a été, en droit, Charles X ; Louis-Charles a été de même Charles XI.*

Aujourd'hui, la survivance masculine de Louis XVI se compose : 1º des trois fils du feu prince Charles-Edmond, à savoir les princes Jean, Charles et Louis et du jeune fils du prince Jean. Les fidèles du prince Jean le qualifient Jean III, et son fils est appelé M. le Dauphin ; 2º des trois fils du feu prince Adelberth, les princes Louis, Henri et Emmanuel. Voilà avec quels princes le duc de Parme et le comte de Bardi devront partager l'héritage de la duchesse d'Angoulême. On demandera compte au duc de Parme d'un mot de lui, ainsi rapporté à M. Gaston Méry : Le *pieux* duc de Parme, l'heureux beau-père du renégat de Bulgarie se promenait un jour en bateau sur la Méditerranée. En passant devant les îles Sainte-Marguerite, il dit cyniquement aux personnes qui étaient avec lui : — « Ah! voilà la prison du Masque de Fer. J'en sais long sur lui et Naundorff, car mon oncle Chambord possédait tous les documents à leur sujet. » Je tiens ce récit de personnes absolument sûres qui étaient en même temps que lui dans le Midi. — *Comtesse de Preaulx* (1).

Pour M. le duc d'Orléans, on le priera de rétablir dans son blason le *lambel* qui appartient à sa branche ultra-cadette et de laisser au vrai chef de la race les armes *pleines* de l'écu de France. On adressera la même prière à don Carlos. Je dois néanmoins rappeler que don Carlos est un vrai légitimiste de principe. Je le crois de bonne foi. Mais sa bonne foi est tourmentée. Le 30 avril 1884, il a envoyé son frère don Alphonse accompagné de sa femme et de M. le comte de la Roche en visite à Mme Amélie, sœur de notre Charles XI, chez Mme Elluin, 5, rue de la Néva, Paris, qui donnait l'hospitalité à la princesse. Et huit ans plus tard, don Carlos toujours favorablement impressionné, disait au prince de Valori, à Venise, le 14 mai 1892 : « Mais je ne suis pas sûr du tout que l'affaire Naundorff soit une farce (2) » ! Un peu plus tôt, un peu plus tard, nous l'espérons, il verra clair ; et alors sa loyauté, qui l'amena jadis près de Mme Amélie, le conduira près du chef de sa race. Et ce ne sera plus, ce jour-là, « l'entrevue des deux Charles XI », comme disaient les journaux, mais bien le salut de Charles VII, d'Espagne, à son aîné, de France. En tout cas, don Carlos a déjà douté de son droit ; or, pour que lui, le principal intéressé, au point de vue légitimiste, ait douté de lui-même, ne faut-il pas que notre thèse soit éblouissante de lumière ?

Et s'il lui faut encore d'autres clartés révélatrices et victorieuses, qu'il s'adresse à une noble espagnole, à une grande d'Espagne, Eugénie de Montijo, comtesse de Théba. Elle pourra lui dire quelles traditions son mari, Napoléon III, avait reçu de sa mère, la reine Hortense, et de sa grand'mère, l'impératrice Joséphine. M. le comte d'Hérisson avait écrit p. 87 de son *Cabinet noir*, Paris, Ollendorff, 1887 :

----

(1) *La voyante de la rue de Paradis*, 2me fascicule, p. 32. Je n'ai d'ailleurs jamais cru le moins du monde en Mlle Couesdon.

(2) Voir les aveux de M. le prince de Valori, dans l'*Avant-Garde de l'Ouest* du 7 septembre 1895.

« L'impératrice Eugénie disait, il y a quelques mois, à une de ses anciennes dames d'honneur qu'il était de tradition dans la famille des Bonaparte que Joséphine avait contribué à l'évasion du Temple, et que sa mort, si soudaine, si étrange, pouvait bien avoir eu pour cause les révélations qu'elle avait eu l'imprudence de faire à ce sujet ». La reproduction de ce propos de l'impératrice, avait déchaîné contre M. d'Hérisson quelques intéressés qui, naturellement, nièrent que le dit propos eût été jamais tenu. Mais voici la lettre que M. d'Hérisson reçut de M. le baron de Billing, attaché pendant vingt-cinq ans au Ministère des Affaires étrangères :

Mon cher Ami,

« Je lis dans le *Cabinet noir* un propos que vous mettez dans la bouche de l'Impératrice, relativement à Louis XVII. Votre mémoire, comme toujours, vous a merveilleusement bien servi. L'Impératrice se trouvant à Chiselhurst pendant la période 1870-71, a, en effet, tenu ce propos devant mes deux sœurs, Mme Serre et Mme de Saulcy, dames du palais de Sa Majesté, et devant ma nièce et mon neveu qui n'ont pas quitté l'Impératrice depuis le 7 septembre 1870 jusqu'au mois de juillet 1871. Mille amitiés de votre dévoué,

Billing ».

Je me permettrai d'ajouter ici un souvenir personnel. Le lundi 8 octobre 1877, j'étais avec Mme de Mac-Mahon, parente éloignée du Maréchal, veuve d'un député irlandais à la Chambre des Communes, j'étais, dis-je, à Chiselhurst, au coin du feu de l'Impératrice Eugénie. Or, au cours de la conversation, la souveraine infortunée me dit ces paroles qu'alors je ne compris pas : « Du reste, M. le comte de Chambord n'est pas le chef de la Maison de Bourbon ». Que don Carlos demande l'explication de ces paroles à qui de droit.

* *
*

Il pourrait interroger aussi plus d'un autre gouvernement, plus d'une autre Maison souveraine.

M. l'abbé Laprade écrit ceci dans son témoignage du 15 janvier 1872 (1):

« ... Tels sont les faits dont j'ai été témoin et que j'affirme être véritables.

» Je restai encore quelque temps auprès du Prince, toujours disposé à rendre à sa cause tous les services qui étaient en mon pouvoir. Un jour, peiné de voir que son fils aîné, le prince Charles-Edouard, qui avait reçu une éducation militaire à l'école des Cadets de Dresde, passait sa vie dans l'inaction et perdait son temps, le duc de Normandie me proposa de m'envoyer en Hollande avec une mission pour le roi et une lettre pour m'accréditer. J'acceptai, et je remplis ma mission de mon mieux. En l'absence du roi (2), ce fut le prince royal qui me reçut avec une bienveillance marquée. J'aime à penser que ma visite et tout ce que je dis à Son Altesse Royale ne sont pas tout à fait étrangers au bon accueil que le Prince et sa famille ont trouvé quelques années plus tard, en Hollande, de la part de ce Prince royal, devenu alors Guillaume II. Pendant toute la conversation, qui dura bien au moins une heure, mon Prince reçut de sa bouche le titre d'*Altesse royale* ou de *Prince*, et jamais celui de *prétendant*. Il m'exprima son regret de ne pouvoir donner à Edouard (3) un brevet d'officier, s'excusant sur un article de la constitution hollandaise qui excluait tout étranger comme officier dans les armées de la métropole...

» J. B. LAPRADE,

» Curé de Mazerolles. »

Quelques années plus tard, en effet, Guillaume II se montrait hospitalier pour l'infortuné Louis XVII et traitait avec lui pour l'acquisition de ses inventions pyrotechniques. La mort du roi méconnu survint inopinément au cours des expériences que le Ministère de la Guerre avait ordonnées. Les officiers supérieurs, délégués du Ministère, assistaient à l'enterrement. Le cercueil était porté par des sous-officiers.

------

(1) Je l'ai publié dans la *Légitimité* du 1er juillet 1883.
(2) Guillaume Ier.
(3) Charles-Edouard, fils aîné de Naundorff.

Et lorsqu'il s'agit de rédiger l'acte de décès, suivant la déclaration du prince Edouard et du comte de la Barre, qui qualifiaient le défunt *Louis XVII*, le bourgmestre de Delft, M. Van Berkel, alla à la Haye consulter le gouvernement. Voici, à cet égard la déclaration de M. Van Buren (1) qui fut l'intermédiaire entre Naundorff et le Gouvernement des Pays-Bas :

« Quant à l'identité de ce personnage... il s'en suivit une plus forte preuve : c'est qu'à son décès, le bourgmestre de Delft, M⁰ Van Berkel, chef de l'État-Civil, ayant hésité de rédiger un acte de décès selon notre déclaration, alla s'en rapporter en personne au Ministère de la Justice, dont il retourna tranquillisé de pouvoir librement rédiger l'acte de décès du défunt conforme à la déclaration de la famille et comme nous l'avions présenté. Son nom et qualité, ciselés sur la pierre sépulcrale qui couvre la tombe, furent admis au cimetière communal comme une manifestation publique de ce qui cessait d'être un secret ; et le cortège d'officiers de l'armée, dont les noms sont mentionnés dans mon Mémoire, couronne les derniers honneurs rendus au grand martyr ».

Voici l'acte de décès. On peut en demander à Delft copie légalisée.

« **PROVINCE DE HOLLANDE MÉRIDIONALE, COMMUNE DE DELFT**

ÉTAT-CIVIL

Dans l'an mil huit cent quarante-cinq, le douze du mois d'août, à 6 heures de l'après-midi, ont comparu devant Nous, Daniel van Koetsveld, officier de l'État-Civil de la commune de Delft, Charles-Edouard de Bourbon, âgé de vingt-quatre ans, sans profession, et Modeste Gruau, comte de la Barre, âgé de cinquante ans, ancien procureur du roi près le Tribunal de première instance de Mayenne, en France, tous les deux ici domiciliés, le premier étant fils et le second ami du décédé ci-dessous désigné, lesquels nous ont déclaré que, le dix août de cette année, vers trois heures de l'après-midi,

---

(1) Je l'ai donnée en entier et avec les légalisations dans la *Légitimité* des 3 janvier et 28 février 1886.

dans la maison n⁰ 62, quartier 2, du Vieux-Delft, est décédé
Charles-Louis de Bourbon, duc de Normandie, Louis XVII,
(ayant été connu sous les noms de Charles-Guillaume Naundorff), né au château de Versailles, en France, le vingt-sept
mars dix-sept cent quatre-vingt-cinq, et, par conséquent, âgé
de soixante ans passés, demeurant dans cette ville, fils de feu
Sa Majesté Louis XVI, roi de France, et de Son Altesse Impériale et Royale Marie-Antoinette, archiduchesse d'Autriche,
reine de France, tous les deux morts à Paris, époux de
Madame la Duchesse de Normandie, née Johanna Einert,
demeurant ici...

Signé :

Charles-Edouard de Bourbon ;
M. Gruau, Cte de la Barre ;
Daniel van Koestveld. »

La pierre tumulaire porte encore pour inscription :

ICI REPOSE

Louis XVII, roi de France et de Navarre
(Charles-Louis, duc de Normandie)
né a Versailles, le 27 mars 1785
décédé a Delft, le 10 aout 1845

L'année d'après, Gruau de la Barre, le fidèle compagnon de
l'exil, publiait, sous le titre d'*Intrigues dévoilées,* toute la vie
du prince infortuné et offrait au roi de Hollande et aux
membres de sa famille des « hommages d'auteur ». Dans leurs
réponses (1) — car tous lui ont répondu — on le remercie ;
on lui dit tout « l'intérêt », tout le « plaisir », toute la « satisfaction » qu'on a éprouvés en le lisant ; on le félicite de son
« talent » et même du « zèle » qu'il a « consacré à la cause ».
Si, pour la Maison d'Orange, Gruau n'avait été que le cri-
minel compère ou la dupe imbécile d'un aventurier, aurait-il
reçu une seule de ces lettres ?

____

(1) J'ai publié toutes ces réponses royales et princières dans la *Légitimité*
du 22 avril 1883.

Monument primitif de Delft

(1845 - 1904)

Quelques années plus tard, le prince Louis-Charles s'est engagé comme volontaire et pour six ans, le 7 mars 1854, dans le 2ᵉ régiment de dragons des Pays-Bas. Le 27 mai de la même année, il était caporal. Le 23 août de la même année encore, il était maréchal des logis *titulaire*. Il devint maréchal des logis *effectif* le 3 août 1855, à la première vacance de l'emploi. Le 6 mars 1860, n'ayant pas voulu, pour devenir officier, se faire naturaliser Hollandais, et son temps d'engagement étant d'ailleurs fini, il quitta le service. Or, dans tous ses états de services, il est désigné comme *Louis-Charles de Bourbon*, fils de feu le duc de Normandie.

Son frère, le prince Adelberth, voulant devenir officier, dut obtenir préalablement sa naturalisation. Or, le gouvernement ne pouvait pas légalement l'accorder. Il fallait une loi spéciale, tout exprès. Le roi la demanda aux deux chambres des Etats-Généraux et l'obtint. En voici le texte :

« Guillaume III, par la grâce de Dieu, roi des Pays-Bas, prince d'Orange-Nassau, grand duc de Luxembourg, etc.

» Vu la loi du 22 décembre 1863, contenant la naturalisation d'Adelberth *de Bourbon*...

» Nous avons trouvé bon et entendons conférer par les présentes à Adelberth *de Bourbon*, sergent au 6ᵐᵉ d'infanterie, des lettres de naturalisation munies de notre seing et du sceau du royaume...

» Donné à La Haye, ce 22 décembre 1863.

» GUILLAUME.

» Par le Roi,

» *Le Ministre de la Justice,*

» OLIVIER. »

Ainsi, ce n'est pas seulement la bienveillance royale qui reconnaît aux enfants de Naundorff le grand nom de Bourbon. La nation hollandaise a participé à cette reconnaissance puisque ses Etats-Généraux donnent ce nom royal au fils du proscrit dans le texte même d'une loi, votée par les Chambres et sanctionnée par la couronne.

Il y a une vingtaine d'années, dans un voyage que le grand-duc de Saxe-Weimar CHARLES-ALEXANDRE fit à La Haye, ce souverain allemand s'entretint longuement avec le roi Guillaume III, son beau-frère, de l'infortunée famille de Bourbon. Le grand-duc ayant exprimé le désir de faire connaissance avec le prince Adelberth, le roi fit donner l'ordre au colonel des chasseurs et grenadiers d'amener au grand-duc M. le lieutenant de Bourbon. Or, quoiqu'un colonel soit hiérarchiquement très supérieur à un simple lieutenant, les rôles furent renversés dans cette entrevue. Tous les honneurs et toutes les prévenances du souverain allemand furent pour le lieutenant qu'il appela constamment *Prince* et *Altesse Royale*. Il l'invita même à venir chasser dans ses Etats avec lui et en compagnie d'une douzaine de princes de familles souveraines ; la fortune trop modeste du prince Adelberth a pu seule l'empêcher d'accepter. Le grand-duc ne prend donc pas le prince Adelberth pour le fils d'un de ses sujets et ne donne pas dans cette idée fausse, jadis assez répandue, que Naundorff était de Weimar (1).

La reine-régente, Emma de Waldeck, seconde femme et veuve de Guillaume III, montra les mêmes sentiments. En 1896, le prince Louis-Charles se plaignit à Sa Majesté que des débris de toute nature avaient été déposés dans un coin du cimetière de Delft et s'étaient répandus jusque sur la tombe de Louis XVII, son père. Le ministre de l'Intérieur, M. Van Houten, répondit à M. « Louis-Charles de Bourbon » que » suivant les ordres de la Reine-Régente » il venait de donner » des instructions au bourgmestre de Delft » et lui annonce » la satisfaction qu'il va ainsi recevoir ».

Quant à la reine Wilhelmine, c'est sous son règne que la tombe de Louis XVII a été glorifiée. Le vieux cimetière de Delft, déclassé depuis trente ans, devait devenir place publique et, déjà, toutes les familles avaient transporté leurs morts dans les cimetières nouveaux. Une seule tombe subsistait, celle de Louis XVII. Ses descendants souhaitaient, en attendant les caveaux de Saint-Denis, qu'elle restât sur ce sol

---

(1) Le grand-duc Wladimir, qui fit à notre ami, M. Otto Friedrichs, l'honneur de visiter sa *collection Louis XVII*, lui dit: « Le grand-duc de Saxe-Weimar est plus naundorffiste que vous ! » Ce n'est pas peu dire. — *Légitimité* du 1er juin 1901.

Princesse
MARIE-THÉRÈSE DE BOURBON
(fille de LOUIS XVII)

Prince
HENRI DE BOURBON
(petit-fils de LOUIS XVII)

Inauguration du Monument restauré de LOUIS XVII, à Delft (*Hollande*), le 18 Juin 1904

(Cliché de L'ILLUSTRATION)

hospitalier de Hollande, et que les cendres du Roi méconnu ne fussent remuées que pour le retour dans la patrie. La reine Wilhelmine d'Orange le permit volontiers et voulut bien que le tombeau de Louis XVII, restauré et entouré d'une grille, devint sur la place du vieux cimetière, un monument public dont l'inauguration solennelle a été faite le 18 juin 1904.

*
* *

J'ai parlé tout à l'heure de l'un des princes confédérés de l'empire d'Allemagne, le grand-duc de Saxe-Weimar, et j'ai montré ce qu'il pensait de la Survivance.

Qu'en pense l'empereur Guillaume II ?

Je ne saurais le dire, mais je sais, du moins, ce qu'en pense un ancien chancelier de l'Empire. Quelqu'un (1) écrivait dans la *Libre Parole* du 12 juin 1895 :

« Il y a quelque temps, pendant que M. de Caprivi était chancelier, un de mes amis, ami lui-même du successeur de Bismarck, le rencontre à Montreux en villégiature, et lui parle de la question Louis XVII qui fait tant de bruit à Paris et en France. Le chancelier qui ne connaissait pas encore le dossier fameux (de Naundorff), prenant l'entretien par le côté fantaisiste, dit en souriant à notre ami qu'il ne demandait pas mieux que de contenter sa curiosité qui lui semblait bien naïve, et qu'à son retour à Berlin, il chercherait ce dossier et lui raconterait volontiers ce qu'il pourrait y trouver. Un peu plus tard, en effet, les deux amis se rencontrent de nouveau à Berlin ; mais le chancelier qui s'attendait à la question de son ami, prend les devants et lui dit : « Ne parlons plus de cette affaire, je ne puis rien vous en dire ». Au ton fantaisiste du dernier entretien, plaisantant la naïveté d'un ami, avait succédé l'air sérieux du chancelier et la réserve accentuée du diplomate, gardien des secrets de l'Empire. »

Quand Guillaume II parlera-t-il ? (2)

---

(1) M. Ferlet de Bourbonne.

(2) A-t-il parlé à une de ses tantes, princesse Amélie de Schelswig-Holstein ? Toujours est-il que notre ami, M. Otto Friedrichs, l'a trouvée convertie à la cause.

Je l'ignore, mais ce que je sais c'est qu'il n'y a pas loin de la bouche de l'empereur à l'oreille de son chancelier.

Ce que je sais aussi, c'est que le bisaïeul de Guillaume II, le roi Frédéric-Guillaume III et son gouvernement surent parfaitement à quoi s'en tenir sur l'identité de Naundorff. La Prusse évidemment a cru avoir affaire à Louis XVII : sa conduite en témoigne. Le gouvernement prussien a commis des illégalités graves et flagrantes pour cacher sous le masque politique de *Naundorff* la personnalité du fils de Louis XVI. Il été jusqu'à le dispenser de produire son acte de naissance, malgré les dispositions impératives d'une loi toute récente, pour son entrée dans la bourgeoisie de Spandau et même pour son mariage. Dans cette dernière circonstance, il l'a dispensé également de produire le consentement de ses parents ou ascendants, ou, à défaut de leur consentement, leurs actes de décès.

Mais dira-t-on, qui prouve que c'est la personnalité de Louis XVII qu'on cachait ainsi ? Evidemment, il y avait là un secret d'Etat, mais cette naissance mystérieuse de Naundorff ne pouvait-elle être compromettante pour l'une des trente ou quarante dynasties de l'Allemagne ?

La réponse est facile. Il est bien certain que Naundorff, en arrivant à Berlin, s'est donné à M. Lecoq, préfet de police de cette capitale, comme le Dauphin, évadé des cachots de Bonaparte. L'un des cartons qui contient son dossier porte les noms de *Charles-Louis* et de *duc de Normandie* mêlés à ceux de *Charles-Guillaume* et de *Naundorff* : M. Xavier Laprade l'a vu et en témoigne (1). M. Otto Friedrichs a vu aussi à Berlin des papiers officiels rappelant les négociations et arrangements qui intervinrent alors entre Naundorff et la Prusse. En outre, le général comte Poulain du Fays (2) et le général marquis de la Roche-Aymon, émigrés, alors au service du roi de Prusse, apprirent de l'état-major prussien et chez

---

(1) Le consulter à Bosdarros, par Gan, Basses-Pyrénées. — *Note* de notre première édition en 1897. Depuis lors, M. Xavier Laprade est mort. Il a laissé son témoignage écrit, en date du 26 mai 1851. Voir *En politique point de justice*, p. 231.

(2) Il a publié son témoignage en 1835, dans la *Justice* n° 14.

le préfet de police Lecoq l'arrivée du Dauphin à Berlin vers 1810 et son établissement *comme horloger* (1). Naundorff, dans ses rapports avec le gouvernement prussien, s'est donc bien donné pour Louis XVII dès le premier jour, et, par conséquent, c'est bien cette personnalité politique que le gouvernement prussien a voulu cacher par ses dispenses illégales.

Plus tard, le roi lui-même laissa voir sa pensée et voici dans quelles circonstances. Un sieur Morin de Guérivière avait demandé au Gouvernement de Louis-Philippe des renseignements sur Naundorff. Voici la réponse officielle qu'il reçut :

Ministère de l'Intérieur,
Direction de la Police générale
du Royaume

Paris, le 9 juillet 1839

Monsieur,

« Vous avez désiré obtenir quelques renseignements sur la moralité, les antécédents et la position sociale du sieur Naundorff qui cherche à se faire passer pour le fils de Louis XVI. Voici en substance ceux qui existent dans mon Ministère. Ils ont été communiqués officiellement par le gouvernement prussien à Monsieur le Ministre des affaires étrangères. Naundorff est signalé comme issu d'une famille de juifs établie dans la Prusse polonaise... »

Pour le Ministre et par son autorisation :

Le Conseiller d'Etat, *Directeur* :

DEJEAN. »

Morin de Guérivière s'empressa d'imprimer et de publier cette lettre. Mais bientôt deux protestations indignées parvinrent au roi de Prusse, l'une de Gruau de la Barre, alors à Lyon, l'autre de Naundorff lui-même, celle-ci signée : *Charles-*

---

(1) Lettre imprimée de M. l'abbé Laprade à M. le duc de M. en 1837, citée dans les *Intrigues dévoilées*, T. III, p. 1007.

Louis, duc de Normandie, roi légitime de France. M. Otto Friedrichs a retrouvé ces deux lettres aux archives secrètes de Berlin. Le roi s'émut. Il ordonna au comte de Rochow de lui répondre à cette question : « Est-il vrai que mon gouvernement ait dit au gouvernement français que Naundorff fut le fils d'un juif polonais ? » M. de Rochow répondit au roi dans un rapport que M. Friedrichs a eu en mains : « Nonobstant toutes les recherches faites par moi en 1836, l'origine de Naundorff n'a pu être découverte. En particulier, il ne résulte pas du tout de ces recherches qu'il soit fils de parents juifs. Je ne l'ai jamais dit et je ne l'avais pas encore entendu dire ». Il ajoute : « Cette allégation concernant l'origine de Naundorff, allégation que l'on prétend à tort prise dans mes communications, ne peut reposer que sur un malentendu, si tant est qu'elle n'ait pas été inventée délibérément ».

Dès lors, le roi, en honnète homme, ordonna de répondre à Naundorff qu'il n'était pour rien dans cette calomnie. Le Ministre essaya d'esquiver cet ordre. « Il ne me semble pas de bon conseil, écrivait-il au roi, de faire à cet individu une communication quelconque et, par conséquent, je ne répondrais rien à son Mémoire, à moins que Votre Majesté Royale ne daignât me l'ordonner ». Le roi, plus loyal que le ministre, et tenant à rejeter, en ce qui le concernait, cette « accusation non-fondée » d'une calomnie, donna à M. de Rochow un ordre formel et péremptoire. M. Friedrichs a retrouvé cet ordre signé *Frédéric-Guillaume* et daté de Berlin, le 31 décembre 1839. Il fallut avaler la pilule.

Toutefois, il essaya de charger de la commission l'ambassadeur prussien à Londres. L'ambassadeur lui répondit que c'était impossible, attendu que le roi semblait attacher un prix tout particulier à ce que le plaignant fut informé « du non-fondé de l'accusation de *son* côté ». Le comte de Rochow s'exécuta (1), de mauvaise grâce et quatre mois plus tard, voici sa lettre (2) :

« Comme vous avez exprimé le désir d'être informé s'il est

---

(1) M. Otto Friedrichs a raconté toute cette affaire dans le *Bulletin* de mai 1893 à la Société d'Etudes sur la question Louis XVII.

(2) Mis au rang des Minutes de Me John Sise Venn, notaire à Londres.

vrai que le *gouvernement* prussien ait élevé la prétention que vous descendez d'origine juive, je n'hésite pas à vous assurer que ledit *gouvernement* n'a pas élevé cette prétention, et que, de plus, il n'aurait pu le faire, ne connaissant aucune circonstance dont on puisse inférer une telle origine.

» Berlin, le 27 Avril 1836.

> » *Le Ministre de l'Intérieur et Police,*
>
> » ROCHOW.

« *A Monsieur Charles Guillaume Naundorff, à Londres.* »

Le roi tomba malade et mourut peu après. Mais il avait ordonné davantage : Il avait voulu dire à celui qui signait « roi légitime de France » que lui, roi légitime de Prusse, n'était personnellement pour rien dans la calomnie dont il avait à se plaindre. Or, je le demande, si Naundorff eût été, à ses yeux, un aventurier, un imposteur, un gibier de bagne, le roi de Prusse, Frédéric-Guillaume III, aurait-il tenu si persévéramment à se disculper devant lui ?

*
* *

Et Louis-Philippe, dont les ministres savaient si bien mentir à l'occasion, que pensait-il de Naundorff ? Nous allons le voir. Celui-ci écrivait à un de ses amis, M. le comte du Plessis, la lettre suivante :

> « Londres, 17 Septembre 1838.

» Monsieur le Comte,

»... M. le comte de la Borde, aide de camp de Louis-Philippe sollicita de moi une entrevue que je lui accordai. Ce général, au cours de notre conversation, me dit : « Je pense que le roi vous autorisera à rechercher et à reprendre le trésor dont vous l'avez entretenu (1) ; mais seulement sous la condition que vous lui remettrez les papiers qui sont dans la cassette. »

---

(1) Il s'agit de la cassette dont M. Brémond nous parlera plus loin.

Je repoussai avec énergie une condition de cette nature. M. de la Borde ajouta : « Ne croyez pas que le Roi m'ait envoyé vous faire des propositions. Je parle uniquement d'après moi, car le roi n'est pas aussi mauvais qu'on veut le prétendre ; et il vous en donnerait des preuves, si, dans la position où vous vous trouvez, vous aviez recours à sa bourse. — Reportez à votre Roi, repartis-je aussitôt avec indignation, que, plutôt que de réclamer de lui, comme une grâce, ce qui m'appartient de droit, je préférerais manger des pommes de terre chez le plus pauvre des paysans de ma patrie. — Ne croyez pas, reprit encore une fois M. de la Borde, que je sois chargé de vous faire aucune proposition. Je vous le répète : je n'émets ici que mes propres pensées. »

» Quoiqu'il en soit du caractére officiel ou officieux en vertu duquel l'aide de camp de Louis-Philippe était venu me visiter, peu de jours après cette entrevue, la justice que je demandais me fut refusée... »

M. de la Barre, commentant le fait (1), ajoute ceci :

« Il ne faut pas une forte dose de bon sens pour considérer la conduite de Louis-Philippe, dans cette circonstance, et la démarche de son aide de camp, comme une reconnaissance explicite du Prince. M. de la Borde vit le duc de Normandie deux fois et ne lui parla, en présence de témoins, qu'en le qualifiant, conformément à ses droits de naissance : *Monseigneur, Votre Altesse Royale.* C'était évidemment pour négocier, non pas avec un obscur horloger de Prusse, usurpant dérisoirement un titre royal, mais bien avec le fils de Louis XVI, que le maître du château envoyait son général, en réponse à la lettre de Charles-Louis ; et qu'il consentait à la recherche de la cassette, moyennant l'abandon des papiers. »

Cette conclusion de M. de la Barre, me paraît rationnelle. On peut tirer cette même conclusion des violences de Louis-Philippe contre Naundorff, quand celui-ci fut expulsé de France, pour avoir cité la duchesse d'Angoulême en justice.

Hervagault, Bruneau, Richemont ont été arrêtés, jugés et

---

(1) *Intrigues dévoilées.* T. III, p. 545. — Le fait a eu lieu chez Mme de Rambaud, en présence de témoins. Il est d'ailleurs incontesté.

condamnés. Naundorff, *qui va braver la justice* jusque dans son sanctuaire, n'a pas eu le même sort, on a fait semblant de ne pas le voir.

Il est bien certain qu'un imposteur n'aurait pas demandé à la justice de juger ses prétentions. Naundorff seul l'a fait.

Aussi longtemps que la justice a pu se dispenser de l'entendre, elle a fait la sourde oreille. Quand il a fallu absolument juger la cause, Naundorff a été jeté sur les côtes d'Angleterre.

Aux lecteurs de tirer les conclusions. Beaucoup diront, sans doute, avec les auteurs d'un opuscule (1) publié en 1881 : « Par ce refus de le juger, le gouvernement français, sans le vouloir, a reconnu ouvertement l'origine royale de C.-G. Naundorff, et la légitimité de ses réclamations.

» La démonstration en est facile.

» En effet : si C.-G. Naundorff eût été un imposteur, mille et mille moyens très sûrs s'offraient au gouvernement pour prouver et flétrir la fraude ; car il était impossible que dans un cas semblable l'imposture ne fût mise au grand jour.

» Le gouvernement avait donc tout avantage à le laisser exposer librement ses réclamations, puisque c'était le vrai moyen de le confondre sans espoir de retour.

» Et d'ailleurs, comme il ne faut supposer personne mauvais sans en avoir la preuve, dès l'instant que C.-G. Naundorff élevait une constestation, selon les lois en vigueur on ne pouvait lui refuser le droit de se faire entendre devant les tribunaux ; et ses parents, appelés par lui en témoignage devant les juges, par leur abstention à comparaître, commirent une faute d'autant plus impardonnable qu'ils lui étaient plus étroitement liés.....

» La reconnaissance du frère par la sœur était, en effet, si facile ; dans le cas dont il s'agit, le seul instinct naturel suffisait, sans parler de tant d'indices et de moyens qui permettaient au frère de prouver clairement son identité, et à la sœur de découvrir sûrement la fraude.

» Le gouvernement français, et c'est de l'histoire, ayant obstinément refusé d'entendre les réclamations de C.-G.

---

(1) *Cas de conscience* de Mgr Ricault, chanoine de Lorette, prélat romain.

Naundorff et d'y faire droit, il faut reconnaître qu'il n'a agi ainsi pour aucun autre motif que pour des motifs politiques.

» Mais si C.-G. Naundorff eût été un imposteur, quels motifs politiques aurait pu avoir le gouvernement français pour rejeter ses réclamations ? — Evidemment, aucun.

» Si donc le gouvernement français a refusé de rendre justice à C.-G. Naundorff, pour des motifs politiques, c'était bien parce qu'avant tout examen judiciaire de sa cause, il le savait être le véritable et légitime fils de Louis XVI ; il savait qu'il serait facile à C.-G. Naundorff de prouver, devant les tribunaux, par des arguments irrésistibles, sa légitime et royale origine.

» Conséquemment, le gouvernement français, en refusant la justice réclamée par C.-G. Naundorff, en employant, pour se débarrasser de sa personne, tous les moyens violents dont parle la *Survivance*, a démontré *malgré lui*, jusqu'à la dernière évidence, l'identité de C.-G. Naundorff avec Charles-Louis de Bourbon, fils de Louis XVI. »

Louis-Philippe savait donc bien à qui il avait affaire. Du reste, il a recueilli sur la question de nombreux et péremptoires documents, qui sont encore aujourd'hui dans quelque carton bien secret au Ministère des Affaires étrangères. Jules Favre, comme ministre, les a tenus dans ses mains. Malheureusement, le secret professionnel enchaînait sa langue. Toutefois, il a fait quelques confidences. La lettre suivante en témoignage (1).

SÉNAT   « Paris, 18 mai 1887
                                              44, rue de Moscou

» Monsieur,

» Je voulais attendre pour vous remercier du *Cabinet noir* et de la dédicace que vous avez bien voulu y mettre, d'avoir lu le livre. C'est fait, et j'ai trouvé à cette lecture un vif intérêt. Ce qui se rapporte à Naundorff est particulièrement attachant. J'avais suivi d'ailleurs autrefois le procès, que

---

(1) *Autour d'une Révolution* par M. le comte d'Hérisson, p. 304.

plaida Jules Favre, et, à l'Assemblée Nationale, je demandai un jour à ce dernier s'il croyait à la descendance royale de son client. « Vous dire que j'ai la *certitude* serait aller trop loin, me répondit Jules Favre, c'est trop difficile en pareille matière, mais j'ai la *conviction*, ce qui est autre chose ». Et il ajouta : « Ma conviction, malheureusement, se fonde sur des pièces diplomatiques, que j'ai vues lorsque j'ai passé aux Affaires étrangères, et dont il ne m'est pas possible de me servir » : J'ai pensé que cette réponse vous intéresserait, et je vous la livre aussi textuelle que ma mémoire peut me la fournir après quatorze ou quinze ans. Le sens, en tous cas, sinon les termes mêmes, est rigoureusement exact.

» Veuillez [agréer, Monsieur, l'assurance de ma gratitude et de ma considération la plus distinguée.

» A. Naquet. »

Or, c'est principalement le roi de Juillet qui avait amassé ces trésors aux Affaires étrangères. Il savait donc à quoi s'en tenir.

Il le savait si bien qu'il avait tout fait pour trouver à Naundorff un autre père que..... son père. On lit dans la *Légitimité* du 18 novembre 1883, la lettre suivante :

« Orléans, le 25 septembre 1883.

» Monsieur le Rédacteur,

» M. le marquis Séguier de Saint-Brisson, lequel habite le château de Saint-Brisson-sur-Ocre (Loiret) étant attaché de légation à Munich sous le règne de Louis-Philippe, l'ordre vint de Paris de trouver à tout prix à Naundorff, un père allemand. Toutes les légations françaises en Allemagne se mirent au travail et remuèrent ciel et terre. Or, non seulement il fut impossible de découvrir à Naundorff une origine allemande ou autre, mas on recueillit tant de probabilités et d'indices en faveur de l'origine royale du prétendant, que Louis-Philippe, effrayé de la lumière qui allait se faire, ordonna immédiatement de cesser toutes recherches.

» Je tiens ce fait d'un respectable écclésiastique (1), à qui
M. de Saint-Brisson l'a raconté lui-même.....

» Aug. BERTON,

» Curé de Chantecoq. »

*
* *

Je pourrais continuer cette excursion à travers l'Europe,
conduire mon lecteur aux pieds de chaque trône. Le résultat
serait le même. Le format de la présente brochure me force
à me hâter.

Mais Rome, me dit-on, Rome?

Oh ! Rome ne parle pas si facilement ! Toutefois il est venu
de là-bas, de la part du Père commun des peuples et des rois,
de grandes consolations aux fils du roi méconnu. Voici ce que
j'écrivais à ce sujet dans le premier numéro de la *Légitimité* :

« L'abominable complot qui jeta l'orphelin royal dans une
vie anonyme, et en fit un prince déclassé, poursuivi, proscrit,
sali par la politique qui eût parfois à son service, hélas ! ce
qu'il y a de plus grand ici-bas, le prêtre et le juge ! dura
soixante ans, et c'est seulement dans la mort que Louis XVII
recouvra son nom. Pour la première fois, un souverain ami,
un roi faible mais trouvant l'indépendance de sa justice,
permit qu'on inscrivît sur la tombe du proscrit et dans son
acte de décès le vrai nom de ce roi méconnu.

« Et maintenant nous nous écrions : « *Capet ! où est-tu ?
Lève-toi !* » Oui, lève-toi, et sors enfin de ta tombe. Ce mot de
Simon, nous l'ennoblissons en lui donnant un sens nouveau,
le sens de cette autre parole que Jésus-Christ prononça en
frémissant et en pleurant : « *Lazare, veni foras !* » C'est de sa
tombe politique, de ce cercueil dans lequel de puissants
ennemis avaient cru l'ensevelir à tout jamais, lui et les siens,
que nous voulons le faire sortir pour le montrer **au monde**
avec l'auréole d'un long malheur absolument immérité et
héroïquement supporté.

» Ses enfants et ses petits-enfants n'ont ni parti, ni amis

---

(1) M. l'abbé Champeaux, curé de Saint-Brisson, hôte assidu du château.

puissants. Ils lèvent leurs regards vers le ciel d'où le salut viendra, contre toute espérance humaine. Le 25 août 1879, en la fête de saint Louis (!), la fille aînée de Louis XVII écrivait au Pape :

« J'ose espérer que Votre Sainteté exaucera la prière de la
» *petite-fille du Roi-Martyr*, et voudra bien lui envoyer sa
» bénédiction comme gage de salut et de *suprême espérance.*

» Amélie de BOURBON. »

» C'est la fille aînée du Prince, qui se dit devant le Pape petite-fille de Saint-Louis et de Louis XVI.

» Pour les siens, hier était lamentable, aujourd'hui est sombre, demain sans espoir. Elle demande au Pontife romain une « suprême espérance », une bénédiction de « salut ».

» Léon XIII sait ce qu'il fait.

» Il répondit le 1ᵉʳ Septembre suivant, par cette haute et paternelle leçon.

» Domine, Deus virtutum, *converte nos* et ostende faciem tuam *et salvi erimus.*

» LEO PP. XIII. »

» Le salut, princesse? Il est entre vos mains. Que les « *petits fils du Roi-Martyr* » soient vraiment les princes très chrétiens et Dieu fera le reste.

» Les Bourbons l'avaient compris déjà. En 1689 Notre-Seigneur avait demandé à Louis XIV, par l'intermédiaire de la bienheureuse Marguerite-Marie, de consacrer la France au Sacré-Cœur. » Il disait : « *Je veux être peint sur ses étendards*
» *et gravé dans ses armes, pour les rendre victorieuses de tous ses*
» *ennemis* ». Ce fut Louis XVI, prisonnier au Temple, qui répondit à l'appel du Christ :

» SI, PAR UN EFFET DE LA BONTÉ INFINIE DE DIEU, JE RECOUVRE
» MA LIBERTÉ, MA COURONNE ET MA PUISSANCE ROYALE, — écri-
» vait-il dans une admirable prière, — JE PROMETS DE CONSA-
» CRER, PAR UN ACTE SOLENNEL, MA PERSONNE, MA FAMILLE ET
» MON ROYAUME AU SACRÉ CŒUR DE JÉSUS. »

» Les petits-fils de Louis XVI ont relevé le vœu de leur aïeul

Au mois de Mai 1879, un prêtre, leur envoyé (1), présentait à Léon XIII quatre anneaux d'or, sur le chaton desquels les trois fleurs de lys se sont légèrement écartées pour faire place au Cœur de Jésus.

» Et le vicaire du Christ, qui aime les Francs, bénit les armes nouvelles de la vieille Maison de France ».

Je donne maintenant copie d'une lettre adressée à *Madame* la princesse Amélie, par *Son Em. M*ᵍʳ *le cardinal Laurent Nina*, alors secrétaire d'Etat de Notre Très Saint-Père le Pape Léon XIII. J'ai pris moi-même cette copie sur l'original :

« J. M. J.

» Rome, 21 juillet 1879.

» Madame la *Princesse,*

» La réception de votre honorée lettre, en date du 14 courant, me fournit l'occasion de vous exprimer les sentiments de *respect* et *d'estime* que je professe pour *Votre Altesse et l'Auguste famille des Bourbons.*

» Je saisis cette occasion pour vous dire que je serai toujours heureux de pouvoir vous être agréable, surtout au moment où vous viendrez visiter les tombeaux des saints apôtres Pierre et Paul.

» Recevez, Madame la *Princesse*, l'assurance de ma parfaite considération.

» Signé :

» L. Cardinal NINA. »

Ainsi la famille de *Madame* Amélie est « l'Auguste famille des Bourbons » pour le premier ministre du pape ; et Son Eminence n'a pour cette famille, aussi infortunée qu'auguste, que des « sentiments de respect et d'estime. »

Commenter serait affaiblir :

Et néanmoins, nous ne dirons pas que, dans ces actes et

---

(1) M. l'abbé Blanchet, professeur d'histoire à Lausanne.

autres actes ultérieurs et récents de bienveillance pontificale, il faille voir une reconnaissance formelle (1).

Mais nous dirons hardiment ceci : Si Léon XIII et sa secrétairerie d'Etat avaient cru les Naundorff des imposteurs avérés et vils, le Saint-Siège aurait-il eu pour eux ces bontés paternelles et touchantes ?

---

(1) On lit dans le récit de la mort de Charles XI, *Légitimité* du 1ᵉʳ janvier 1900 :

« Le jeudi 23 novembre , M. le curé de Téteringen vint à la fin de la journée. Il tenait à la main un télégramme de Paris contenant la nouvelle qu'une Auguste Bénédiction était accordée au Prince. Sa figure contractée par la souffrance, s'illumina..... »

VII

EN FAMILLE

Je pourrais, si j'avais plus de place, donner toute une série d'aveux, directs et indirects, mais très authentiques, émanés de la Restauration. Je me bornerai à quelques faits seulement.

Commençons par Louis XVIII.

Eh bien, Louis XVIII a laissé à sa famille un testament dans lequel il avoue son usurpation.

Voici d'abord, au sujet de ce testament, un témoignage muet, mais fort éloquent :

Le 8 août 1834, M. Morel de Saint-Didier, envoyé de Naundorff, était reçu à Prague, par Mme la duchesse d'Angoulème. Je pourrais donner le récit complet de cette entrevue : j'en détache seulement une partie (1).

M'étant armé de fermeté, écrit M. de Saint-Didier, je repris ainsi la parole d'un ton grave :

« ..... J'ai l'ordre péremptoire d'avoir l'honneur de déclarer, au nom du Prince, à Madame, que Monseigneur a la certitude des deux faits suivants :

» 1° — Que Louis XVIII laissa en mourant une espèce de déclaration testamentaire, portant injonction à son successeur de reconnaître hautement le Prince et de le mettre en possession du trône ; que cette déclaration fut soumise par Charles X à un conseil privé, très peu nombreux, pour avoir son opinion sur la conduite à suivre ; que, sur l'avis et d'après l'influence de ce conseil privé, Charles X lacéra de ses propres mains la pièce testamentaire, et jeta les morceaux dans le feu ;

» 2° — Que le Prince sait également que Mgr le duc d'Angoulême entretient, depuis son exil, une correspondance secrète avec M. Decazes ; que cette correspondance, relative au Prince et répulsive de ses droits, lui est entièrement hostile.

---

(1) *Intrigues dévoilées*. T. III, p. 349.

» De plus, j'ai ordre d'informer Madame que le Prince déclare avoir à sa disposition les preuves sans réplique des deux faits énoncés.

» Madame m'écouta avec une anxiété visible et attentive. L'agitation de Son Altesse Royale était extrême. C'est en vain que la princesse cherchait à me présenter du calme ; aucun effort ne put la ramener. Madame nia le fait de la correspondance (1) ; Son Altesse Royale garda le silence sur le premier point... »

Je ne puis me dispenser de faire ici une observation saillante et décisive. Si une assertion aussi péremptoire au sujet de Louis XVIII n'eût pas été l'expression de la vérité, Madame se fut récriée avec indignation contre l'affront sanglant qui lui venait de la part de l'homme qui se disait son frère. Si elle eût été ignorante, si Charles X aussi l'eût été de l'infamie reprochée, elle devait sans désemparer affirmer cette ignorance au gentilhomme honorable qui, de son côté, lui déclarait qu'il ne restait plus aux amis du Prince l'ombre d'un doute sur son identité. Elle a gardé le silence !.. Elle n'avait donc aucun moyen de les disculper, aucune justification acceptable pour elle ! Cette conclusion est irrésistible.

J'ajoute que le fait du testament de Louis XVIII, communiqué par le Prince dès 1834, a reçu en justice, en 1837, une confirmation positive de la part d'un personnage dont il ne soupçonnait pas encore l'existence.

Cette confirmation émane de M. Brémond, secrétaire de Louis XVI, et elle a été faite sous serment devant le tribunal de Vevey (Suisse) :

« Louis XVIII, dans un document écrit et signé de sa main, fit un récit de la vie de son neveu, le duc de Normandie, et il fit un devoir à son frère de le reconnaître et de le proclamer roi de France. Ce papier extraordinaire fut fermé dans une cassette anglaise à double fond, qui était placée dans son cabinet, et dont une dame, autre que la dame de qualité (2),

---

(1) La *Légitimité* a cependant publié les aveux du duc Decazes. — Voir les numéros des 18 mars 1888 et 21 octobre 1894.

(2) La comtesse du Cayla, maîtresse de luxe de Louis XVIII.

avait la faveur de tout voir à son gré. Une personne (1) qui s'occupait alors de l'Orphelin du Temple pour le produire sur la scène, et à qui elle avait déjà procuré des pièces importantes pour de l'argent, reçut de sa part, en 1820, la confidence du secret déposé et l'offre de lui confier la cassette de minuit à minuit, moyennant la somme de cent mille francs, déposée et acquise en remettant la cassette. Cette personne en parla au comte d'Artois qui accepta l'offre, sous la réserve de la soumettre à un grand magistrat qui avait sa confiance, et qui, s'il l'approuvait, recevrait la cassette et en ferait l'examen : le magistrat n'approuva pas et motiva son refus, malgré les avantages de connaître les résolutions prises, pour préparer les moyens de les déjouer.

« En 1824, la même personne voyant Louis XVIII près de mourir, fit une visite à M. Franchet (préfet de police), lui raconta l'histoire de la cassette de 1820, l'invita à vérifier lui-même si elle était toujours à sa place, à en rendre compte à Monsieur et à prendre ses ordres. Elle existait, fut gardée à vue, et, au moment de la mort, elle fut remise à M. de Villèle et deux autres ministres pour en faire l'examen. Si j'en suis bien informé, les trois ministres furent d'accord de proclamer le duc de Normandie ; mais ils crurent devoir consulter le cardinal de Latil qui, feignant de ne voir qu'une fable dans le récit de Louis XVIII, décida que Charles X devait être proclamé dans l'instant, en lui laissant le soin de juger cette affaire. Cet avis fut suivi, et si je suis bien informé encore, Charles X examina réellement l'affaire, se convainquit de la vérité, et eût la faiblesse de céder à de faux intérêts dynastiques. »

Dans une lettre écrite à Naundorff, M. Brémond complète les renseignements donnés avec réserve devant la justice, et dit : (2)

« Mon cher Prince,

» En 1820, je fus informé de bonne source que Louis XVIII avait dans son cabinet une cassette anglaise à double fond et

---

(1) M. Brémond lui-même.
(2) *Intrigues dévoilées*, T. III, p. 718.

dans laquelle étaient renfermés : 1° sa propre histoire écrite de sa main ; 2° ... Une note sur Louis XVII, telle que M. Decazes l'avait trouvée dans les papiers de Robespierre saisis chez Courtois, et le devoir qu'il imposait à son frère de le rétablir sur le trône.

» A cette époque, j'avais rédigé un Mémoire en votre faveur (1) pour Monsieur. Je fus détourné de le présenter, parce qu'il n'était pas appuyé de preuves suffisantes, et que dans tous les cas, j'échouerais en me perdant. J'eus recours au moyen de la cassette. On demandait une somme considérable pour l'enlever et me la confier pendant vingt-quatre heures. Je sollicitai une audience de Monsieur, et je lui exposai si heureusement le danger de sa position et les besoins qu'il avait de connaître les plans de son frère, pour les déjouer s'ils étaient contraires à ses intérêts, qu'il accepta ma proposition en m'imposant le devoir de consulter M. le Président Séguier, sans l'autorisation duquel il ne se permettrait pas un tel acte. Je réclamai un second pour cette conférence, et le fils du comte d'Escars fut nommé. Nous nous rendîmes chez M. Séguier. J'exposai les graves motifs qui exigeaient le déplacement de la cassette pendant vingt-quatre heures pour connaître les plans du maître et prendre des mesures en conséquence en faveur de Monsieur. M. Séguier approuva les motifs mais désapprouva les moyens, se fondant surtout sur ce que, si Monsieur se permettait un tel acte, il ne pourrait, lorsqu'il serait roi, se plaindre si l'on violait le secret de son cabinet. Cela était juste et l'affaire manqua. Mais à son voyage de 1824, Monsieur me donna un travail à suivre avec M. Franchet, directeur de la police. J'en profitai et je lui racontai l'histoire de la cassette de 1820. Je le priai de vérifier dans la journée si elle existait toujours dans le cabinet, et alors de prendre les mesures nécessaires pour que personne ne puisse s'en emparer. Le lendemain, M. Franchet m'assura que la cassette que je lui avais désignée existait, et qu'il avait pris les mesures convenables. Le jour de la mort de Louis XVIII, il m'assura l'avoir portée au nouveau roi.

---

(1) C'est-à-dire en faveur du Dauphin, que M. Brémond n'avait pas encore retrouvé en Naundorff.

» Mais d'après d'autres récits, la cassette aurait été remise
à M. de Villèle, qui fit appeler M. de Peyronnet, pour faire
avec lui la lecture des papiers, et vu leur gravité ils appelèrent
le cardinal de Latil en lui déclarant que, dans leur opinion,
Monsieur devait proclamer Louis XVII. Le cardinal, au contraire, les subjugua, en leur exposant que Louis XVII était
un personnage inconnu, que sa mort était légalement cons-
tatée, que les pièces qui existaient dans la cassette n'étaient
qu'une misérable invention de Louis XVIII pour compromettre
son frère et la France, que Charles X était bien reconnu pour
le nouveau roi légitime comme frère de Louis XVI et de
Louis XVIII ; qu'en conséquence, il les requérait de le faire
proclamer dans l'instant, en laissant au nouveau roi le soin
de juger cette affaire ; et cela, fut fait ainsi.

» Donnez vos ordres, mon cher Prince, à votre fidèle et
dévoué serviteur.

» Brémond, père. »

M. Bérard, de Pontlieue, avocat à la Cour royale de Paris,
dans une lettre du 21 mai 1851, écrite à M. Gruau de la Barre,
confirme ce que M. Brémond a écrit sur le testament de
Louis XVIII (1).

J'ai vu aussi différents membres du Comité légitimiste
pour la recherche de Louis XVII dont faisaient partie
Mgr Tharin, évêque de Strasbourg, Mgr de Nancy (2),
M. l'abbé Perrault, secrétaire de la grande aumônerie de
France. Ce dernier m'a affirmé tenir d'un des grands officiers
de la couronne, devant qui le fait s'est passé, qu'à la mort de
de Louis XVIII, son secrétaire avait été ouvert, qu'on y avait
trouvé une liasse de papiers intitulée : *Affaire de Louis XVII* ;
que M. de Villèle avait mis cette liasse de papiers sous sa
redingote, et défendu qu'il en fut fait mention au procès-
verbal ; que cette liasse fut remise fidèlement par M. de
Villèle à Charles X. » (3).

----

(1) *Non, Louis XVII n'est pas mort au Temple*, par le comte de la Barre,
p. 20 et 21.

(2) Mgr de Forbin-Janson, le fondateur de la Sainte-Enfance.

(3) Le R. P. Henry de Régnon a dit au Cte de Cornulier-Lucinière, général
de division, en retraite, le 20 mars 1905, que « durant le conseil privé qui

*
* *

Quoiqu'il en soit du sort de cette pièce, il paraît toujours bien certain que Louis XVIII l'a écrite et que Charles X n'en a tenu aucun compte. La duchesse d'Angoulême la connaissait aussi ; elle n'a pas osé le nier à M. de Saint-Didier, l'envoyé de son frère.

Elle savait fort bien, d'ailleurs, que son frère n'était point mort au Temple, et elle avait pour cela, une raison péremptoire, indépendante de tous les renseignements qu'elle avait pu recevoir. La raison, c'est que le Comité de sûreté générale, comptant sur la ressemblance relative de l'enfant substitué avec le Dauphin et sur le demi-jour de la pièce (l'embrasure des fenêtres avait neuf pieds de profondeur) a eu l'audace de montrer le cadavre à Madame Royale.

La *Légitimité* du 13 novembre 1887, publiait à ce sujet la lettre suivante :

---

eut lieu après la mort de Louis XVIII, auquel assistaient Talleyrand, Villèle, M⁰ʳ de Latil, etc...., la phrase suivante fut adressée au Cᵗᵉ d'Artois : — LA CHARADE EST FINIE. A VOUS DE VOIR SI VOUS VOULEZ CONTINUER LA COMÉDIE — ».

Le R. P. H. de Régnon tient ce fait de son père, le Mⁱˢ de Régnon, ami intime de M. de Villèle.

Ce dernier ajouta que M⁰ʳ de Latil aurait insisté pour que Louis XVII ne fût pas reconnu, en alléguant qu'on ne pouvait pas appeler, au trône de France, un prince protestant — ce qui, d'ailleurs, était une calomnie.

Comment le Mⁱˢ de Régnon en savait-il aussi long ?

Voici :

Le grand-père du R. P. H. de Régnon (M. de la Porte-Lalanne), habitait avec ses filles (la Mⁱˢᵉ de Régnon et Mᵐᵉ Alphonse de la Bouillerie), le pavillon de Flore, en qualité de directeur *de la Commission de restitution des sépultures royales* de Saint-Denys. Son salon était assidûment fréquenté par les notabilités politiques, religieuses, littéraires et jansénistes les plus en vue. Des ministres et des anciens ministres s'y coudoyaient avec le chancelier Dambray, ex-garde des sceaux. On y causait de tout.

Le Mⁱˢ de Régnon a beaucoup connu M. Franchet, alors préfet de police, lequel disait, en souriant, qu'il connaissait les noms des gens des quatre parties du monde.

Comme on le voit, le Mⁱˢ de Régnon était bien placé pour collectionner les renseignements les plus sûrs. Son fils, le R. P. H. de Régnon, est né aux Tuileries.

« Je viens d'avoir une conversation importante avec une de mes parentes, Mme de Carné... Ma parente m'a rapporté une conversation qu'elle a eue avec sa belle-mère — née Briet de Saint-Eliet, — morte il y a plusieurs années, au sujet de la duchesse d'Angoulême. Comme ma parente disait à sa belle-mère qu'elle ne croyait pas le Dauphin mort au Temple, sa belle-mère lui répondit : « Il est certain que Mme de Gontaut
» m'a dit que la duchesse d'Angoulême lui avait révélé dans
» l'intimité que, lors de la mort de l'enfant du Temple, on
» l'avait amenée pour voir l'enfant et le reconnaître, et que
» l'ayant vu elle s'était écriée : Ce n'est pas mon frère ! Je ne
» le reconnaîtrai jamais pour mon frère ! »

» Ernest de POULPIQUET.

Brescauwel-en-Brélès (Finistère). »

Madame était donc bien assurée que son frère n'était pas mort au Temple. Qu'était-il devenu ? Je crois qu'elle ne le sut jamais positivement et définitivement.

*
* *

Toutefois, à un moment donné, elle fut bien convaincue que Naundorff était son frère. Alors elle s'unit au duc de Berry, pour obtenir sa reconnaissance du roi Louis XVIII. Voici dans quelles circonstances :

De Prusse, Naundorff avait écrit à sa sœur. Nous le savons par elle-même. Voici un témoignage à ce sujet. Il a été publié dans la *Légitimité* du 17 mai 1885 :

Monsieur le Directeur de la *Légitimité*, à Toulouse,

Je viens de lire la brochure qui a pour titre : *Le Salut de la France* (évasion, identité de Louis XVII), par L. Le Chartier. Cet opuscule m'a rappelé une tradition de famille que je m'empresse de vous transmettre pour en faire tel usage qu'il vous plaira.

Ma mère avait souvent entendu dire à un de mes oncles, M. Louis de Coïntoux qui vivait à Poitiers sous la Restauration :

« Tout le monde ici est persuadé que le Dauphin s'est évadé de la prison du Temple. Madame la duchesse d'Angoulême elle-même n'en doute pas ; elle a dit devant moi : « Je sais bien que mon pauvre frère est en vie... Il m'a écrit de Prusse... Mais mon oncle ne veut pas que je le reconnaisse. »

Ces paroles, Monsieur le Directeur, cachent de grandes infamies politiques ! Je crois fermement que Monsieur le comte de Chambord, abusé par les siens, avait accepté de bonne foi le grand héritage.

Quant à MM. de Provence et d'Artois... c'est autre chose !

Ceux qui croient au droit divin n'auraient-ils pas le droit et le devoir de réparer cette iniquité historique ? La religion elle-même ne le prescrit-elle pas ?

LAFOSSE.

Mautauban, 7 mai 1885. »

Ces paroles : « Il m'a écrit de Prusse » ne peuvent exclusivement s'appliquer qu'à Naundorff. Cette lettre de son frère exalta le courage de Madame et aidée par le loyal duc de Berry, elle alla plaider cette sainte cause auprès de l'égoïste Louis XVIII.

Voici que l'on trouve dans la plaidoirie de Jules Favre, page 337 : (Me Jules Favre n'a donné que des initiales, ses témoins ne voulant se dévoiler qu'en présence de la Cour d'Appel, après avoir été requis de s'obliger par serment à dire *toute* la vérité (1).

« M. C. (2) avait pour ami d'enfance un gentilhomme qui servait dans les gardes du corps, M. de X... Un soir, quelques semaines avant la mort du duc de Berry, M. de X.., se présenta chez M. C., dans un grand état de trouble, et ne voulait pas en dire la cause, alléguant qu'il était lié par un serment.

» Après la Révolution de Juillet, il crut en être délié, et fit à M. C. le récit suivant : « Le jour où je vous ai paru si agité, je » me croyais menacé par un danger pressant. De faction à la

---

(1) M. Otto Friedrichs pourrait, je le sais, dire les noms.
(2) Il s'agit, croyons-nous, de M. Cahier, orfèvre du roi.

» porte du cabinet du roi Louis XVIII, j'avais entendu une
» conversation entre le Roi, Mme la Dauphine et le duc de
» Berry. Le duc de Berry parlait de son cousin Louis XVII :
» il suppliait le Roi de le reconnaître. Le Roi paraissait très en
» colère. Il ordonna à son neveu de ne jamais lui parler de
» ce cousin.

» Le duc de Berry répondit que le Roi savait qu'il existait,
» et le lieu où il était réfugié. *La duchesse d'Angoulème joignit*
» *ses supplications à celles du duc de Berry , elle paraissait*
» *pleurer.* Je distinguais fort bien ce qui se disait, parce que
» les interlocuteurs parlaient sur un ton très élevé.

» Le duc de Berry sortit par une porte autre que celle que
» je gardais. Quelques instants après, la duchesse d'Angou-
» lème passa devant moi ; elle parut saisie et me regarda
» fixement sans m'adresser la parole. Je me crus perdu. On
» vint presque aussitôt me relever, bien que ma faction ne fût
» pas finie. Un officier m'attendait et me conduisit chez Mme la
» Dauphine.

» En entrant dans son cabinet, je me jetai à ses pieds, lui
» demandant grâce pour moi et mes cinq enfants. Elle me
» reçut avec bonté, me força à m'asseoir, et me dit : « Vous
» êtes gentilhomme, homme d'honneur et militaire. Vous avez
» saisi un secret d'Etat qui pourrait vous coûter la vie. Jurez
» que vous ne le révélerez jamais tant que notre dynastie
» règnera en France. »

« Je le jurai, ajoute M. de X... Je me crois aujourd'hui
dégagé et je décharge ma conscience en vous confiant cette
scène » (1).

---

(1) Le comte de Cornulier-Lucinière a interwievé, en 1905, le R. P. Henry
de Régnon et M. l'abbé L...., prêtre nantais très bien documenté, au sujet de
ce qui précède.

Le premier a répondu tenir de son confrère et ami, le R. P. Charles Cahier,
fils du joaillier de la Maison Royale, que son père lui avait souvent raconté.
la scène violente relatée ci-dessus, en précisant de la façon suivante :

« Louis XVIII : — *Vous conspirez donc contre votre roi ?*

» Le duc de Berry exaspéré — *Mon roi ! où est-il ? Il n'est pas ici ! Vous*
savez bien que vous n'êtes pas à votre place ! »

Le R. P. H. de Régnon a ajouté qu'il connaissait ce détail bien longtemps
avant que J. Favre eût prononcé sa plaidoirie.

M. l'abbé L... a eu connaissance du même fait par M. l'abbé Cahier,
ex-professeur de philosophie à Nantes, autre fils du joaillier.

8

Mais, dira-t-on, cela ne prouve pas que Naundorff fût l'objet des supplications du duc de Berry et des larmes de Madame. Un peu de patience. Naundorff avait écrit aussi au duc de Berry, le 18 septembre 1818. Celui-ci en parla à sa nourrice, Mme Delmas, qui lui affirma l'évasion du Dauphin, qu'elle tenait directement de Barras et de Joséphine de Beauharnais. Le duc résolut d'envoyer sur les lieux un homme à lui. Le comte de Repenties, ami et compagnon d'exil du duc de Berry, confident de son mariage en Angleterre, et, comme lui, époux d'une anglaise, vivait sous la Restauration éloigné de la cour. Il fit en 1819 le voyage de Prusse pour vérifier les assertions de Mme Delmas et s'assurer de l'identité du prétendant. Ce fut au retour de son ami que, convaincu de la réalité des droits du prétendant, il lui répondit, qu'il lui ferait rendre justice. Madame Delmas affirme que cet infortuné prince lui certifia avoir écrit au duc de Normandie. — « Eh bien ! tu vas être contente, lui dit-il, j'ai écrit à mon cousin et je n'en parlerai pas à sa sœur. » Ils en ont parlé néanmoins puisqu'ils ont uni leurs efforts.

Mme Delmas a en outre certifié que M. le comte de Mesnard, M. le comte de Nantouillet et M. le baron de Fontanes, secrétaire des commandements du feu prince ont eu connaissance de cette lettre.

Depuis ce moment jusqu'à l'heure de son assassinat, le noble duc ne négligea aucune occasion opportune de plaider la cause de la justice. Le comte de Repenties survécut peu de temps à son royal ami, et Mlle de Repenties, sa fille, frappée de terreur, n'a pas osé produire les documents qu'elle possède. Mais Mme de Lignac, supérieure des Ursulines de Tours, qui l'avait élevée, je crois, a su le voyage du comte en Prusse, et le caractère de la mission spéciale dont il était chargé.

La lettre du duc de Berry est malheureusement perdue ; elle a été saisie chez M. Pézold, commissaire de police à Crossen, ami et avoué de Louis XVII. Il est bien certain cependant, quoiqu'on ne puisse plus la reproduire. que cette lettre : 1° a été écrite, car le duc de Berry l'a dit à sa nourrice, Mme Delmas ; 2° est arrivée à sa destination, car M. Henri Pézold, professeur de musique et de langues vivantes, frère du défunt commissaire de justice, témoigne hautement avoir vu cette lettre. Il l'a lue, et en 1836 il en citait des phrases à M. Xavier Laprade, celle-ci entre autres : « Ou vous rentrerez dans vos droits, ou j'y perdrai la vie ! » A moins de prétendre que Mme Delmas et M. Pézold aient été deux gredins qui s'entendaient, à trois cents lieues de distance, nous ne voyons pas trop comment cette lettre serait un document supposé.

*
* *

Quatorze ans plus tard, dans une nuit d'angoisse, la duchesse d'Angoulême laissait échapper encore une fois sa pensée intime et le cri de sa conscience oppressée. Le 4 août 1834, elle était en Saxe depuis quelques jours, et dînait au château de Pilnitz. Or, Mme Roman donnait des leçons aux enfants du Prince alors à Dresde. Elle ne fut pas peu étonnée de recevoir de M. O'Hegerty l'invitation de se rendre, le 5 août 1834, au matin, auprès de la duchesse d'Angoulême qui voulait avoir un entretien avec elle seule. Elle prit l'engagement de ne pas manquer au rendez-vous. D'un autre côté, Mme de Génerès qui se trouvait dans la famille de Naundorff, avait sollicité par écrit la faveur d'aller témoigner à Madame la duchesse d'Angoulême son respect et son *dévouement à la cause de la légitimité*. Une dame d'honneur lui fit savoir que Son Altesse Royale la recevrait le 4, dans la soirée, au château de Pilnitz, où elle devait dîner. L'épouse du Prince et ses enfants, Mme de Génerès, Mme Forest, ancienne femme de chambre de la feue reine de Saxe, allèrent ensemble à Pilnitz, et furent reçues au château, chez Mlle Dupont, attachée, en qualité de gouvernante, à la maison du prince Jean de Saxe. Tous assistèrent au repas de la cour, dans une galerie placée au-dessus de la salle à manger. La duchesse d'Angoulême était assise auprès du roi de Saxe, Antoine 1er, et le duc de Bordeaux auprès de la Princesse Royale. Les nobles hôtes quittèrent la table pour aller prendre le café. Mme de Génerès, la famille du prince et les deux dames qui les accompagnaient étaient venues se placer, avec d'autres personnes admises, sur le passage de la Cour, dans la galerie vitrée. La duchesse d'Angoulême donnait le bras au roi. Vivement troublée à l'aspect de la famille du Prince, si visiblement royale par la ressemblance de tous les enfants avec les Bourbons, elle fixa surtout la fille aînée, et se tournant vers le roi, lui demanda brusquement : « *Qu'est-ce que c'est que cette famille-là ?* » Personne n'entendit la réponse, mais un témoin du saisissement de la duchesse d'Angoulême, a raconté l'anecdote à un ami d'Allemagne, M. le docteur de Caro, qui écrivit au Prince entre autres détails :

« Je ne sais plus si, dans ma dernière lettre remise à M. Cooper, je vous ai dit que le vieux baron de Gablenz, lieutenant général, commandant militaire de Dresde, a dit à un comte Michel Potocki, qui l'avait questionné sur l'existence du duc de Normandie, *qu'il était bien ce qu'il disait être : qu'il avait été témoin de l'émotion qu'avait causée à la duchesse d'Angoulème, à Pilnitz, la vue des enfants de son frère, qui s'é-taient placés sur son passage ;* et il a parlé de Louis XVIII comme d'un homme capable de tous les crimes pour satis-faire son ambition. »

Après ce saisissement de la duchesse, Mme de Génerès, à l'heure qui lui avait été assignée pour son audience, se rendit aux appartements de Madame. Elle s'attendait à être intro-duite aussitôt ; quand elle se fut nommée, on lui répondit que la princesse ne pouvait pas la recevoir. N'ayant plus de mesure à garder, elle prit alors une généreuse résolution. Elle écrivit à Son Altesse Royale pour lui déclarer que ses neveux et nièces résidaient à Dresde, avec la duchesse de Normandie leur mère ; et elle la suppliait de ne pas quitter la Saxe sans être venue s'assurer, de ses propres yeux, que le père ne pou-vait être que le royal Orphelin du Temple, son frère. La lettre fut envoyée, et bientôt après rapportée par un messager qui avait l'ordre de dire que *Madame* n'avait plus le temps de s'occuper de voir personne, à cause de son départ immédiat. Le cachet de la lettre en avait été détaché circulairement, suivant la constante habitude de la princesse ; ce qui prouve qu'elle l'avait lue.

La nuit fut tourmentée cruellement, c'est à propos de cette nuit-là, qu'on lit dans une lettre de M. Gruau de la Barre, au baron Capelle, lettre insérée dans la *Voix d'un Proscrit* du 20 août 1839 :

« Une dame d'honneur de la duchesse d'Angoulême couchait dans une chambre attenante à la sienne. Une nuit, elle l'en-tendit se lever, marcher avec rapidité, puis bientôt elle se mit à pleurer et à éclater en sanglots. « Mon frère ! mon pauvre frère !... » furent les seules paroles qu'elle prononça. La dame effrayée entra pour s'informer si Son Altesse était indisposée. La duchesse demanda vivement : « N'avez-vous rien entendu ? — Non, Madame. — Eh bien ! si vous avez entendu, ne le dites jamais ! »

La dame d'honneur était la duchesse de Damas (1). Gruau de la Barre l'a écrit en marge de son exemplaire des *Intrigues dévoilées.*

Le lendemain matin fut le tour de déception de Mme Roman. En raison de l'invitation qu'elle avait reçue, elle se présenta à neuf heures à l'hôtel de la princesse ; il lui fut répondu que *Madame,* obligée par « une circonstance imprévue » de quitter la Saxe à l'instant, ne pouvait pas la voir. Rentrée chez elle, on vint la demander de la part de la duchesse d'Angoulème, qui lui faisait remettre soixante écus. Mme Roman n'a pu deviner ce qu'on lui voulait, ni le motif mystérieux de la gratification. La duchesse d'Angoulème partit de Dresde à onze heures du matin ; le prince, son frère, y arriva le soir. Cette arrivée était la « circonstance imprévue » qui faisait fuir Madame. Mais il nous semble que ce saisissement de la princesse, ces cris de la conscience oppressée, ces sanglots, cette fuite précipitée sont des signes non équivoques et fort éloquents de la conviction de l'infortunée princesse au sujet de son plus infortuné frère. La politique, la raison d'Etat brisaient son cœur. Elle a été coupable et je la blâme. Elle a été cruellemeut malheureuse, et je la plains !

---

(1) La comtesse Estherazy, née de Roisin l'avait déjà entendue jadis à Vienne pousser semblables exclamations nocturnes. Elle en fit la confidence au chevalier de Caro, dont la *Légitimité* du 25 décembre 1887 a publié le témoignage.

VIII

LA RENOMMÉE AUX CENT BOUCHES

Pendant près d'un siècle, l'opinion publique a été hostile, dans son ensemble, à la survivance du Roi-Martyr. Nous gênions ! Nous gênions les gouvernements. Nous gênions les partis. Il a fallu vingt-cinq ans de République, je ne dis pas pour nous faire accepter encore : mais pour nous faire accorder la parole. Et encore, ce n'est que depuis la mort du comte de Chambord que nous sommes arrivés à ce résultat. Quand j'ai fondé la *Légitimité*, le 21 janvier 1883, un très digne prêtre m'écrivait :

« En publiant la *Légitimité*, vous faites une mauvaise action. En supposant même que MM. Naundorff soient véritablement les petits-fils de Louis XVI (ce qui est absolument invraisemblable), vous êtes encore l'homme ennemi qui sème le mauvais grain dans le champ du père de famille. Pourquoi essayer de diviser le parti légitimiste? Il est cependant le seul qui assure à l'avenir religieux de la France les garanties nécessaires. Êtes-vous, oui ou non, des amis de l'Eglise ? »

Quelques mois plus tard, M. le comte de Chambord mourait, et mourait de faim. Juste peine du talion : la Survivance, dont il détenait l'héritage, avait eu faim aussi, et bien des fois. Puis, quelques années plus tard, le Saint-Siège demandait aux catholiques français d'oublier les d'Orléans comme les Bonaparte. Pour nous, qui n'avons pas de politique à faire, tant que nos Princes n'auront pas été civilement reconnus, cette évolution du Saint-Siège nous laissait le champ libre. Et maintenant l'opinion publique commence à accepter la vérité sur Louis XVII. Rares sont les personnes qui croient fermement, aujourd'hui, que Louis XVII est mort au Temple. Le fait de l'évasion est généralement admis. La personne de Naundorff est encore généralement discutée, mais être discuté c'est un progrès immense. L'adhésion viendra peu à peu. La presse, écho et, tout à la fois, laboratoire de l'opinion publique, devient impartiale pour nous, et respectueuse et bienveillante. Il y a dix ans, l'ex-député Laguerre, l'ami du général Boulanger, a fait un acte qui a mis en branle toute la presse française et européenne. On sait que sous la Restauration, le fossoyeur du cimetière Sainte-Marguerite, où fut déposée, le 12 juin 1795, la bière qui était censée renfermer le cadavre de Louis XVII, déclara qu'il avait enlevé cette bière de la fosse commune et l'avait enterrée la nuit suivante, dans une fosse particulière, à telle place qu'il désignait. Et tous les partisans d'Henri V et de Philippe VIII nous disaient : « Louis XVII est bien mort au Temple, puisqu'il est enterré *là* ». M. Laguerre obtint l'exhumation. On trouva un squelette, mais ce squelette avait... les dents de sagesse ! Tous les médecins qui l'examinèrent conclurent que ce n'était pas là un enfant de dix ans, mais un jeune homme de dix-huit à vingt ans ; ce ne pouvait être ni le Dauphin ni le jeune enfant qui lui fut substitué. Cela n'avançait pas beaucoup notre thèse, car enfin si Louis XVII n'était pas enterré là, il pouvait être enterré ailleurs. Mais cette découverte occupa pendant longtemps la presse, et la Cause en avança d'autant.

La *Libre Parole* du 7 juin 1894, en relatant le fait, donnait l'opinion de Drumont, son vaillant directeur. On y lisait :

« Il y a déjà plus de dix ans que M. Edouard Drumont publiait dans la *Liberté* un article pour démontrer combien il était probable que le Dauphin n'était pas mort au Temple... A la suite de l'exhumation faite avant-hier... la discussion va recommencer plus vive que jamais. »

Et, en effet, c'était un feu roulant dans toute la presse. Il est vrai que déjà une femme, qui ne partage pas nos idées, mais dont tout le monde honore le caractère, proclame la générosité et admire le style — j'ai nommé Mme Séverine — il est vrai, dis-je, que Séverine avait déjà profondément remué l'opinion. Voici ce qu'elle disait au million de lecteurs du *Petit Journal*, le 1er février 1892 :

« ... Voici que m'arrive de Bordeaux un petit journal écussonné aux armes des Bourbons, encadré de deuil. Cela à moi ? Que veut dire ?;.. Je l'ouvre et je comprends.

« Madame se meurt ! Madame est morte ? C'est l'annonce du décès et la nécrologie de « la princesse Amélie de Bourbon, épouse du très honoré Abel de Laprade, fille aînée de

Louis XVII, roi de France et de Navarre, Charles-Louis, duc de Normandie ». C'est en ces termes que les gazettes hollandaises ont notifié l'événement, en ces termes que le confirme la feuille française. Et je me souviens !

» Voici bientôt trois ans qu'un hasard me mit sous les yeux l'admirable plaidoirie de Jules Favre en faveur de Naundorff, ce mystérieux revendicateur d'un état-civil qu'on s'obstinait à lui dénier — sans pouvoir, cependant, en dépit des recherches les plus assidues et les plus intéressées, parvenir à lui en assigner aucun autre. L'énigme me passionna. Je me pris à l'étudier avec acharnement, compilant les textes, fouillant les documents, interwievant très haut de très vieilles personnes, en des logis si antiques que presque l'herbe y poussait. Et j'acquis la conviction invincible — une de ces convictions si collées à la chair qu'en arrachant la peau on ne l'enlèverait pas, — que l'humble horloger de Spandau était bien vraiment le blond enfant de la légende, le captif ingénu du Temple, le petit Capet, enfin !

» ... Ah ! l'extraordinaire et prodigieuse aventure ! Comme elle explique bien des événements de ce siècle restés confus ! Comme elle donne le *parceque* d'un tas de *pourquoi* contemporains ! »

*
* *

Mais, me dit-on, vous nous donnez là l'opinion de la presse républicaine. Elle ne saurait être absolument impartiale en cette question essentiellement monarchique.

Il est vrai. Mais la presse royaliste peut-elle être impartiale, elle aussi ? Pas davantage. Beaucoup moins peut-être, puisque le principe même de la monarchie est en cause. Aussi, les journaux du parti nous combattent et, toutefois, il leur arrive, de temps à autre, certains demi-aveux qui en disent long sur leur état d'âme.

Ainsi le *Clairon* du 11 avril 1882 disait timidement : « Il n'est pas bien sûr que le Dauphin soit mort au Temple ! »

Et l'*Univers*, qui nous a tant combattus, disait, en un accès de probité, le 15 juillet 1850 :

« Quant à la déposition honnête et intéressante de Lasne, elle ne dit rien de plus que ce que nous lui avons attribué dès le commencement. C'est un témoignage respectable ; mais Lasne, soldat, avait-il assez connu le Dauphin pour ne pas se tromper sur son identité, quand on lui donnait à garder un enfant malade qui s'éteignait, qui devait être si différent de ce qu'il avait été à Versailles et aux Tuileries ? Nous nous laissons aller à cette réflexion, parce que nous voulons être toujours sincères, et qu'*au nombre des communications que nous amène notre travail, il s'en trouve une* DE LA PLUS HAUTE GRAVITÉ *en faveur de l'évasion* du Dauphin de la tour du Temple ».

Il est vrai que le rédacteur de l'*Univers* qui écrivait ces lignes, était M. Bailly, le père du *Moine* de la *Croix*.

Et l'*Union*, l'organe officiel d'Henri V, qu'a dit l'*Union* ? Rien pour nous, que je sache. Mais son rédacteur, M. Laurentie, historien de valeur, écrivait cette phrase : « Du doute de l'histoire à la poursuite d'un Louis XVII vivant encore de nos jours, il y a un abîme. *Le doute est de la raison*, la poursuite est de la folie ».

Et pourquoi Laurentie doutait-il ? La *Légitimité* du 20 Avril 1884 en donnait la raison dans la lettre qui suit :

« Mon cher ami,

»... On sait que le docteur Pelletan avait soustrait, pendant l'autopsie, le cœur de l'enfant qu'il croyait sans doute le Dauphin, ne le connaissant pas. On sait aussi qu'il s'épuisa en vains efforts, sous la Restauration, pour faire accepter ce cœur par la famille royale. En 1821, Mgr de Quélen, déjà coadjuteur, devint archevêque de Paris. Pelletan voulut profiter de son crédit à la Cour et lui confia le cœur de Louis XVII, le priant de faire enfin agréer par sa sœur cette relique de famille. Le prélat se rendit auprès de Madame, et, après avoir exposé le but de sa visite avec une éloquence émue, lui présenta le cœur de son frère dans un vase d'argent et cristal. Madame écouta l'archevêque avec patience, mais quand il eût fini, loin de recueillir fraternellement l'objet présenté, elle le regarda d'un œil sec et refusa. Ce refus étonna Mgr de Quélen, et cet étonnement se peignit sur ses traits. Madame prononça alors ces paroles : « Hélas ! Monsieur l'Archevêque, nous ne connaissons que trop le sort de mon malheureux frère ! » Mgr de Quélen raconta ce trait à M. Laurentie père... »

Et c'est de M. Laurentie fils que la *Légitimité* le tenait par mon intermédiaire. En effet, le 14 Mars 1884, M. Sébastien Laurentie, ancien rédacteur de l'*Union* que la mort du comte de Chambord laissait sans emploi, se fit représenter par Mme Laurentie à la cérémonie de Montmartre, quand notre Charles XI, vint solennellement s'y consacrer au Sacré-Cœur et relever le vœu de son grand'père Louis XVI. Mme Laurentie présentée par moi au Prince, sur les chantiers de la Basilique, offrit ses hommages à Charles XI et lui exprima les regrets de son mari, indisposé (1) de n'avoir pu assister à la cérémonie. J'eus l'honneur de me rendre chez elle dans la journée et c'est là que M. Laurentie me raconta les confidences faites à son père par Mgr de Quélen.

« Le doute est de la raison ! » Ainsi MM. les rédacteurs de l'*Union* — de l'*Union*, pur extrait d'henriquinquisme ! — en défendant Henri V, avaient un doute au cœur sur sa légitimité dynastique, puisqu'ils n'étaient point sûrs que Louis XVII fût mort.

Au fond, donc, partout on pense de nous la même chose, à droite comme à gauche.

Seulement on n'en convient pas volontiers à droite. Et l'on rage de voir arriver au droit de cité la Cause, et la feuille que j'ai créée jadis pour la défendre. Le *Moniteur Universel* très dévoué à « Monseigneur le duc d'Orléans », disait le 6 Juin 1895 :

« Moins le doute devenait possible, et plus les partisans du faux dauphin multipliaient leurs efforts, publiaient des écrits, répandaient des brochures. Ils ont même eu un journal, la *Légitimité*. Il est vrai qu'après l'encyclique de 1892, la rédaction de ce journal déclara que, pour rester catholique, elle devenait républicaine, et le cardinal Rampolla lui fit l'*honneur inattendu* d'un témoignage de satisfaction. »

La *Légitimité* avait déclaré en effet que, tout en conservant ses principes et ses espérances, elle acceptait dans le sens indiqué par le Pape, la forme du gouvernement établi. Voilà tout. Du reste, ce n'est pas l'attitude de la *Légitimité* qui

---

(1) C'est aussi son état de santé qui l'a seul empêché de venir chez moi se documenter et achever sa conversion. J'ai ses lettres à ce sujet.

offusque ces Messieurs de l'Orléanisme, mais bien « l'honneur inattendu » fait à la *Légitimité*, et, en elle, à son Prince, par le Saint-Siège.

Et maintenant, lecteurs, que vous avez entendu la voix du peuple (1) la voix des grands, la voix du sang, voulez-vous enfin vous faire une opinion par vous-mêmes ? Oui ? Eh bien ! je commence, comme disent les photographes, atten-tion, ne bougeons plus !

---

(1) Tous nos lecteurs ont vu leurs journaux respectifs discuter un jour ou l'autre depuis 10 ans, la question Louis XVII. Nous les engageons à se procurer la *Légitimité* de cette période et à y parcourir, dans chaque numéro, *La Revue de la Presse*, d'Alexis Duboscq. Ils seront étonnés de l'immense multitude d'articles reproduits, analysés ou cités. Nous ne pouvons songer un seul instant à les transcrire ici, même en extraits. Il faudrait tout au moins doubler cette brochure. Nous le regrettons d'autant plus que certains lecteurs timides ont besoin, pour donner leur adhésion, même interne, de se sentir en bonne et nombreuse compagnie.

IX

L'INVENTAIRE D'UNE MÉMOIRE

La mémoire *totale* est incommunicable. Il est impossible à un homme, le voulut-il, de dire à un autre homme *tout* ce qu'il sait, *tout* ce dont il se souvient. Une mémoire ne saurait se *vider* au profit d'une autre mémoire, et celle-ci ne saurait s'identifier avec celle-là. Il était donc impossible à un imposteur de savoir *tout* ce que savait le Druphin. Lors même qu'il se serait attaché au prince sauvé du Temple, qu'il se fut lié avec lui, qu'il lui eut soutiré ses secrets, cet imposteur n'aurait pu parvenir à tout savoir. Et si, plus tard, l'aventurier se fut trouvé en rapports fréquents, s'il avait vécu plusieurs années d'une vie commune avec d'anciens serviteurs de Louis XVI, témoins intimes et quotidiens de l'enfance du Dauphin, pareille épreuve eût été au-dessus de ses forces. Il y avait nécessairement, dans les souvenirs de ces personnes, des choses et des faits, souvent minimes, que le Dauphin n'aurait pas songé, l'eût-il voulu, l'eût-il tenté, à dire à son ami. Il y a, en effet, dans la mémoire de l'homme, de ces échos endormis, qui ne s'éveillent plus qu'à l'appel d'une autre voix, de ces souvenirs qui étincellent au choc seulement d'un autre souvenir. Louis XVII aurait pu dire à un ami bien des particularités, mais il aurait omis tel ou tel détail naturel dont l'oubli étrange aurait fait naître les soupçons de ces vieux serviteurs si compétents. Un jour ou l'autre, l'imposteur eût dit quelqu'irrémédiable sottise.

Et je ne parle ici que d'un homme qui, ayant connu le Dauphin évadé, lui aurait soutiré ses secrets, et se serait ensuite débarrassé de lui d'une manière ou d'une autre. Un simple intrus n'aurait eu aucune chance de succès, même momentané, près des serviteurs de Louis XVI, témoins de l'enfance de Louis XVII. Aussi, aucun d'eux ne s'y est frotté.

Or, Naundorff a été reconnu pour Louis XVII.

Par Bulot, le lampiste du Temple ;

Joseph Paulin, le maçon du Temple dont parle Cléry dans ses Mémoires ;

Le comte de Crouy ;

Le duc de Fitz-James ;

Le prince Armand de Polignac ;

Le comte de Bréon ;

Le marquis de la Roche-Aymon ;

Le baron de Vidal, tous six attachés à la Cour dès l'enfance ;

La comtesse de Falloux, née de Soucy ;

La comtesse de Béarn, née Pauline de Tourzel, toutes deux compagnes des jeux du jeune Prince ;

Jacques Cazotte, page du roi (1) ;

La marquise de Forbin-Janson, dame de la Reine ;

Le baron Duvivier de Tombebœuf, garde du corps du Roi ;

Mme de Saint-Brice, femme de chambre du Dauphin ;

Le marquis de la Feuillade, page du Roi :

La marquise de Broglio-Solari, dame de la Reine ;

M. Brémond, secrétaire de Louis XVI ;

M. et Mme Marco de Saint-Hilaire, le mari huissier de la chambre du Roi, la femme dame de Madame Victoire ;

M. de Joly, dernier ministre de la Justice de Louis XVI ;

Mme de Rambaud, berceuse des enfants de France, puis première femme de chambre de M. le Dauphin.

Naundorff a vécu trois ans (1833-1836) dans l'intimité de la vie commune avec ces quatre dernières personnes, et leur foi en lui, loin de décroître, s'est affermie par l'expérience de chaque jour. Si donc, il a possédé la mémoire du Dauphin assez complètement pour satisfaire à ces redoutables compétences, pour répondre, pendant trois ans, aux interrogatoires sans cesse renaissants par la force même des choses, c'est

---

(1) Nous pouvons ajouter M. Pagès, domestique du roi, et M^*** qui, étant enfant, rapporta au Dauphin un oiseau échappé. La *Légitimité* du 1er mars 1900 a reproduit cette anecdote charmante, racontée d'abord dans la *Plume* par M. Otto Friedrichs.

que cette mémoire était bien la sienne, c'est qu'il était le Dauphin.

*
* *

Mais, dira-t-on, est-ce bien vrai que Naundorff ait été reconnu comme Louis XVII par tant de personnages ?

Je ne puis donner ici la totalité des preuves, la place me manque. Qu'on se rapporte à la collection de la *Légitimité*. Je ne puis que citer au courant de la plume, quelques témoignages plus importants.

Donnons d'abord celui de M. Thomas père, qui ne sera pas suspect, car c'était un ennemi acharné de Naundorff. En 1835, je l'ai déjà dit, son fils avait été rédacteur du journal *La Justice*, créé pour soutenir la cause du prétendant. Ayant dilapidé les fonds, il avait été condamné à la prison pour dettes. Son père se vengea de la ruine du fils en publiant un virulent pamphlet, point mal fait du tout, intitulé *Naundorff ou Mémoire à consulter sur l'intrigue du dernier des faux Louis XVII*. Or, voici ce que je lis en cette brochure, p. 143 :

« Le moment est venu de donner, sur M. Naundorff et sur ceux qui l'entourent, les détails que j'eus l'occasion de recueillir, soit dans le petit nombre de visites que je lui fis, dans l'intention de protéger mon fils contre ses pièges, soit dans les rapports que les intérêts de ce même fils, gravement compromis, me forcèrent d'avoir avec quelques-uns des principaux agents de cette intrigue et avec les personnes qu'ils ont trompées.

» Les deux premiers satellites qui gravitent autour de l'astre équivoque que l'on essaie de faire lever à l'horizon de la politique, les deux parrains, pour ainsi dire, de M. Naundorff auprès des personnes crédules, ceux dont on fait sonner haut le nom et l'autorité, ce sont M. de Joly et Mme de Rambaud.

» M. de Joly est un ancien ministre de Louis XVI... Je n'eus qu'une seule fois occasion de le voir. Il parait croire de bonne foi à M. Naundorff. »

Ainsi Thomas avoue le fait de la croyance de M. de Joly en Naundorff.

M. de Joly est mort fidèle à sa conviction. En mourant, il

a protesté avec énergie devant son confesseur, le saint abbé Desgenettes, curé de Notre-Dame-des-Victoires, que Naundorff était bien le fils infortuné de son ancien et royal maître, le Roi-Martyr. On peut consulter sur la persévérance de ses convictions, soit M. Xavier Laprade, qui l'a intimement connu et demeure aujourd'hui à Bosdarros, par Gan (Basses-Pyrénées (1), soit M. de Joly architecte des Chambres, neveu de l'ancien ministre.

****

C'est encore un adversaire qui nous édifiera sur le compte de M. Brémond, secrétaire de Louis XVI. On lit dans les *Pèlerinages de Suisse*, de Louis Veuillot, tome I, page 47 (Paris, Canuet, 1839, première édition) :

« On voit à deux lieues de Vevey un beau château qui renferme des hôtes étranges. Aux yeux de beaucoup de gens, ce n'est pas moins qu'une famille royale de France, qui habite là. Cette famille se compose d'une mère et de ses enfants, trois garçons et trois filles, dont l'aînée a dix-huit ans. Ces enfants ont des instituteurs, un aumônier, des équipages : la fidélité d'un vieux serviteur pourvoit à tout. Pour le père, en sa qualité de prétendant, il est exilé. On l'appelle vulgairement Naundorff, mais il assure que son nom véritable est Louis-Charles, duc de Normandie... »

Louis Veuillot rappelle ensuite comment ce « vieux serviteur » avait connu Naundorff : « Naundorff, dit-il, écrit au roi des Français ; il lui demande un sauf-conduit pour aller aux Tuileries prendre une cassette que Louis XVI y a déposée ; lui seul connaît la cachette... La lettre, rendue publique, attire des montagnes du Valais un témoignage singulier. Là vit possesseur d'une assez belle fortune, et *entouré de l'estime publique*, un M. Brémond, français d'origine, ancien secrétaire particulier de M. de Monciel, ministre de l'intérieur au 10 août.

---

(1) Hélas, le temps fait son œuvre. Ceci était exact en 1897, lors de la première édition de *Fleur de Lys*. Depuis lors M. Xavier Laprade est mort, mais il a laissé maints témoignages écrits, ainsi que son frère l'abbé.

» Dans ces temps malheureux, M. Brémond a souvent été occupé intimement auprès de Louis XVI. Il connaît le fait de la cassette. Il tient de M. de Monciel et du roi lui-même que certains papiers retirés de l'armoire de fer ont été déposés, en présence du Dauphin seul, dans une cachette meilleure, dont lui seul a le secret. Sur cet indice... M. Brémond... se met en relation avec la petite cour. Déjà autrefois il a essayé de faire évader le Dauphin, il se sent aujourd'hui le même dévouement qu'alors et avec une générosité que beaucoup de causes plus évidentes ne suscitent pas, il reçoit dans son château, près de Vevey, la femme et les enfants du Prince, ainsi que nous l'avons dit...

» Le gouvernement français voulut savoir ce que c'était que M. Brémond et, en octobre 1837, ce citoyen fut entendu devant le tribunal civil de Vevey, en vertu d'une commission rogatoire émanée de Paris. Il affirma, sous la foi du serment, les particularités relatives à l'histoire de la cassette, puis il exposa et requit l'insertion au procès-verbal de ses considérations sur les vues de la Providence en toute cette affaire. J'ai tenu ce procès-verbal entre mes mains. »

Ce procès-verbal, on peut le consulter encore au greffe de Vevey (1).

*
* *

Mais Veuillot ne parle pas que de M. Brémond. Il écrit encore : « A force de s'informer des anciens serviteurs de sa famille, il (Naundorff) en déterre quelques-uns... ce sont des noms et des personnes honorables, des serviteurs intimes de Louis XVI et de sa famille infortunée. Parmi eux se trouvent un ancien ministre de la justice au 10 août, un ancien huissier de la chambre du Roi, et son épouse attachée à Madame

---

(1) L'original y a été volé il y a quelques années. Le 6 mai 1897, M. Barbey, député au Grand Conseil du canton. de Vaud, interpella le Gouvernement cantonnal sur cette disparition. Le dossier ne fut point retrouvé. On le reconstitua avec une expédition authentique qui avait été délivrée précédemment à M. Schmidt. Mme la princesse Adelberth et Monseigneur en possédaient aussi des expéditions authentiques, l'une de 1840, l'autre de 1889. J'ai vu cette dernière.

Victoire, enfin une vieille dame attachée au service du Dauphin, duc de Normandie, depuis le jour de sa naissance jusqu'au 10 août 1792. Ces vieillards attestent à qui veut les entendre, que c'est bien leur Prince qu'ils ont retrouvé. »

Le ministre dont nous avons parlé est M. de Joly. La vieille dame est Mme de Rambaud dont nous parlerons tout à l'heure. Deux mots sur l'huissier de chambre et sa femme, M. et Mme Marco de Saint-Hilaire. Tous deux ont dû paraître devant la justice à la même époque que M. Brémond. On trouvera leur témoignage au greffe du Mans. M. de Saint-Hilaire écrivait au Procureur le 14 août 1837 : « Le Prince m'a été amené le 19 août 1833. Depuis cette époque, jusqu'à celle de son exil... je l'ai vu très fréquemment, soit chez moi où il mangeait et couchait, soit chez d'autres personnes... Les entretiens journaliers que j'ai eus avec lui, pendant ce laps de temps, m'ont mis à même d'asseoir ma conviction sur son identité. Elle est telle maintenant, qu'il n'est au pouvoir de personne de la détruire... J'ai cru devoir remettre au Prince un certificat de ma conviction, qui a été inséré dans le journal *La Justice*. »

On lit, en effet, dans ce journal (1835, n° 24) :

« Je soussigné, Marco de Saint-Hilaire, âgé de soixante-seize ans, ancien huissier ordinaire de la chambre du roi Louis XVI, déclare et certifie devant Dieu et devant les hommes que le prince Charles-Louis, duc de Normandie, est existant, et que, depuis seize mois que je l'ai vu habituellement, j'ai été à même de m'en convaincre...

» Versailles, le 17 décembre 1834.

» Marco de Saint-Hilaire, »

Le 19 juillet 1837, Mme de Saint-Hilaire déclarait devant le juge d'instruction du Mans.

« Le 19 août 1833, elle (Mme de Rambaud) l'amena chez moi... Ce jour et depuis, j'ai eu avec lui des conversations sur certains détails qui m'ont donné la conviction qu'il était bien le duc de Normandie... Pendant trois ans, il a fréquenté ma maison ; il y a mangé et couché ; ses relations n'ont fait que me confirmer de plus en plus qu'il était le fils de

Louis XVI... Tous les détails qui me concernent ont été consignés dans une brochure que vous avez saisie. »

Cette brochure est l'*Abrégé des Infortunes du Dauphin*. On y lit page 217 une lettre superbe de Mme de Saint-Hilaire à la duchesse d'Angoulême. Elle lui écrit :

« C'est aux pieds de votre Altesse Royale que je la supplie, avec tout le respect que je lui dois, de me pardonner la lettre que je prends la liberté de lui adresser, mais Dieu, ma conscience et le salut de mon âme m'imposent l'obligation de la prévenir qne son malheureux frère existe et qu'il est avec nous. J'ose assurer à Votre Altesse Royale que je crois à l'identité de ce malheureux Prince, comme je crois à Dieu et à son divin Fils, Sauveur du monde...

» Versailles, ce 9 septembre 1833.

» Marco de SAINT-HILAIRE, née Besson. »

La conviction de M. et Mme de Saint-Hilaire a persévéré jusqu'à la mort. Leur fils, Emile Marco de Saint-Hilaire, l'historien de l'épopée napoléonienne, décédé, il y a quelques années, doyen de la Société des Gens de Lettres, l'a attesté à deux dames que j'ai l'honneur de connaître, Mlle Louisa Delvigne et Mme de Tournefort, nièce du savant naturaliste de ce nom.

* *

Quant à Mme de Rambaud, nous connaissons déjà sa conviction par deux adversaires, MM. Thomas et Veuillot. En voici un troisième. On lit dans les *Mémoires de M. le vicomte de Larochefoucault, aide de camp du feu roi Charles X*, Paris, Allardin, libraire, 1837, tome V, page 111, la belle lettre suivante, adressée par Mme de Rambaud à la duchesse d'Angoulême :

« Madame,

» Celle qui aurait donné sa vie pour vos illustres parents prend aujourd'hui, par devoir de conscience, la respectueuse liberté de vous écrire pour vous assurer de l'existence de votre auguste frère. Mes yeux l'ont vu, reconnu ; des heures passées avec lui m'en ont donné la plus entière conviction.

Une si précieuse conservation vient de la toute-puissance de Dieu : c'est à genoux que je lui rends grâce, en me disant sans cesse, que, s'il a bien voulu le conserver par sa volonté même, c'est pour en faire un être de pacification générale et de bonheur pour tous. Cette conviction, comme l'espérance, vient de lui seul.

» Ses longs malheurs, sa résignation aux volontés de la Providence et sa bonté sont au delà de tout.

» Celle de Votre Altesse Royale ne m'est pas moins nécessaire pour m'assurer que je n'ai point trop osé, en exprimant ce que mon cœur sent si bien pour ses souverains si légitimement aimés de tous ceux qui ont conservé un cœur fidèle.

» C'est avec respect que je suis de Votre Altesse Royale, la très humble et très obéissante servante,

» MOTTET, veuve de Rambaud. »

« *P.-S.* — Madame sait que j'ai eu l'honneur d'être attachée au berceau de son auguste frère, depuis le jour de sa naissance jusqu'au 10 août 1792. »

Mme de Rambaud a également déposé devant le juge d'instruction du Mans, le 12 juillet 1837. On peut voir sa déposition au greffe. On y lit : « Je dois dire aussi qu'ayant mieux connu que personne tous les souvenirs de son enfance, j'ai pu m'en entretenir avec lui et j'ai été frappée de l'exactitude de ses souvenirs, des détails dans lesquels il est entré, et de la fidélité avec laquelle il me les a sans cesse reproduits. »

Mme Léon Verger, née Ernestine de Rambaud, laquelle fut le bâton de vieillesse de sa grand'mère, interpellée, il y a quelques années par M. Laurent, curé de Sainte-Marguerite-sur-Duclair (Seine-Inférieure) lui répondit (j'ai vu la lettre), que jamais sa grand'mère n'avait cessé de croire à l'identité royale de Naundorff. Enfin, M. le colonel de Rambaud, petit-fils de Mme de Rambaud, vint à Courbevoie, chez M. Tison, saluer notre Charles XI.

*
* *

Encore un mot : M. de Joly crût d'abord à l'imposture de Naundorff et, charitablement, il se proposait de le démasquer.

Il eut avec lui de chaudes discussions sur certains détails de la journée du 10 août. Rentré chez lui, l'ancien ministre cherche quelques notes, écrites par lui-même lors des événements et oubliées depuis quarante ans dans un tiroir. Stupéfaction ! C'était Naundorff qui avait raison sur toute la ligne.

Mme de Rambaud vint aussi, tout d'abord, à Naundorff pour le démasquer. Un peu sournoisement, elle lui présente un petit habit jadis porté par le Dauphin, en lui disant avec une inexactitude voulue : « Vous l'avez porté à Paris ? — Non, Madame, répondit Naundorff. Je ne l'ai porté qu'à Versailles, et une seule fois, car je me souviens qu'il me gênait ». Mme de Rambaud en fut impressionnée très vivement.

Je dois dire, pour être d'une loyauté absolue, que deux témoignages, parmi ceux que j'ai indiqués, en tête de ce chapitre, ont été contestés par les familles intéressées : à savoir, ceux de la comtesse de Falloux, née de Soucy, et de la comtesse de Béarn, née de Tourzel.

Mais M. le comte de Blois, héritier des Falloux, a publié, dans le *Gaulois* du 6 juillet 1894, deux lettres de Naundorff à Mme de Falloux qui démontre le bien-fondé de nos assertions relativement à la conviction de cette dame, quoique M. de Blois n'en veuille pas convenir encore (1).

Quant à *Pauline de Tourzel,* que le petit Dauphin avait tant aimée, notre triomphe est complet. Son petit-fils, M. le prince de Béarn, mort en 1893, a attesté, en mourant, la conviction de sa grand'mère relativement à l'identité royale de Naundorff. Il a dit au R.-P. Jean-Joseph, religieux franciscain, qui nous l'écrit : (2)

« Lorsque Louis XVII vint à Paris, en 1833, pour se faire reconnaître, ma grand'mère le reconnut parfaitement... Ainsi je suis très sûr que Louis XVII n'est pas mort au Temple, et que c'est celui-là même... qu'on a voulu ensevelir sous le nom de Naundorff (3). »

---

(1) Voir la *Légitimité* des 22 juillet et 21 octobre 1894.
(2) Voir sa déclaration dans la *Légitimité* du 16 octobre 1893.
(3) Nous avons donné plus haut le tout récent témoignage de Blanche de Béarn, petite-fille de Pauline de Tourzel. Inutile de le reproduire ici. Notre triomphe est donc entier.

Aucun des autres témoignages n'a été contesté un seul instant et je voudrais pouvoir les citer tous.

— Mais, je serais interminable et il faut se borner. Oui, il est évident que Naundorff avait la mémoire, la mémoire *totale* du Dauphin. S'il ne l'avait pas eue, il n'aurait pas pu vivre trois ans avec les anciens serviteurs de Louis XVI, qui l'ont reconnu : c'était là une épreuve **au-dessus** des forces d'un imposteur. Or, aucun homme n'a la mémoire totale d'un autre homme. Donc Naundorff était bien le Dauphin.

X

L'AUTOPSIE D'UNE AME

Ce titre est un peu paradoxal, mais il exprime bien ce que je veux dire. J'ai laissé entrevoir à mes lecteurs que j'allais leur donner, en faveur de l'identité de Louis XVII avec Naundorff, une preuve morale tirée de la bonne foi de ce prétendant. La voici en forme de syllogisme.

Il est impossible qu'on se croie sincèrement un autre que soi-même. Or, sincèrement Naundorff se croyait le Dauphin. Donc il était le Dauphin.

» Oh ! je vous arrête me dit-on. Comment ? Il est impossible de se croire un autre que soi-même ? Mais cela se voit tous les jours dans les maisons de santé. Naundorff n'était-il pas fou, ou du moins monomane ? »

Eh ! mon Dieu, moi aussi j'ai vu des fous qui se donnaient et se prenaient pour d'autres qu'eux mêmes. Je me souviens d'une vieille dévote qui se proclamait la femme du Père Eternel. J'ai connu un gentilhomme de cinquante ans qui se croyait jeune fille de seize ans et se défendait, avec une fort belle vertu, ma foi, contre le ravisseur qui voulait l'enlever ! Mais la « Mère éternelle » savait pour toute science, lire dans son paroissien : de ce qui se passe au ciel, chez le Père éternel, elle savait tout juste ce qu'elle avait appris au caté-chisme. Et le gentilhomme devenu demoiselle, gardait néanmoins ses moustaches. Je raisonne de même pour Naundorff. Sa delphinomanie ne lui aurait pas fait acquérir les souvenirs absolument personnels de la vie intime du Dauphin enfant, souvenirs qui l'ont fait reconnaître comme Louis XVII, par deux douzaines d'anciens serviteurs de Louis XVI, témoins de l'enfance du Prince. Un fou aurait pu se croire le Dauphin, oui, sans doute ; mais alors il n'aurait pas su son rôle. La folie n'a jamais été, que je sache, professeur d'histoire.

« Permettez, me dira-t-on, ne serait-il pas possible qu'un imposteur, ayant lu tout ce qui se rapporte à Louis XVII et ayant été postérieurement atteint de delphinomanie, se souvînt de ses lectures ? »

Parfaitement, mais il ne connaîtrait que le Louis XVII de ses lectures. Or, sur plus d'un point, l'histoire se trompe. Un imposteur cependant ne s'aviserait pas de la contredire, et un fou ne saurait toujours que ce qu'elle lui a appris. Naundorff, lui, confiant dans son personnel souvenir, n'hésitait pas à démentir les historiens sur ce point erroné, et des témoignages, parfaitement imprévus alors, sont venus plus tard lui donner raison.

En outre, l'histoire toute entière, avec toutes ses ressources, eût été insuffisante pour Naundorff. Croyez-vous que MM. de Joly, Brémond, Marco de Saint-Hilaire, etc., Mesdames de Saint-Hilaire, de Rambaud, etc., n'avaient pas dans leur mémoire, une foule de faits insignifiants, qui n'ont jamais été imprimés nulle part ? Tenez, j'ai déjà cité un exemple entre mille, Mme de Rambaud dépose en justice :

« J'avais conservé, comme une chose de grand prix pour moi, un habit bleu que le Prince n'avait porté qu'une fois. Je le lui présentai en lui disant, *pour voir s'il se tromperait*, qu'il l'avait porté à *Paris*. — « Non, madame, je ne l'ai porté qu'à *Versailles*, à telle époque... » Nous avons fait ensemble, ajouta-t-elle, des échanges de souvenirs qui, seuls, auraient été pour moi une preuve irrécusable que le Prince actuel est véritablement ce qu'il dit être : l'orphelin du Temple. »

Est-ce que l'histoire a tenu note jour par jour de la garde-robe du Dauphin, de ses jeux, de ses espiègleries, de ses études, de ses ennuis, des paroles de ses amis, parents, courtisans, de l'ameublement de sa chambre ? Dit-elle que tel tableau était déchiré à tel coin, que tel meuble avait tant de tiroirs et qu'à tel tiroir les cuivres manquaient, etc., etc. ?

Donc, l'étude de l'histoire n'aurait pu révéler ces choses à un imposteur, et cet homme, fou ou non, aurait été absolument inférieur à son rôle. L'épreuve de la vie commune avec d'anciens serviteurs de Louis XVI ne pouvait être supportée que par le vrai Dauphin. Par conséquent, quand même Naundorff eût été fou sur un autre point, comme ni l'histoire ni la folie ne pouvaient lui apprendre tout ce qu'il a su, cette aliénation mentale n'empêcherait pas qu'il pût être le Dauphin.

De plus, elle ne pouvait pas, je suppose, changer son corps ni les marques physiques, naturelles et par conséquent inimitables, qui le distinguaient de tout autre, pas plus qu'elle ne fit tomber les moustaches formidables du gentilhomme dont je parlais tout à l'heure? Ces marques, je les ferai connaître dans le prochain chapitre et l'on verra qu'un seul homme sur la terre, fou ou sensé, pouvait se faire reconnaître comme Louis XVII par les gens compétents, Mme de Rambaud, par exemple. Ce seul homme était... Louis XVII lui-même.

Au surplus, jamais Naundorff n'a été fou, et l'arrêt de la Cour de Paris, en 1874, le constate judiciairement.

Pour MM. de la Cour, « on ne peut voir en Naundorff qu'un aventurier hardi, *d'un profond esprit de combinaison* et d'astuce, luttant contre le milieu sans ressources où un déclassement social l'avait jeté, *capable d'une fourbe habile pour jouer un grand rôle* ou faire lucrativement des dupes, et ayant entrepris, *avec plus d'étude et d'art que les autres* faux Dauphins, de renouveler leur tentative à la faveur de sa ressemblance extérieur avec le *type bourbonien*, et du *mystère* qui couvrait une grande partie *de son existence* » (1).

Si, pour ces Messieurs, Naundorff est un coquin, c'est un coquin de génie. Tant s'en faut donc qu'il soit fou !

A présent, je reviens à ma preuve et je redis :

Naundorff s'est cru sincèrement le Dauphin, et il n'était pas fou.

Donc, il était bien le Dauphin.

* * *

Mais on insiste et l'on me dit :

« Est-ce que vous lisez dans les cœurs? Comment savez-vous que Naundorff *se croyait* le Dauphin?

Eh bien ! écoutez.

---

(1) Ainsi la Cour constate que Naundorff avait le type bourbonien et qu'il était impossible de le démasquer en lui disant: « Vous n'êtes pas Louis XVII, mais un tel ». Nous en prenons acte.

Marie-Antoinette était Allemande. Elle apprit l'allemand à son fils en même temps que le français, et souvent pendant la Révolution, au milieu des traîtres qui entouraient la famille royale aux Tuileries et au Temple, elle parlait allemand à ses enfants. Plus tard, le Dauphin s'enfuit en Allemagne. Il y demeura vingt-deux ans caché sous un nom allemand, et vivant de la vie de tous ceux qui l'entouraient, sans qu'aucun lien, autre que les souvenirs, le rattachât à la France. Qu'arriva-t-il ? Il oublia le français, assez du moins pour ne plus le parler couramment, et les juges de 1851 constatent cet oubli dans leur sentence, s'en faisant un argument contre ses prétentions (1). Vous m'accorderez bien, sans doute, que le pauvre horloger de Spandau, Brandebourg et Crossen n'a pu, dans ces conditions, lire les multiples papiers d'archives, ouvrages, mémoires, brochures, pamphlets, journaux, qui l'eussent initié à son rôle. Outre qu'il lui était matériellement impossible de se les procurer, son oubli de la langue française ne lui aurait pas permis de s'en servir utilement.

Il n'a donc pu apprendre son rôle en Allemagne. Or, ce rôle, il l'a joué immédiatement en France le 23 mai 1833. Il était donc bien convaincu que ce rôle était le sien.

Puisqu'il n'était pas fou, puisqu'au contraire il était fort habile, il n'eût pas commis pareille sottise s'il eût été un imposteur. Donc, il était de bonne foi ; donc il était le Dauphin.

*
* *

Ce début de Naundorff dans la vie publique est très frappant. La suite répondit-elle au commencement ?

Parfaitement ! Naundorff en arrivant à Paris était sans ressources. Il logea à Ménilmontant, dans une pauvre auberge de dernière classe. Savez-vous quelle fut sa première préoccupation ? Ce fut de retrouver des personnes qui pouvaient,

---

(1) Quand *Monseigneur* et *Monsieur* quittèrent Lunel et vinrent s'établir à Paris, ils avaient et gardèrent quelque temps un accent méridional très prononcé. Après vingt-deux ans de séjour en Allemagne, Naundorff pouvait et devait prononcer : « *Che suis le tic te Normantie* ». M. le comte de Chambord appelait bien un de mes confrères : *Monsieur l'appé.*

en deux minutes, démasquer un imposteur ; je veux dire les anciens serviteurs de Louis XVI. Il apprit avec une immense joie l'existence de M. et Mme Marco de Saint-Hilaire et de Mme de Rambaud, et, sans l'ombre d'une hésitation, il se soumit à leur redoutable compétence, et cela, tout de suite.

Ah ! tenez, il faut que je mette en face de cette conduite si loyale celle d'un imposteur. Vous verrez la différence. Richemont a bien montré par sa conduite qu'il n'avait pas la conscience de la personnalité qu'il réclamait. Ce n'est qu'*après quinze ans* de séjour en France et d'étude de son rôle, qu'il se décida à affronter la présence de trois serviteurs de Louis XVI. Mais comme sa séance, une séance *unique* était préparée ! Et comme il se garda de revenir ! L'un de ces braves gens, M. Sourdon-Dumesnil, dit, dans un certificat délivré au faux prince : « Nous nous quittâmes pour ne plus nous revoir ». La dame Béquet, domestique à la garde-robe, écrit : « Ce prince me quitta et je ne l'ai pas revu depuis ». La veuve Fillette, également domestique à la garde-robe, écrit : « Le personnage me quitta et je ne l'ai pas revu depuis ». Je le crois bien, on ne s'expose pas deux fois à un pareil danger !

Mais ce n'est pas comme cela que s'y prit Naundorff. Ceux que Richemont fuyait ou ne vit qu'une seule fois après quinze ans d'étude, lui les cherchait partout et les demandait à tout le monde en arrivant de Prusse. Et ce n'est pas une fois en passant, et d'une manière fugitive que Naundorff vit ces débris vénérables de l'ancienne Cour. Il eût avec eux des rapports journaliers, et même il vécut trois ans chez Mme de Rambaud et les Saint-Hilaire.

Donc, il se croyait bien le Dauphin ; donc il était le Dauphin.

* *

Ce n'est pas tout. Il a pris les moyens les plus efficaces pour obtenir de la duchesse d'Angoulême une entrevue, un examen, s'offrant à lui montrer les marques de son corps, à répondre à toutes ses questions.

C'est encore une preuve de bonne foi indiscutable, car enfin, la duchesse était avec Mme de Rambaud, la personne du monde la plus capable de démasquer et de confondre l'impos-

ture. En cinq minutes ç'eût été fait. Or, ces cinq minutes,
comme il les lui a demandées ! Et combien de fois et avec
quels accents ! Un imposteur ne pouvait pourtant pas espérer
réussir auprès de Madame, et n'aurait pas désiré si ardem-
ment traverser une épreuve dont le résultat était certain : ce
résultat certain est bien connu, c'était le bagne d'après la loi
de l'Autriche, où résidait Marie-Thérèse exilée. On me dira :
« Mais bien d'autres que Naundorff ont sollicité cette audience,
sachant bien et comptant bien qu'elle leur serait refusée. Il
fallait brusquer les choses. Naundorff aurait dû surprendre la
princesse. » Eh bien, c'est précisément ce qu'il a tenté, nous
l'avons vu. Sachant que sa sœur était allée à Dresde, il s'y
rendit. Il y arriva le 5 août 1834. Le matin même, Madame
avertie par une fausse démarche de la famille Naundorff,
Madame dont cependant le séjour devait se prolonger une
huitaine encore, d'après le programme des fêtes de la cour de
Saxe, fuyait en toute hâte, et envoyait, en partant, un secours
pécuniaire à l'institutrice des enfants Naundorff ! ! ! Madame,
au fond, avait eu peur de son propre cœur, tandis que Naundorff, sûr de lui-même, n'avait pas craint de se trouver en
présence de celle qu'il appelait, qu'il croyait, qu'il savait sa
sœur.

*
* *

Enfin, il n'a pas craint non plus d'invoquer le grand jour
de la justice et de venir s'écrier dans son sanctuaire : « Magistrats français, écoutez-moi, entendez mes témoins, et puis
rendez-moi mon nom ou bien envoyez-moi aux galères. »
Le 13 juin 1836, il assigna la duchesse d'Angoulême devant
le tribunal de la Seine en reconnaissance d'état. Le 15 juin, il
était arrêté, puis exilé ! Louis-Philippe ne crut donc pas que
cette assignation était un coup d'audace. S'il l'avait cru, il eût
laissé juger Naundorff. La justice avait déjà démasqué et
châtié l'imposture d'Hervagault, de Mathurin Bruneau, de
Richemont, traînés, bien malgré eux, devant les tribunaux.
Elle pouvait, tout aussi bien, démasquer et punir l'imposteur
Naundorff... si Naundorff eût été un imposteur. Mais le roi de
Juillet ne vit point là le fait d'un imposteur. Aussi Naundorff
fut-il dépouillé par la police de 202 pièces utiles à son procès,

conduit, entre deux gendarmes, à Calais, et jeté sur les côtes d'Angleterre. Le sanctuaire de la justice lui était interdit parce qu'il se savait Louis XVII : c'était visible qu'il le savait, et l'on avait peur d'être obligé de le reconnaître.

Oui, c'est vrai, dira-t-on, Naundorff s'est, en tout, conduit comme un homme qui avait la conscience de son droit. Mais il est un témoignage suprême, celui de l'agonie. Les dernières paroles d'un mourant sont sacrées. Ses affirmations suprêmes ont-elles répondu aux protestations de sa vie ?

Ecoutez d'un témoin occulaire, qui l'aimait bien, le récit de sa mort. C'est un ancien magistrat, le comte Gruau de la Barre, qui parle : (1)

« Je ne redirai point les scènes de deuil qui, *pendant six jours*, répandirent une morne consternation dans la chambre où l'agonie d'un roi n'avait pour témoins qu'une mère avec ses enfants, sublimes de courage et de résignation, et quelques braves étrangers... Les accents plaintifs d'un délire incessant, qui, pour nous, n'étaient point des paroles sans portée, nous associèrent à toute l'amertume des pensées qui assiégeaient l'âme du roi méconnu, se sentant mourir dans un état d'universel abandon. Le tableau des tribulations de toute sa vie, passant et repassaut dans son esprit, l'agitaient de pénibles sensations ; et sa figure, sillonnée de temps à autre par des pleurs qui roulaient lentement sur son noble visage, portait les signes d'une souffrance de cœur vivement sentie, d'angoisses sans cesse renaissantes par le souvenir. Sa bouche alors, par phrases détachées, d'une voix brève et sonore, rendait poignantes pour tous les plaintes de la royale victime. Il gémissait sur lui-même, sur la cruelle destinée que ses persécuteurs lui avaient faite, sur la France dont il entrevoyait les maux à venir, sur son épouse, sur ses enfants qui bientôt, disait-il, n'auraient plus de père : « Je m'en vais chez mon père » céleste, votre Dieu et mon Dieu, répétait-il souvent d'un ton » pénétré ; et il me couronnera... Pauvres enfants ! vous n'avez

____

(1) Gruau de la Barre, ancien Procureur du Roi à Mayenne, donna sa démission en 1830, s'attacha à Naundorff vers la fin de 1835, lui demeura fidèle jusqu'à sa mort et, après cette mort, fut le tuteur de ses enfants qui l'appelaient « *vice-père* ». Il est mort chez eux en 1883.

» plus de nom ; vous êtes retombés dans les ténèbres... Mon
» Père céleste, prenez-moi en grâce.... Depuis qu'ils ont coupé
» la tête à mon père, il n'y a eu pour moi qu'obscurité.... Il
» faut bien que j'aie un père pourtant! » Puis fixant ses regards
sur sa fille aînée, dont la ressemblance avec sa tante lui
rappelait sa sœur, il voyait la duchesse d'Angoulême... « C'est
» elle, s'écriait-il, avec qui j'aurai affaire ; elle toute seule ;
» c'est sa faute, c'est elle qui devait me conduire... »

« La veille de sa mort, le Prince prononça très distinctement ces paroles presque prophétiques, qui ne nous permi-
rent plus de nous abuser sur l'issue de sa maladie : « Demain
votre père monte aux cieux ; c'est là la demeure qui lui a été
préparée. Là j'aurai un nom céleste qu'on ne me ravira
point. » Enfin, dans les dernières crises de cette navrante
agonie, ses paroles ne nous parvenaient plus qu'inintelli-
gibles ; mais l'intelligence du cœur en démêlait le sens et nous
transmettait ses pensées qui, toutes, étaient avec sa famille,
avec Dieu, avec la France. »

Et voici maintenant ce que signent les docteurs Southendam et Kloppert qui soignaient le mourant :

« Les pensées du malade s'arrêtaient principalement sur
feu son malheureux père Louis XVI, sur le spectacle effroyable
de la guillotine ; ou bien il joignait les mains pour prier et
demander, avec des paroles entrecoupées, de bientôt rejoindre
au ciel son royal père (1) ».

---

(1) Comme on avait dit que Naundorff était juif, j'ai voulu savoir ce qu'en
pensaient les médecins et voici la lettre que l'un d'eux me répondit :

« Monsieur l'Abbé,

» Quant à moi, il m'est possible de vous donner des renseignements de
l'infortuné père de Mme la princesse Amélie de Bourbon. Quant à M. le docteur Southendam, il est mort depuis plusieurs années.

» Dans son état grave (*sic*), j'ai assisté moi-même pendant que l'illustre
Naundorff prit un bain, et aussi après une douche. Je me rappelle très bien
de n'avoir observé *aucune trace de circoncision*.

» Dans l'espoir que cet écrit vous suffira, j'ai l'honneur, etc...

» Delft, 15 oct. 1882.

» Dr J.-G. KLOPPERT ».

On voit par les termes de cette lettre que la conviction du docteur à la
bonne foi de Naundorff persévérait encore près de quarante ans après la
mort du Prétendant.

Voici ce que signe un aide-de-camp du roi de Hollande, Guillaume III, un ancien ministre de la guerre, le général Th. Van Meurs, alors major d'artillerie :

« ... Ma présence continuelle dans sa chambre pendant sa maladie m'a mis à même de pouvoir bien observer toutes ses actions, toutes ses paroles. Eh bien ! tout ce que je lui ai entendu dire, alors qu'il pensait tout haut dans ses nuits sans sommeil, tout ce qu'il a dit dans son *délire*, et même peu avant sa mort, tous ces événements et la triste fin de cette vie de malheur sont pour moi autant de preuves convaincantes que le nommé Naundorff était le duc de Normandie, le véritable Dauphin, fils de Louis XVI, martyr de la politique et de la haine de ses plus proches parents. En foi de quoi je signe cette déclaration.

» Th. VAN MEURS, *lieutenant-général*.

» La Haye, ce 26 juin 1872 (1) ».

Ces officiers n'ont pas pensé que, dans le délire et entre deux râles, Naundorff jouait la comédie. Il ne l'aurait pas pu. Il n'aurait pas même pu le vouloir, puisque, dans le délire, la volonté ne dirige plus.

*
* *

Au surplus, sa bonne foi était rayonnante. Tous ceux qui ont vu Naundorff en ont été frappés. Le vicomte de la Rochefoucault, dont j'ai déjà parlé, en rendait ainsi compte à Madame : « Il n'y avait dans les manières, dans la suite des discours de ce personnage, rien qui ressemblât à de l'audace, à de l'imposture, bien moins encore à de la friponnerie... *La tête et le cœur en tournaient !* » Il y a dix ans, les adversaires les plus acharnés de Naundorff — j'ai désigné les deux ou trois derniers partisans de Richemont — se sentirent obligés de convenir que Naundorff était convaincu de son identité avec Louis XVII. Et comme cette conviction — une folie à leurs

---

(1) Jules Favre a présenté ces certificats à la Cour d'Appel dans le procès de 1874.

yeux — ne pouvait lui donner la mémoire intégrale de Louis XVII, ni les signes inimitables de son corps, ils dirent, pour se tirer d'embarras, que ces signes et cette mémoire lui ont été donnés... devinez par qui, lecteurs. Oh! vous pouvez donner votre langue au chat, vous ne devinerez jamais. Ces signes et cette mémoire... lui ont été donnés par le Diable! Ils ne voient pas que si Satan avait pareil pouvoir, il aurait le gouvernement du monde. Faut-il que la conviction intime de Naundorff ait été évidente!

Oui, c'est manifeste, il se croyait, non, il se savait le Dauphin. Donc, il l'était (1).

---

(1) Le peintre Lecourt a fait le portrait de Naundorff en 1835 chez M. le marquis de la Ferrière, et voici de lui un curieux rapport. (*Le véritable duc de Normandie*, par Bourbon-Leblanc, livraison d'août 1835. On peut dire que ce rapport de Lecourt est le verdict de l'art: un artiste est physionomiste par vocation.)

« ... Je m'abstenais de fixer mon regard avec cette pénétration qui importune et même qui offense, et j'attendais d'être confirmé dans mes dispositions pour reconnaître cette noble victime, monument vivant et sacré de tant d'épreuves douloureuses et déchirantes. Pénétré de souvenirs si chers et si augustes, j'étais ému, et le regard doux et paisible qu'il fixa sur moi me rendit tout le calme nécessaire à l'observation. Il me tendit la main avec cette sécurité parfaite d'un homme dont la conscience et le cœur sont d'accord avec tout ce qui est bien. Son expression alors fut telle que je me serais reproché de concevoir un doute affligeant et honteux pour lui comme pour moi...

J'ai jugé alors, comme étant un des meilleurs caractères que je connaisse, celui du Prince que je signale. On peut jouer un rôle. On peut le prendre avec une adresse extraordinaire, y tenir longtemps encore, c'est possible ; mais toujours le conserver, cela ne se peut : et je le répéterai :

Chassez le naturel : il revient au galop.

L'on m'a dit que là encore, je me trompais. J'ai répondu que ma conviction était irrésistible. L'impression que j'avais de ce personnage était pour moi sacrée désormais ; il est pour moi le véritable *duc de Normandie*. J'excuse ceux qui contestent encore en attendant qu'ils arrivent à une conviction ! Oui, quand on voit une attitude fière, sans affectation, ce je ne sais quoi de grand et de dignement modeste dans la conversation et jusque dans les gestes, il est juste de nier qu'il y ait de la ruse et de la fraude. Oui, cette belle face tranquille quand elle me regardait, m'a fait une impression des plus agréables ; et, quand sa main serrait avec affection la mienne, il me semblait dire silencieusement : « Oui, c'est moi comme c'est toi-même qui, malgré toi, hésites à me reconnaître. »

XI

LA MARQUE DE FABRIQUE

Dernièrement, le curé qui a quitté ma paroisse depuis quinze ans, y est revenu un jour de marché. Il a traversé la foule qui l'arrêtait à chaque instant. Il s'y prêtait volontiers, heureux de l'accueil qu'on lui faisait ; et non seulement le brave homme reconnaissait tout son monde, mais il *reconnaissait* même les enfants nés depuis son départ : « Toi, petit, disait-il, tu es un Thomas, de la Boulinière, n'est-ce pas, et toi, ma fille, tu es la fille à la Durand, de Montifault, j'en jurerais ? » Et le digne homme ne se trompait pas. « Oh ! disait-il à une autre, comme tu as bien le geste et la démarche de ton père ! Comme tu as le timbre de voix de ta grand-mère ! »

Naundorff avait-il avec les Bourbons des traits de famille ?

S'il en avait ! Mais c'est-à-dire que ses traits, son pas, son geste, sa voix, toute sa personne enfin, mettait sous les yeux des anciens serviteurs de Louis XVI, le portrait *vivant* du Roi-Martyr et de Marie-Antoinette (1). L'arrêt de la Cour d'Appel de Paris a reconnu, nous l'avons vu plus haut, son type bourbonien. Mais laissons parler des témoins plus autorisés encore que MM. de la Cour.

Voici ce qu'écrivait à ce sujet le marquis de la Feuillade, le 2 août 1836 : « Je puis affirmer que M. Naundorff ressemble prodigieusement à la Reine et qu'il a aussi des traits et de la tournure de Louis XVI. »

---

(1) « Tous ou presque tous, nous portons plus ou moins, sur notre visage, notre *marque de fabrique*. Cela n'est pas sans inconvénients, parfois. L'inconvénient est plus grave si la ressemblance frappante rappelle quelque bourgeois ou châtelain du voisinage. *La marque de fabrique est alors une vengeance de la Providence.* Et s'il s'agit non pas d'un châtelain voisin, non pas même d'un puissant personnage, mais du Roi ? Et si le réclamant ressemble, traits pour traits, non seulement au Roi, mais à la Reine ? La situation se corse alors, car il s'agit donc d'un enfant *légitime,* perdu ou méconnu. »

La marquise de Broglio-Solari déclare, en 1839 : « Tous ceux qui ont jamais vu Louis XVI retrouvent dans le duc de Normandie sa ressemblance parfaite ».

Mme de Saint-Hilaire dit, dans une lettre du 10 juillet 1836 : « Il avait tous les traits réunis de son père et de sa mère, particulièrement le regard de Louis XVI, tellement frappant que, pour nous, il nous semblait avoir le roi en notre présence ». Nous avons vu plus haut que cette dame avait écrit la même chose à la duchesse d'Angoulême.

M. Marco de Saint-Hilaire atteste aussi, le 17 décembre 1834 : « que le prince Charles-Louis a tous les traits de sa famille, les manières, les habitudes, les goûts de son auguste père ».

M. Brémond écrit : « La figure de M. Naundorff me frappa et je l'observais attentivement lorsqu'il me demanda si je le reconnaissais. Je lui répondis que non, mais que le bas de son visage me rappellait celui d'une auguste personne ».

Mme de Rambaud dépose, le 12 juillet 1837 : « Ses traits, les marques particulières dont il est porteur et notamment celle de l'inoculation que j'ai vu faire, son port, sa ressemblance avec le roi Louis XVI et la reine Marie-Antoinette sont les motifs qui me déterminent très consciencieusement à penser qu'il est le véritable fils de Louis XVI ».

Puis, elle ajoute : « Je dois dire que M. de Joly, dernier ministre de la Justice, ne faisait point de doute sur l'identité du Prince. Il lui avait trouvé dans la démarche, dans la voix et jusque dans les inflexions de cet organe, des rapports avec Louis XVI qui l'avaient profondément frappé ». En effet, ce ministre dit dans son témoignage : « Il a le verbe, les gestes et la démarche de Louis XVI, et ce sont de ces choses qui ne s'imitent pas » (1).

Oui, ce sont des choses qui ne s'imitent pas. On conçoit —

---

(1) Citons encore quelques autres témoignages :

« A en juger par les traits du visage, Naundorff serait un Bourbon », disait à Spandau un garde du corps de Louis XVI, le baron Duvivier de Tombebœuf.

Voici ce qu'écrit un médecin-dentiste de Madame Royale, le chevalier de Cosson : « Sa ressemblance frappante avec ses augustes parents, tels que je

difficilement — un jeu de la nature qui donne à deux hommes, étrangers par le sang, même visage, même verbe, même regard, même allure. Mais on ne conçoit plus du tout qu'un imposteur ait les traits du père *et de la mère* auxquels il prétend rattacher sa naissance. Or, Naundorff et ses enfants rappellent à la fois les types des deux maisons de Bourbon et d'Autriche-Lorraine. Cette *double* ressemblance me semble une probabilité si haute qu'elle donne, à elle seule, la certitude morale (1).

*
* *

Eh bien ! admettons cependant qu'il n'y ait là qu'une puissante induction et cherchons des preuves plus rigoureusement démonstratives. Le comte Gruau de la Barre écrit *(Survivance,* p. 281) :

« M. Bourbon-Leblanc avait vu aux Invalides un vieux

---

les avais connus, me fit une profonde impression : mêmes traits, même aspect, même air, mêmes manières ».

Le baron de Vidal, vieil émigré, demeuré en Hollande, fut chargé par le Gouvernement hollandais d'observer Naundorff « d'une cachette, pendant qu'il serait à table, sans que celui-ci s'en doutât. La conséquence en fut que le baron... fut tellement frappé par sa ressemblance... qu'il en fut ému jusqu'aux larmes ».

La duchesse d'Angoulême avait prié le vicomte Sosthènes de la Rochefoucault, ancien ministre de la Restauration, de constater si cette ressemblance était réelle. Le vicomte, gêné pour dire à Madame une vérité déplaisante, osa lui répondre néanmoins : « Je me trouvais en présence d'un homme dont on ne peut nier quelque ressemblance vieillie avec les portraits bien étudiés de Louis XVI et les traits généraux de la famille de Bourbon ».

(1) Les Tribunaux continuent encore, à l'occasion, à s'appuyer sur la *ressemblance.* Voici un cas qui a été résolu récemment par le tribunal de Toulouse. Par suite de circonstances particulières, le fils d'une femme, Julie Delga, avait été abandonné, puis cet enfant était tombé entre les mains d'une demoiselle Philomèle Sicard, qui le déclara comme sien à la mairie. Julie Delga, deux ou trois ans après, eut toutes les peines du monde à retrouver son fils dans les mains de cette dernière, qui refusa de le rendre, s'en prétendant la vraie mère. Le tribunal, devant lequel le différend a été porté, s'est trouvé en face d'un enfant enregistré sous la rubrique *père et mère inconnus* et réclamé à la fois par deux mères. Les juges se sont déterminés *d'après la ressemblance* : le petit garçon est, paraît-il, le portrait frappant de Julie Delga.

militaire auquel il parla de sa croyance à l'identité du prétendant.

» Si c'est bien lui, observa l'invalide, il doit avoir deux dents de lapin ». On nommait ainsi les deux dents du milieu de la mâchoire inférieure qui étaient très saillantes en dehors des autres. Tous ceux qui ont connu particulièrement le Dauphin savent qu'il avait en effet deux dents ainsi placées et ainsi nommées. Dès que M. Bourbon-Leblanc fut de retour, il vérifia le fait et s'assura de son exactitude.

» Le Dauphin portait une cicatrice à la lèvre supérieure, provenant de la morsure d'un lapin. Il me raconta qu'ayant perdu dans le jardin de Trianon un lapin qu'il aimait beaucoup, il avait éprouvé tant de joie quand on le lui rapporta qu'il l'embrassa fortement en le pressant sur sa poitrine. Le pauvre petit animal, presque étouffé dans l'étreinte affectueuse, mordit le Dauphin, qui alors le jeta par terre en lui disant : « Allez, Monsieur, *vous êtes un aristocrate.* » Un témoin de ce fait existait à Orléans, la femme Souillard, dont le mari avait un service au château à l'époque de l'accident. Je fis un voyage à Orléans, en 1839, pour y voir la famille Verdys, l'une des plus dévouées au Prince. Mme Verdys avait parlé de l'orphelin du Temple à la brave femme Souillard. Son grand âge ne lui permettant pas de sortir, elle manifesta un grand désir de me voir. Nous allâmes lui faire une visite, et elle me demanda si je connaissais l'anecdote relative au lapin. Sur ma réponse affirmative, elle me redit tout au long l'aventure, telle que je la savais : c'était ELLE qui avait retrouvé le lapin. J'ignorais pourquoi le Prince avait traité son lapin d'*aristocrate,* n'ayant pas même songé à lui en adresser la question ; mais dès qu'elle m'eût rappelé l'expression étrange que je connaissais déjà, je la fis s'expliquer. « C'est, me dit-elle, parce qu'il était *blanc* ». Il faut convenir que ces menus détails sont d'une démonstration d'identité sans réplique, surtout quand la confirmation des souvenirs du Prince nous est acquise en dehors de lui d'une manière aussi imprévue ».

La veuve du cordonnier Simon, qui fut au Temple, le brutal gardien du Dauphin, affirme aussi, dans sa déposition officielle de 1817, l'existence de cette dernière cicatrice et lui donne la même cause.

Enfin le Prince avait été inoculé, ce qui était alors une nouveauté. L'inoculation était chose toute nouvelle, fort peu répandue, inconnue du peuple. Aussi les faux-dauphins, tous issus de bas étage, étaient-ils incapables de montrer sur leur corps les stigmates de l'inoculation. Naundorff, lui, avait été inoculé et il portait exactement les mêmes stigmates que le Dauphin. Voici ce qu'en dit Mme de Rambaud :

« Le Prince fut inoculé au château de Saint-Cloud, à l'âge de deux ans et quatre mois, en présence de la Reine, par le docteur Jouberton..., les docteurs Brunier et Loustonneau... Témoin de cette inoculation, j'affirme aujourd'hui que ce sont les mêmes marques que j'ai retrouvées, auxquelles on donna la forme d'un *triangle*. » A cette époque, en effet, la Reine et Mme de Lamballe, son intime amie, parlent franc-maçonnerie, dans leurs lettres, ne se doutant guère du terrible jeu qu'elles jouent là... Disons cependant que la pointe du triangle est en haut : il n'est point maçonnique.

Est-ce assez, lecteurs ? (1) Non ? Eh bien, vous avez raison. Pourtant, je ne vois pas trop comment un imposteur pourrait avoir sur le corps les mêmes cicatrices que le Dauphin. En se faisant les mêmes plaies, obtiendrait-on les mêmes cicatrices ? C'est plus que douteux. Pourrait-on donner à ses dents une conformation qu'elles n'ont pas naturellement ? Cela ne me paraît pas bien prouvé, mais enfin, c'est possible peut-être, et par conséquent, il nous faut chercher d'autres preuves. Il faut quelque chose d'*inimitable*, quelque chose qui défie la contre-façon. Si Naundorff avait sur le corps un signe naturel et inimitable que le Dauphin avait aussi, Naundorff était le Dauphin.

* *
*

Eh bien, il en avait trois, 1° le col court et ridé d'une façon très spéciale ; 2° une sorte d'excroissance, en forme de fraise,

---

(1) Après le terrible incendie du bazar de la Charité, on n'avait pas, pour identifier les cadavres, pareil luxe de preuves. On se contentait d'une dent aurifiée, de la trace d'une opération, d'une médaille, d'un anneau, parfois d'un détail de toilette connu d'une seule femme de chambre. Au contraire, pour identifier Naundorff avec Louis XVII, les preuves paraîtraient surabondantes à l'inventeur de la mensuration anthropométrique, au fameux M. Bertillon.

sous le téton droit ; 3° et sur la cuisse, le signe du Saint-Esprit.

Ecoutons Mme de Rambaud, parlant devant la justice et n'oublions pas que, berceuse et première femme de chambre de M. le Dauphin, c'est elle qui le nettoyait et l'habillait.

« Des remarques que j'avais faites sur sa personne ne pouvaient me laisser aucun doute sur son identité partout où je l'eusse retrouvé.

» Le Prince avait, dans son enfance, le col court et *ridé d'une manière extraordinaire.* J'avais toujours dit que si jamais je le retrouvais, ce serait un indice irrécusable pour moi...

» Sa tête était forte, son front large et découvert, ses yeux bleus, ses sourcils arqués, ses cheveux d'un blond cendré, bouclant naturellement. Il avait la même bouche que la reine, et portait une petite fossette au menton. Sa poitrine était élevée. J'y ai reconnu plusieurs signes alors peu saillants, et *un particulièrement au sein droit...* » C'est enfin *identiquement* le même personnage que j'ai revu, à l'âge près... »

Mais il est un autre signe plus caractéristique encore. Il s'agit du *signe du Saint-Esprit.* Voici à ce sujet un précieux témoignage, reçu par M. l'abbé Berton, du diocèse d'Orléans, alors curé de Chantecoq.

« Un jour, m'entretenant avec le Prince du témoignage de Mme de Rambaud, fondé en partie sur les signes naturels qu'il portait sur son corps, je lui demandai si le signe du Saint-Esprit, formé par la nature par de petites veines entre chair et peau, *dont m'avait parlé Mme de Rambaud elle-même,* était toujours visible. Il me répondit : « Oui, et je veux que vous le voyiez vous-même, pour que vous en rendiez témoignage ». Je m'y refusai, en disant que je ne mettais pas en doute celui de la vénérable dame de Rambaud. Le Prince insista. Nous étions seuls, et, après avoir pris les précautions prescrites par la décence, il me fit voir le signe indiqué sur la cuisse gauche. Il représentait un pigeon plongeant, la tête en bas et les ailes déployées. Je l'ai vu de mes yeux et touché de mes mains comme l'apôtre Saint-Thomas. Il n'y avait ni tuméfaction de la peau, ni rudesse au toucher. C'était évidemment naturel. J'ajoute que les veines qui dessinaient le signe étaient d'une nuance rose qui le faisait ressortir sur une peau blanche et douce... En foi de quoi, je signe avec assurance la présente déclaration, quoique son souvenir remonte à peu près à un demi-siècle.

L'Abbé J.-B. LAPRADE.

Mazerolles, le 8 novembre 1882. »

Je puis encore vous citer, à ce sujet, les attestations de M. le comte Gruau de la Barre, de M. le docteur Faure (de Périgueux), de M. Morel de Saint-Didier, de M. l'abbé Fustier, vicaire général de Tours, de M. de Montfleury, de M. Brémond, de M. Albouys, ancien juge d'instruction à Cahors, etc.

Mais il faut prouver aussi direz-vous, que le Dauphin portait ce signe du Saint-Esprit ?

Sans doute — Il y a sur ce point le témoignage formel de Mme de Rambaud, qui se faisait du signe du Saint-Esprit un argument d'identité auprès de tous. Le pamphlétaire Thomas en convient dans son *Naundorff* déjà cité, comme M. l'abbé Laprade dans le témoignage ci-dessus.

Il y a le témoignage du docteur Jeanroy, médecin de la famille royale, qui, au moment de l'évasion dit à Mme de Saint-Didier : « Madame, si le Prince a été sauvé du Temple (1), on le reconnaîtra entre dix mille par un signe remarquable qu'il porte à la cuisse. »

Il y a le témoignage de M. Brémond, ancien secrétaire de Louis XVI, qui connaissait l'existence de ce signe, tout en le croyant tatoué.

Il y a l'aveu implicite de la duchesse d'Angoulême, qui n'a jamais fait démentir que son frère eût ce signe, quoique Naundorff s'en prévalût auprès d'elle. Certainement, si le Dauphin n'avait pas eu ce signe, elle lui eût répondu toute triomphante : « Vous mentez. Mon frère n'avait pas ce signe et, manifestement, vous êtes un imposteur ! » Mais elle a bien été obligée de garder le silence... (2)

---

(1) Jeanroy avait bien vu, en faisant l'autopsie de l'enfant mort au Temple que cet enfant n'avait pas le signe du Saint-Esprit, et n'était pas le Dauphin. Mais il ne savait pas ce que Louis XVII pouvait être devenu et se demandait si la Convention ne l'avait point fait périr.

(2) Le silence ! Elle l'a gardé aussi à un certain moment dans la soirée du 4 août 1834. Ce jour-là, elle dînait au château de Pilnitz et se trouvait à

Encore un mot. Je me permets de le répéter après la mère Génie : Rotschild est riche et peut se payer pas mal de choses, même des consciences à la douzaine ; il ne peut pas cependant se payer un Saint-Esprit en veines sur la cuisse.

Eh bien, je le dis maintenant en me résumant :

(*a*) Les cicatrices identiques ;

(*b*) Les marques d'inoculation identiques ;

(*c*) Le signalement identique des yeux, des cheveux bouclant naturellement, du front, du menton à fossette, de la poitrine, de tout le corps ;

(*d*) La double ressemblance des traits, du geste, de la démarche, de la voix, avec les deux maisons de Bourbon et d'Autriche-Lorraine ;

(*e*) Les dents identiques ; et, par dessus tout :

---

côté du roi de Saxe (Antoine Ier) ; le duc de Bordeaux était auprès de la Princesse Royale. Tous les deux ne se doutaient guère que, dans une galerie supérieure surplombant la salle de festin, se trouvaient l'épouse de Naundorff avec ses enfants. Ils y avaient été amenés par Mme de Génerès (amie des Naundorff), Mme Forest (ancienne femme de chambre de la feue reine de Saxe), et reçus par Mlle Dupont (attachée, comme gouvernante à la maison du prince Jean de Saxe).

Les nobles hôtes quittèrent la table pour aller prendre le café, Mme de Génerès, la famille du Prince et les deux dames qui les accompagnaient étaient venues se placer, avec d'autres personnes admises sur le passage de la Cour, dans la galerie vitrée. La duchesse d'Angoulême donnait le bras au roi. Vivement troublée à l'aspect de la famille du Prince, si visiblement royale par *la ressemblance de tous les enfants avec les Bourbons*, elle fixa surtout la fille aînée et, se tournant vers le roi, lui demanda : « *Qu'est-ce que c'est cette famille-là ?* » Personne n'entendit la réponse, mais un témoin du saisissement de la duchesse d'Angoulême a raconté l'anecdote à un ami d'Allemagne, M. le docteur de Caro, qui écrivit au Prince, entre autres détails.

« Je ne sais plus si, dans ma dernière lettre remise à M. Cooper, je vous ai dit que le vieux baron de Gablentz, lieutenant-général, commandant militaire de Dresde, a dit à un comte Michel Potocki, qui l'avait questionné sur l'existence du duc de Normandie, *qu'il était bien ce qu'il disait être, qu'il avait été témoin de l'émotion qu'avait causée à la duchesse d'Angoulême, à Pilnitz, la vue des enfants de son frère, qui s'étaient placés sur son passage.* »

Or cette émotion de Madame, qu'est-ce qui la provoquait ? La connaissance qu'avait la Princesse du fait de l'évasion *et de la ressemblance de famille*.

(*f*) Les rides du cou identiques ;

(*g*) L'excroissance du sein identique ;

(*h*) Enfin, le signe du Saint-Esprit identique, démontrent d'une façon matérielle et absolue l'identité de Naundorff avec Louis XVII.

Si ces marques de fabrique — pardon de ce mot brutal, — si ces marques *de fabrique*, et *surtout leur réunion dans un même sujet* ne prouvent rien, alors qu'est-ce qui prouvera quelque chose ?

Donc, Naundorff était bien le Dauphin, l'infortuné Louis XVII. C'est d'une évidence aveuglante.

XII

HIER, AUJOURD'HUI, DEMAIN

Oui, c'est d'une évidence éclatante, et cette évidence s'imposera peu à peu à la nation française, ou du moins à toute la partie saine du peuple, à tous les citoyens qui, sans regretter les abus et les formes surannées de l'ancien régime, n'ont pas adopté les impiétés et les utopies de la Révolution. Charles XI, notre feu Prince, aimait la liberté et l'égalité comme vous, lecteurs, et comme moi. Il était de son temps, et ce, d'autant mieux qu'il a été *peuple* et que le pain qu'il mangea, il l'avait gagné, à la sueur de son front. Non seulement, il a été voyageur de commerce, mais il a été homme d'équipe au chemin de fer à six cents florins par an. Cela n'empêcha pas ce Roi-Ouvrier d'avoir des sentiments dignes de ses ancêtres, et de continuer la lignée des rois Très Chrétiens, fils aînés de l'Eglise. Le jour de Noël 1883, il signait une déclaration royale, introduisant le Sacré-Cœur parmi les lys dans l'écu de France. Voici cette déclaration que je copie sur l'original.

« Moi, Louis Charles de Bourbon, fidèle au vœu de mon aïeul Louis XVI, le Roi-Martyr, je déclare que de mon plein gré, je renouvelle et confirme le changement déjà fait des armes de notre Maison.

» Je veux que le Sacré-Cœur brille dans notre écusson, qu'il soit brodé dans nos étendards.

» Je consacre ma personne, ma famille et le royaume de France à ce divin Cœur.

» CHARLES »

La *Légitimité* du 6 janvier 1884 — jour des Rois ! — publiait cette déclaration avec le manifeste qui suit :

« Français !

» La mort de mon cousin, M. le comte de Chambord, déchire tous les voiles, et, en brisant sans retour des espérances mal fondées, vous rappelle nécessairement le souvenir de l'Orphelin du Temple, Louis XVII, mon infortuné Père.

Plus d'hésitation. Choisissez :

Ou les princes d'Orléans, c'est-à-dire la violation de la loi salique, ce palladium antique de la patrie française ; les d'Orléans ! c'est-à-dire l'incarnation vivante de la Révolution.

Ou bien le petit-fils du Roi-Martyr.

Seul, le petit-fils de Louis XVI réunit tous les titres à votre amour. Son aïeul et son père sont morts en priant pour la France. Lui-même a souffert beaucoup et souffre encore.

Vous connaissez la tradition presque séculaire qui a toujours affirmé la délivrance de l'Orphelin du Temple, répudié par sa famille et par les gouvernements qui furent les mystérieux instruments, et de la justice éternelle, et de ses vues de miséricorde infinie sur nous tous : *la Providence réservant le sang du Roi-Martyr pour mettre fin aux discordes.*

Français !

Le fils aîné de Louis XVII, ému de vos désastres inouis dans l'histoire, vous tend une main pour vous relever ou pour périr glorieusement ensemble. De l'autre il lève le drapeau blanc, marqué du signe de la victoire, *le Sacré-Cœur du Christ,* qui aime encore les Francs, et vous offre de le conduire avec vous sur le chemin de *l'honneur* et de la *gloire.*

Légitimistes fidèles, hommes religieux de tous les partis, accablés par l'inquiétude, la douleur, le désespoir, je viens vous dire :

Non, rien n'est perdu !

J'offre mon dévouement à l'Eglise. L'indépendance du Souverain Pontife m'est chère et je suis résolu à l'affermir sur des bases inébranlables. Je veux que Dieu règne en maître. J'aspire à être le bras de fer qui réalisera ce programme.

Je veux une monarchie chrétienne, paternelle et forte.

J'aurai pour les classes souffrantes les entrailles de Henri IV, mon aïeul.

Je veux l'égalité absolue devant la loi ; pour tous également, l'admission aux emplois et aux honneurs ; la suppression des abus ; la diminution notable des impôts.

Je protègerai l'agriculture, source de toutes richesses, de bien-être et de moralité.

Je m'occuperai avec sollicitude du sort de tous les ouvriers.

Tel est mon programme à l'intérieur.

A l'extérieur, je n'aurai d'autre mobile que la gloire de notre patrie, et, pour agir, pas d'autres moyens que l'honnêteté et la force mises au service du droit.

Je ramènerai enfin la religion, la paix et l'honneur sacrifiés pendant près d'un siècle, par suite de la méconnaissance du dernier roi légitime de France, mon infortuné père.

Je suis le Droit et le pilote nécessaire.

Teteringen (1), le 18 décembre 1883.

CHARLES. »

A la fin de l'année 1884, Charles XI, après avoir reçu au Vatican la bénédiction de Léon XIII, en présence de M. le comte de Beaumont d'Auty et de M. le Marquis de Meckhenheim, venait à Paray-le-Monial, au berceau de la dévotion du Sacré-Cœur de Jésus et déposait, sur la châsse de la Bienheureuse Marguerite-Marie, une nouvelle proclamation aussi chrétienne et aussi vibrante.

Le 8 octobre 1897, son neveu et héritier, le prince Auguste-Jean lui demandait son consentement royal pour épouser Mlle Magdelaine (2) Cuillé. Ce consentement fut donné le 11 octobre.

Mais, sans doute, il me faut raconter ce mariage? Je vais en emprunter le récit à un journal de Montpellier, le *Midi-Télégraphe*, dont les opinions politiques ne sont pas les nôtres (3), mais dont les sympathies sont acquises, à titre personnel, à l'infortunée famille de Bourbon. Le récit est parfois pittoresque. Il a pour titre : *Les Bourbons de Lunel* et il est signé *Chantelys*.

« Un homme rudement embarrassé, c'était M. le curé-doyen de Lunel, le mardi 8 février 1898, vers 9 heures du soir. Dans sa sacristie illuminée, il se promenait en costume de chanoine,

---

(1) Petite ville de Hollande, près de Bréda.

(2) C'est l'orthographe locale.

(3) On voudra donc bien se souvenir, au cours de cette citation un peu longue, que ce n'est pas nous qui parlons.

allant de la porte qui communique avec le presbytère à celle qui s'ouvre sur l'église, et revenant sur ses pas, les mains derrière le dos. Parfois il s'adossait au chasublier et restait immobile, les bras croisés, dans une méditation inquiète. Ses vicaires, chacun devant leur placard ouvert, se revêtaient de l'habit de chœur et regardaient M. le curé du coin de l'œil. Deux autres prêtres, étrangers à la paroisse, conversaient à voix basse. Tous deux étaient vêtus du simple surplis. L'un d'eux, le plus âgé (1), portait l'étole d'or du célébrant. C'est lui qui allait marier les époux qu'on attendait.

» C'est fort étrange, dit-il à M. le doyen. Dans le Loiret, nous ne marions aux flambeaux que les époux qui ont des motifs de se cacher.

» — Ici, répondit le doyen, tout mariage select se fait à une messe de minuit. Mais Monseigneur de Montpellier vient tout récemment de nous le défendre. Alors la bonne Madame Gabaudan a demandé neuf heures. Je n'ai pas voulu lui opposer un refus, mais je le regrette. Il peut y avoir des désordres. Et en tous cas, nous allons avoir une cohue indescriptible, un bruit terrible. D'autant plus que la curiosité est violemment surexcitée par ce nom de Bourbon, si retentissant. Vous aurez du mal à vous faire entendre, mon cher confrère.

» — J'ai bonne voix, dit le célébrant. Je suppose d'ailleurs, que les jeunes Princes sont sympathiques à la population ?

» — Oui, monsieur le curé, ces jeunes gens jouissent de l'estime et de la bienveillance de tout le monde ici, ainsi d'ailleurs que M. Gabaudan et sa famille.

» — Particulièrement mademoiselle Magdelaine, sa nièce, observa l'un des vicaires. Elle est irréprochable et parfaite. La curiosité du peuple ne sera point hostile, mais nos foules méridionales sont impressionnables et bruyantes. Un mot de trop dans une circonstance comme celle-ci, pourrait déchaîner une tempête.

» — Messieurs, reprit le célébrant qui voyait une invite en ces dernières paroles, j'ai tantôt cinquante ans et ne suis plus un étourdi. Je suis un petit curé de campagne et, pour plus d'un

---

(1) M. l'abbé Berton, alors curé de Saint-Brisson, Loiret. Le plus jeune était M. l'abbé Picoche, alors vicaire de Briare-le-Canal.

motif, j'ai besoin de la paix. Je ne tiens pas du tout à me faire priver de traitement, par l'honnête gouvernement qui nous régit. Je tiens, moins encore, à me faire donner un coup de crosse par mon évêque. C'est vous dire que je serai absolument sage en mon épithalame. Je ne veux pas déplaire aux puissances et je veux plaire à mon cher Prince. C'est bien faisable et je crois y avoir réussi. Du reste, si M. le doyen veut le constater... ».

Et le célébrant fit mine de remettre à M. le doyen un manuscrit roulé, dont les feuillets étaient attachés par une faveur rose. Le doyen s'enfuit, en s'écriant : « Ah ! non, par exemple, ah ! mais non ! ». Et dans sa fuite, il se retourna en disant : « Je veux pouvoir dire.... ». Qu'est-ce que le doyen de Lunel voulait pouvoir dire ? On ne le sut jamais (1), car à ce moment s'ouvraient les portes de l'église et le peuple entrait. Curés, vicaires, bedeaux, se hâtèrent de quitter la sacristie et allèrent se poser devant la grille fermée du sanctuaire pour défendre contre l'invasion les places réservées aux époux et à la famille. En effet, une avalanche de deux mille personnes, courantes et bruyantes, versait ses flots de monde dans l'église. En trois minutes, toute place fut prise. On voyait des grappes humaines jusque sur les marches de la chaire, jusque sur le buffet des grandes orgues. Tout cela causant, riant, s'interpellant. Les deux prêtres orléanais en étaient suffoqués. Jamais ils n'avaient vu ça ! Dans la Beauce et le Gâtinais, on ne va pas souvent à l'église, mais quand on y va on se tient bien. Le doyen, rentré à la sacristie, levait les bras au ciel :

« Eh bien, l'abbé, disait-il à un vicaire, comment allons-nous faire ? Cette foule veut voir et entendre. Or les trois premiers rangs seuls entendront. Les autres vont se précipiter dessus et nous aurons un écrasement général.

— » Monsieur le doyen, dit le plus jeune des deux prêtres orléanais, garçon à l'aspect aimable et ferme, décidé et distingué, vos paroissiens entendent-ils le français ?

» — Mais oui.

---

(1) M. l'abbé Jeanjean, curé de Lunel, est mort l'an d'après.

» — Eh bien, je me charge de leur demander le silence, et nous l'obtiendrons. Seulement voici ce que j'ai l'honneur de vous proposer. Au lieu d'adresser la parole aux époux, du pied de l'autel, nous monterons en chaire et c'est du haut de la chaire que mon confrère leur parlera.

» — Dans le dos alors?

» — Mais non. Les époux se tourneront vers l'orateur, et ainsi toute l'assistance entendra.

» — Faites donc, dit le doyen désemparé, mais je ne réponds de rien ».

A ce moment, on entendit rouler sur le pavé les douze voitures à deux chevaux, qui amenaient les époux et les invités. Tout le monde monta sur les chaises pour voir passer la mariée, vêtue de satin blanc, conduite à l'autel par M. Gabaudan, son oncle. De la tribune, une amie, la comtesse Spadina chante l'*Ave Maria*, de Gounod. Un peu d'émotion, en commençant, ne fait qu'ajouter au charme de sa voix. Les deux prêtres orléanais montent en chaire, et le plus jeune, en fort bons termes, demande le silence et obtient d'abord que tout le monde veuille bien s'asseoir. Les époux se tournent vers l'orateur. Celui-ci, profitant d'un instant d'accalmie, s'incline lentement et respectueusement vers le marié et dit :

« *Monseigneur...* »

A ce mot-là, la curiosité s'exalte, car enfin celui qu'on appelle ainsi est un petit jeune homme sans position, sans fortune, recueilli depuis quelques années par un négociant en vins de Lunel, M. Clément Gabaudan, chez lequel il a une situation assez mal définie : on le traite de prince et il écrit des factures. Il est à la fois hôte royal et commis. Aujourd'hui le commis épouse la nièce de son patron et voilà que publiquement, officiellement, du haut de la chaire chrétienne, on le qualifie *Monseigneur*.

Aussitôt, on entend dans tous les rangs de l'assistance : « Chut ! chut ! Tout le monde assis ! » Cinq secondes après, s'il y avait eu une mouche en février dans l'église de Lunel, on l'eût entendue voler.

L'orateur, ayant obtenu ce silence profond, absolu, pro-

Prince Auguste-Jean

(JEAN III)

nonça l'allocution que voici. Nous la trouvons (1) dans le *Fanal*, de Lunel.

« Monseigneur,
« Mademoiselle,

« Vous voici l'un et l'autre aux pieds des autels. Vous venez demandez à Dieu de consacrer votre amour, à l'Eglise de recevoir vos serments. Quelle parole un prêtre, uniquement prêtre, peut-il et doit-il vous faire entendre ? Notre chef et notre modèle, le Pape Léon XIII, n'a qu'un souci : sauver le plus d'âmes possible et, pour cela, s'entendre cordialement avec tous les pouvoirs de droit ou de fait, quelles que soient leurs formes contingentes.

» Docile matelot de l'équipe apostolique, les yeux fixés sur le pilote, je garderai donc, même ici, une absolue déférence aux directions pontificales. Je ne veux point oublier toutefois ce qu'écrivait naguère le noble et saint évêque de Montpellier (2), en des circonstances qui avaient bien avec celles où je me trouve quelques lointaines analogies :

« Le Pape, écrivait-il, a accueilli avec bienveillance ces
» ouvertures filiales... Ses paroles paternelles m'ont réjoui et
» consolé. La fidélité, quand elle est discrète et silencieuse,
» n'est jamais un acte de rébellion, et l'Eglise romaine, si
» douce aux vaincus, a montré par toute son histoire qu'elle
» mettait la mémoire du cœur et le culte du souvenir au rang
» de ces vertus naturelles sans lesquelles la grandeur d'âme
» n'est qu'un vain mot ».

» J'ai donc le droit, laissant à Dieu l'avenir, de me souvenir du passé et d'en parler suivant les plus intimes convictions de mon âme : « *Credidi, propter quod locutus sum !* »

» Or, je me souviens, Monseigneur, du groupe ravissant que j'eus sous les yeux, un soir de septembre 1882, dans un petit manoir du Poitou. La fille aînée de Louis XVII, Madame Amélie, faisait faire à ses neveux la prière du soir. Elle tenait leurs petites mains jointes, et les deux enfants, agenouillés aux pieds de Madame, priaient le Sacré-Cœur de Jésus pour

---

(1) C'est toujours le *Midi-Télégraphe* qui parle.
(2) Lunel est de son diocèse.

la France, pour la survivance du Roi-Martyr, pour les amis fidèles.

» L'an d'après, on les confia à l'Immaculée ; c'est à Lourdes, en effet, que vous fîtes, Monseigneur, votre première communion. Hélas ! à travers le nom d'emprunt que le prince Charles et vous, portiez modestement, transperça votre vrai nom, et, les préoccupations politiques d'alors paralysant la bienveillance, il fallut vous éloigner des Roches Massabielles. Plusieurs fois ce triste exode recommença (1). On dut, pour vous permettre d'achever vos études quelque part, cacher à tous le lieu de votre résidence, même aux plus fidèles amis.

» Un grand poète, trompé comme tant d'autres par le commun préjugé, prête au jeune Dauphin, au moment où il entre au ciel ces paroles que vous avez dû répéter à certaines dates de votre enfance :

> » J'étais proscrit bien jeune, et j'ignorais quel crime
> » J'avais commis dans mon berceau ».

» Oui, Monseigneur, vous avez dû partager parfois les étonnements que le poète prête à votre aïeul. Et, malgré tout, Madame Amélie et vos amis sont arrivés à leur but : vous procurer une éducation absolument catholique et française. Oui, grâce à Dieu, catholique et Français vous êtes jus'qu'à la moelle. Vous aimez la France, Prince ; eh ! ce sont vos aïeux qui l'ont faite ! Et vous aimez l'Eglise. Vous vous souvenez de ces paroles suprêmes de saint Louis mourant à son fils Philippe le Hardi : « Biau fils, je t'advertis d'être dévôt au Pape, car si tu es saint, et bon, et juste, la royauté restera dans ta famille. Sinon, elle passera à d'autres. » Hélas ! l'exil et la méconnaissance des vôtres, comme aussi les ruines des Tuileries, ont dépassé les prévisions du saint Roi ! Heureusement, vous êtes cette cinquième génération que Dieu ne frappe plus pour les péchés des pères.

» Mademoiselle,

» Votre fiancé vous apporte en dot le grand nom de Bour-

---

(1) Des Frères de Lourdes à Saint-Gauthier de Bourges, de Bourges au Dorat, du Dorat à Notre-Dame-des-Aydes de Blois, et enfin de Blois aux Eudistes de Versailles.

(Cliché de PÉNABERT, 38, Passage du Havre - Paris)

Princesse MAGDELAINE

bon, le plus glorieux de toute la terre. Il vous apporte aussi, et c'est plus précieux, une foi religieuse inébranlée et un cœur jeune dont les chastes désirs n'ont jamais eu que vous pour objet. Il vous apporte encore l'amour du travail et le noble orgueil de gagner sa vie lui-même. L'apôtre saint Paul, tout en semant dans le monde la bonne parole de l'Evangile, fabriquait des tentes. Il pouvait montrer aux fidèles ses mains calleuses et leur disait avec quelque fierté : « Ces deux mains-là m'ont nourri : *Ministraverunt manus istœ !* » Le Fils de France que vous épousez, Mademoiselle, partage cette fierté de l'Apôtre, et nous avons lu avec admiration l'expression de ces nobles sentiments dans les deux circulaires naguère envoyées par lui et son frère à leurs amis.

» Et vous, mademoiselle, vous et les vôtres, qu'apportez-vous au Prince ? Au sortir de ses études, il a été accueilli sous le toit de votre oncle, devenu bientôt son second père. Cœur ardent, âme généreuse, tel aujourd'hui que j'eus l'honneur de le connaître en janvier 1884, celui-ci s'est fait l'homme-lige du jeune Bourbon. Et puis, peu à peu, il s'est épris de tendresse pour son royal hôte, tendresse qui, par votre union, va devenir vraiment paternelle.

» Quand à vous, personnellement, Mademoiselle, je ne veux dire qu'un mot. Ceux de nos amis qui ont pu vous approcher et vous apprécier furent unanimes à dire : « La fiancée du Prince sera une femme accomplie ».

» D'ailleurs, en cette fin de siècle de démocratie débordante, n'être pas fille de Roi n'est plus péché, même véniel. Ainsi le comprit le Chef auguste de la Maison de Bourbon. Il écrivait hier à l'héritier de son nom : « En modifiant les destinées de » notre illustre race, en contraignant mon père à vivre du » travail de ses mains, en nous maintenant tous encore dans » le rang des humbles, Dieu nous a marqué une voie nou- » velle. Mes amis de France me disent que la jeune fiancée à » laquelle vous allez donner notre nom joint à une grande » piété, une intelligence noble et les meilleures qualités de » cœur. J'en suis heureux. Vous maintiendrez plus facilement » ainsi, avec elle, les traditions qui ont fait notre grandeur » dans le passé. Et si des heures moins effacées doivent sonner » pour vous, elles vous trouveront prêts à tous les efforts » pour la plus grande gloire de Dieu et le salut de la France ».

« Après cette parole du petit-fils de Louis XVI, je n'ajouterai rien. Et maintenant, Monseigneur et Mademoiselle, quels que soient sur vous les desseins de la Providence, vous allez vous unir pour les bons et les mauvais jours. Aimez-vous bien et puisse le Christ, dont le cœur sacré rayonne dans vos armes au milieu des lys, vous donner ici-bas tous les bonheurs du foyer, en attendant la couronne du Ciel, la seule vraiment enviable. En ce moment solennel, j'évoque et j'invoque le Roi et la Reine martyrs et cette douce Madame Elisabeth, les victimes augustes et pures de la Tour du Temple. J'évoque leur invisible et mystérieuse présence et j'invoque leurs paternelles et royales bénédictions ».

Au moment où l'orateur allait descendre de chaire, un homme, un employé du Télégraphe, ou de l'Eglise, ou de M. Gabaudan peut-être, en montait les marches et remettait au prêtre une enveloppe bleue, une dépêche. Celui-ci l'ouvrit, puis pâlit d'émotion, puis rayonna. « Prince, s'écria-t-il, vous avez aujourd'hui tous les bonheurs. On me remet une dépêche du Pape qui daigne vous bénir. Veuillez vous agenouiller et recevez cette bénédiction avec un respect religieux et une filiale reconnaissance ».

Depuis le marchepied de l'autel jusque sous le porche, toute l'assistance s'agenouilla comme si la bénédiction du Pape eût été pour elle. Et lentement, solennellement, le prêtre lut la dépêche du Vatican, signée de Mgr Marzolini, secrétaire de Léon XIII :

« *Prince de Bourbon, Lunel,*

» Saint Père accorde bénédiction apostolique au prince de Bourbon, à la princesse, sa jeune épouse.

» Marzolini » (1).

Ce fut un coup de théâtre. Pendant que chacun se relevait, frottant aux genoux son pantalon, de la main ou du mouchoir, la conviction entrait dans les cerveaux ; oui, c'était bien le petit-fils de Louis XVII qu'allait épouser cette bonne petite

---

(1) La *Croix* du 3 mars 1898 attaqua l'authenticité de cette dépêche pontificale. Elle fut obligée de se rétracter le 8 mars, et le fit loyalement.

Magdelaine. Les visages ecclésiastiques étaient détendus : allons, tout allait bien et l'aventure n'aurait pas de suites fâcheuses. Cependant, M. le doyen veillait encore. Au moment où le célébrant, descendu de chaire, allait poser aux deux époux les questions sacramentelles, M. le doyen demanda : « Le papier de la mairie, s'il vous plaît ? » Et l'époux dut exhiber son livret de famille.

Voici l'acte dont M. le doyen y put lire le résumé officiel :

EXTRAIT des registres de l'état-civil de la commune de Lunel (Hérault) :

« L'an mil huit cent quatre-vingt-dix-huit et le sept février, à quatre heures du soir, par devant nous, Teissier (Léonce) : adjoint faisant, par délégation du maire du deux juin mil huit cent quatre-vingt-seize, les fonctions d'officier d'état-civil de la commune de Lunel, département de l'Hérault, sont comparus publiquement dans la maison commune : le sieur de Bourbon (Auguste-Jean-Charles-Emmanuel), sans profession, âgé de vingt-cinq ans, résidant à Lunel, domicilié légalement avec sa mère à Ixelles (Belgique), né à Maëstricht (Hollande) le six novembre mil huit cent soixante-douze, suivant une expédition de son acte de naissance rapportée, majeur, fils légitime du défunt de Bourbon (Charles-Edmond), sans profession, domicilié, quand vivait, à Bréda (Hollande) et y décédé le vingt-neuf octobre mil huit cent quatre-vingt-trois, suivant une expédition de son acte de décès rapportée, et de dame Schœnlau Christina (Christine), sans profession, âgée de cinquante-cinq ans, consentant au mariage suivant acte reçu par Mᵉ Théodore Raymans, notaire à Bruxelles, le vingt-neuf novembre mil huit cent quatre-vingt-dix-sept, rapporté, d'une part ; et demoiselle Cuillé (Fanny-Marie-Magdelaine), sans profession, âgée de vingt et un ans, domiciliée avec sa mère à Lunel, née à Perpignan le dix-huit juillet mil huit cent soixante-seize, suivant une expédition de son acte de naissance rapportée, majeure, fille légitime du sieur Cuillé (Marcel), négociant, âgé de quarante-cinq ans, domicilié à Alger, consentant au mariage, suivant acte reçu par Mᵉ Auguste Guillemin, maire et officier de l'état-civil de la ville d'Alger, le trois janvier dernier, rapporté, et de dame Gabaudan (Claire), sans profession, âgée de quarante ans, ici présente et consentante, d'autre part ; lesquels comparants nous ont requis de procéder à la célébration du mariage projeté entre eux et dont les publications ont été faites à Lunel devant la principale porte d'entrée de la maison commune, les dimanche seize et vingt-trois janvier dernier, à midi, ainsi qu'il résulte du registre des publications mis sous nos yeux, et dans la commune d'Ixelles (Belgique), le deux janvier et durant le temps fixé par la loi, suivant un certificat rapporté.

Aucune opposition au dit mariage ne nous ayant été signifiée, faisant droit à la réquisition des parties, nous les avons interpellées, conformément à la loi, ainsi que la mère présente, sur l'existence d'un contrat ; lesquelles nous ont répondu qu'il en avait été passé un le cinq février courant par devant M⁰ Reboul (Paul), notaire à Lunel, suivant un certificat rapporté. Après avoir donné lecture de toutes les pièces ci-dessus mentionnées et des dispositions du Code civil au chapitre VI du titre du Mariage sur les droits et les devoirs respectifs des époux, nous leur avons demandé s'ils voulaient se prendre pour mari et pour femme ; chacun d'eux nous ayant répondu séparément et affirmativement, nous avons prononcé, au nom de la loi, que de Bourbon (Auguste-Jean-Charles-Emmanuel) et Cuillé (Fanny-Marie-Magdelaine) sont unis par le mariage. Dont acte, fait et lu publiquement aux parties, en présence des sieurs Gabaudan (Clément), négociant, âgé de quarante-six ans, domicilié à Lunel, oncle de l'épouse ; Cuillé (Joseph), propriétaire, âgé de trente-sept ans, domicilié à Perpignan, oncle de l'épouse ; de Bourbon (Charles), négociant, âgé de vingt-trois ans, domicilié à Lunel, frère de l'époux, et de Poulpiquet (Ernest), propriétaire, âgé de soixante-dix ans, domicilié à Brescanvel-en-Brélès, ami des époux, témoins qui ont signé avec nous et les parties.

Pour extrait conforme :

Lunel, le dix février mil huit cent quatre-vingt-dix-huit.

Le Maire,

G. MARTEL.

Vu par nous, Jules Gal, juge de paix au canton de Lunel

(Hérault), pour la légalisation de la signature de M. Martel, maire, apposée ci-contre.

Lunel, le 10 février 1898,

J. GAL. »

Quand M. le Doyen de Lunel eut bien constaté *de visu* que la mairie de Lunel reconnaissait officiellement à l'époux le grand nom de Bourbon, il se recula discrètement et laissa le célébrant recevoir le consentement mutuel des époux et leur donner la bénédiction nuptiale.

Pendant cette cérémonie, Mme la comtesse Spadina chantait les paroles suivantes de Mme Manifacier, adaptées à l'air du beau cantique : *Le Ciel a visité la terre.*

> Salut à Toi, qui protèges la France,
> Salut à toi, ô divin Sacré-Cœur,
> Du haut du ciel, fais luire l'espérance,
> Sur ces époux répands le vrai bonheur.
>
> Mère de Dieu, sois leur égide,
> Soutiens leur foi, entends leurs vœux ;
> Ton divin Fils sera leur guide ;
> Qu'ils soient dignes de leurs aïeux.

L'on se rendit ensuite à la sacristie pour la signature. Voici l'acte. Les mots en italique sont écrits à la main. Le reste appartient à la formule imprimée :

« L'an *mil huit cent quatre-vingt-dix-huit* et le *huit février*, toutes les formalités civiles et ecclésiastiques ayant été remplies sans qu'il soit parvenu à notre connaissance aucun empêchement, Nous, soussigné, après avoir reçu par paroles, le mutuel consentement des présents : de Mgr *Auguste-Jean-Charles-Emmanuel de Bourbon*, né à *Maëstricht*, diocèse de *Ruremonde*, domicilié à *Lunel (Hérault)*, fils *majeur*, naturel et légitime de feu *Charles Edmond de Bourbon* et de *Christine Schœnlau*, domiciliée à *Ixelles-lès-Bruxelles (Belgique)*, d'une part ; et de Mlle *Fanny-Marie-Magdelaine Cuillé*, née à *Perpignan*, diocèse de *Perpignan*, domiciliée à *Lunel (Herault)*, fille *majeure*, naturelle et légitime de *Marcel Cuillé* et de *Claire Gabaudan*, domiciliée à *Lunel*, d'autre part ; leur avons donné la bénédiction nuptiale avec les cérémonies prescrites par la sainte

Eglise, en présence des témoins *Charles-Louis-Mathieu de Bourbon* et *Albert Cuillé* (1), qui ont signé avec Nous.

> *Auguste-Jean de Bourbon, Magdelaine Cuillé, Charles de Bourbon, A. Cuillé, Cl. Gabaudan, E. de Poulpiquet, Ferlet de Bourbonne....*
>
> *.... Aug. Berton, curé de Saint-Brisson, par délégation de M. le curé de céans.* »

Je passe, par discrétion, un très grand nombre de signatures ; signatures de prêtres, d'officiers, de gentilhommes, de fonctionnaires qui n'ont pas tous leur indépendance.

Ici, nous interrompons le *Midi-Télégraphe* pour dire deux mots de la journée du 8 février. On lit dans la *Légitimité* du 1ᵉʳ mars 1898, sous la signature d'*Osmond* :

Après l'action de grâces, j'allai chez M. Gabaudan, l'oncle de Mˡˡᵉ Cuillé, présenter mes hommages au prince et à sa fiancée. La maison de M. Gabaudan est, sans contredit, la plus belle de Lunel. On y entre par un portique et un monumental escalier de pierre qui conduit aux salons et aux appartements situés au premier étage. Dans ces salons, j'admire le buste de Louis XVII exécuté par Rigali, en 1839, le grand portrait peint à l'huile de Madame Amélie, vu jadis par moi dans le petit salon du *Logis*, et les multiples et magnifiques cadeaux reçus par les jeunes époux. L'un de ces cadeaux me frappe particulièrement. C'est une statuette en terre cuite de Louis XVII au Temple. Le savetier Simon, après lui avoir mis sur la tête le bonnet rouge, s'en est retourné à sa pipe et à sa bouteille. L'enfant le suit du regard et, quand il voit s'éloigner son brutal précepteur, il saisit le bonnet à cocarde, le cache un peu derrière son dos et le froisse avec un mouvement bien rendu d'indignation et de colère.

Un autre objet m'a plus frappé, disons plus touché encore. Malheureusement, ce n'était qu'un prêt, point un don. Béni soit cependant le très noble partisan de don François qui a eu la bonne pensée d'envoyer à Lunel, pour le mariage d'un petit-fils de Louis XVII, la redingote de soie noire que portait

---

(1) Frères du marié et de la mariée

Louis XVI quand il dut comparaître à la Convention (1). Pendant que M. Ferlet de Bourbonne nous montrait la précieuse relique, — c'est à lui qu'elle était confiée, — il nous semblait que le Roi-Martyr était là et bénissait ses arrière-petits-enfants.

Que vous dirai-je du Prince et de Mlle Cuillé ? La louange est difficile. J'admirais l'accueil très digne et très cordial en même temps fait par le Prince aux amis qu'amenait à Lunel chaque nouveau train : prêtres, officiers, gentilshommes, publicistes, etc., que je ne veux pas nommer ici de peur de porter atteinte à des situations qui ne sont pas toutes indépendantes. J'admirais à égal degré la dignité et l'aisance, l'affabilité et la modestie de la future princesse. Et j'entendais chuchoter ceci près de moi : « *Il parait que Cuillé n'est pas le vrai nom de la famille de Mlle Magdelaine. Cuillé est le nom d'une commune de la Mayenne dont ses ancêtres furent seigneurs. Leur nom était de Larroque de Carrodonte. La souche primitive est d'origine espagnole. Ils ont même eu une alliance avec la famille royale de Castille. C'est seulement à la Révolution que MM. de Cuillé ont abandonné la particule. Ils ne l'ont pas reprise.* » Quoi qu'il en soit, atavisme ou intuition, Mlle Magdelaine entre divinement bien dans son rôle de princesse.

A sept heures, le dîner pendant lequel, comme pendant toute la journée, se succédèrent les télégrammes de félicitations. Au moment des toasts, je pris le premier la parole en ces termes :

« Ce n'est pas aux nouveaux époux que doit s'adresser la première santé portée aujourd'hui. Les Anglais, dans leur loyalisme, portent toujours, avant toute autre, la santé de la Reine, symbole vivant de la Patrie. Mesdames, Messieurs, ma pensée en ce moment franchit la frontière et va droit au Chef de la Maison de Bourbon, au petit-fils du Roi-Martyr, à celui

---

(1) Il s'agit de M. le prince Henri de Valori, qui vient de mourir à Nice d'une attaque d'apoplexie. Depuis quelque temps, il était préoccupé par la question de la *Survivance* et, visiblement, il se mettait en marche vers la vérité et le droit. M. de Bourbonne me disait : « C'est un loyaliste de cœur et d'âme. Un jour, il sera notre compagnon d'armes ». Aujourd'hui, il sait et il voit. Puisse le Roi-Martyr dont il nous a permis de vénérer les reliques, l'introire de suite dans le royaume où il n'y a ni erreurs ni méconnaissances.

qui est pour nous Charles XI. Mesdames, Messieurs, à la santé de Mgr Louis-Charles de Bourbon ! »

M. l'abbé Picoche se leva près de moi et dit : « Mon vénéré et très aimé confrère qui fonda jadis la *Légitimité* et qui, d'ailleurs, est un traditionnaliste, a bu au chef de la Maison de France. Il nous est permis, maintenant, de boire à l'héritier de la race et à sa gracieuse compagne.

« Au Dauphin et à la Dauphine ! »

Enfin, M. de Bourbonne se leva à son tour et dit:

« Mademoiselle, c'est en votre honneur que je veux lever mon verre. J'applaudis le Prince de choisir pour compagne une belle jeune fille de si haute allure et si séduisante dans sa fierté native. Oui, mon cher Prince, avec tous les vrais Français, je vous applaudis de choisir pour compagne une Française de race, une Française issue du cœur même de la nation. Si un jour votre femme est assise avec vous sur le trône de vos ancêtres, — je ne veux pas dire avec votre saint aïeul, le Roi-Martyr : « Si vous avez le malheur d'être roï », — votre belle compagne pourra dire comme pas une reine ne l'a pu dire encore : « La France, c'est moi ». Buvons à la Dauphine française de France. Aujourd'hui surtout, quand l'idée de Patrie est attaquée, cette qualité est, à nos yeux, inappréciable ».

Et maintenant, rendons la parole au *Midi-Télégraphe* :

« Depuis lors, est mort en Hollande, le chef de la famille, celui que ses fidèles (il y en a bien quelques centaines) appelaient *Charles XI*, celui qui permettait si...... magnanimement au prince Auguste-Jean de Bourbon, son neveu, d'épouser Mlle Magdelaine. Du fait de cette mort, Auguste-Jean est devenu roi... *in partibus*, et Mme Magdelaine est *reine...* comme en témoigne le faire part suivant, timbré de l'écu de France avec la couronne royale.

» Le Prince et la Princesse Auguste-Jean de Bourbon ont l'honneur de vous faire part de la naissance de leur fils le *Dauphin* Charles-Louis.

» Lunel, le 27 novembre 1899 ».

C'est l'épilogue naturel et attendu du 8 février 1898.

Nous pourrions nous arrêter ici et nous poser cette question dès maintenant : qui, en réalité, Mlle Magdelaine a-t-elle épousé?

Prince   HENRI - CHARLES - LOUIS

(Dauphin)

Est-ce le petit-fils d'un aventurier, de « l'imposteur » Naun-dorff ?

Est-ce le petit-fils de Louis XVII, évadé du Temple ?

Mlle Magdelaine est-elle au fond Mme Naundorff ou bien est-elle vraiment Mme de Bourbon ?

*
* *

Mais avant d'aborder la question, il me faut, pour satisfaire la curiosité de mes lecteurs, raconter comment M. et Mme de Bourbon. — c'est, après tout, leur nom légal, — se sont connus, et, comment le département de l'Hérault et la ville de Lunel sont devenus le séjour de la « Survivance du Roi-Martyr ».

C'est en 1893 que MM. Auguste et Charles de Bourbon ayant terminé leurs études, M. Gabaudan fit leur connaissance et les amena à Lunel ; M. Gabaudan est célibataire. Il vivait avec sa vénérable mère Madame Gabaudan, et avec sa sœur Mme Cuillé qui avait deux enfants, un fils nommé Albert, élève du lycée de Montpellier et une fille, Mlle Magdelaine. Celle-ci était pieuse et parfaitement élevée, instruite, très bonne musicienne, aimable, gentille. Le charme de cette jeune fille était d'autant plus pénétrant qu'on vécut d'abord dans la plus stricte intimité ! MM. de Bourbon recevaient leurs lettres aux noms d'Auguste et Charles *de Lisbois* et n'étaient connus que sous ce nom de guerre.

Mais ce qui devait arriver arriva : c'était fatal. Les cœurs s'éprirent. Auguste aima Madgelaine, qui le paya de retour. Ce fut une pure et charmante idylle. Bientôt des bruits de prochain mariage se répandirent parmi les amis les plus initiés. Ce fut un *tolle* presque général. On se voilait la face, en murmurant le mot de *mésalliance*. Quoi ! l'héritier de Charles XI, épouserait une petite bourgeoise de province. Mais c'était l'abomination de la désolation ! Tous les matins, la poste apportait des missives remplies de respectueux et violents reproches. Sur ces entrefaites, je connus l'adresse de M. Auguste *de Lisbois* et je me permis de lui écrire sur un tout autre ton. Il faut dire — quoiqu'il ne convienne guère de parler de soi-même — que je suis un naundorffiste d'espèce très spéciale (1). C'est par pure curiosité d'historien que j'ai étudié la question Louis XVII.

Cette question est, à mes yeux, une question du passé et non la question de l'avenir. Il faut le reconnaître, même quand on n'est pas de tempérament très républicain. Non, à moins de miracles bien imprévus, la « Survivance du Roi Martyr » restera à l'état d'archéologie pure, et je ne la veux défendre ici que sur le terrain de l'histoire, de la vérité, de la justice : je juge que MM. de Bourbon ont droit, comme vous, lecteurs, et comme moi, à leur filiation et à leur patrimoine privé. Avec ces idées-là, on le comprend, la « mésalliance » m'effrayait moins que d'autres, et j'écrivis à M. *de Lisbois* : « Mon cher prince, si la jeune fille en question partage vos croyances et vos idées, si elle est irréprochable, si elle a bonne santé et bonne éducation, prenez-là puisque vous l'aimez et ne vous laissez point arrêter par les attitudes scandalisées de vos amis. Louis XVII, votre grand'père, était roi de droit et horloger de fait. Il s'est marié en horloger, point en roi, » Je n'ai pas la fatuité de penser que j'ai décidé M. de Bourbon, qui abondait dans mon sens, mais j'eus le plaisir de constater que nous étions d'accord. Il voulut bien me le dire par retour du courrier.

« Votre lettre du 20 janvier, m'écrivit-il, respire un tel air de franchise et de sympathie que je ne puis m'empêcher d'y répondre immédiatement. A vrai dire elle m'a surpris, car je n'ai pas été habitué à tant de loyauté et à une telle communion d'idées de la part des amis. Je reconnais volontiers les services qu'ils rendent à la cause, mais je nie qu'ils soient infaillibles en leurs conseils. Ils ne caressent pour moi que des rêves ambitieux et dont la réalisation n'est guère probable. En attendant, la raison étouffe chez eux la voix du cœur et ils me disent catégoriquement que c'est le contraire chez moi. Ils me font des théories à n'en plus finir. Je leur réponds : « Je sais ce que j'ai à faire. » Et là-dessus, ils s'emballent, me disant : « Nous ne nous occuperons plus de votre Altesse Royale. » En voilà du loyalisme ! Enfin, il y a des convenances à observer. On me traite en enfant. Au jour de l'an, il faut que

---

(1) C'est toujours *Chantelys*, qui parle dans le *Midi-Télégraphe*.

ce soit moi qui commence et si je n'écrivais pas le premier, on en serait blessé. Il est temps que cela change. Si je représente un principe, qu'on m'en fasse les honneurs : sinon, qu'on me laisse tranquille. »

Ce ton, cette raison, cette simplicité me plurent.

Aussi lorsque, comme prélude au mariage, M. Gabaudan souhaita initier et associer M. de Bourbon à son commerce, je donnai mon avis conforme aussitôt qu'on me fit l'honneur de me le demander.

On ne voulait pas cependant de rupture avec les amis. Il fallait ménager leurs scrupules.

Le fait est qu'un Dauphin de France, négociant, ne pouvait se concevoir pour les esprits attardés à la vieille étiquette royale. Je crois même que le protocole actuel de la Présidence... mais non, j'allais oublier que Félix Faure, président de la République, présidait aussi au commerce de sa tannerie. On gagne sa vie comme on peut, et qu'importe, pourvu que le travail soit honnête.

Mais pour dire cela aux amis, il fallait d'infinies précautions. Voici la circulaire que M. de Bourbon et son frère Charles adressèrent à leurs adhérents. Elle est fort curieuse et vaut la peine d'être relue. C'est elle, du reste, qui a déchiré dans l'Hérault le voile du nom de *Lisbois* et qui a fait connaître au public la présence de MM. de Bourbon à Lunel : à ce titre, elle constitue une page non banale d'histoire locale.

« Survivance du Roi-Martyr. — Lunel, le 12 octobre 1896.

» Monsieur,
» Lorsque la reine Marie-Antoinette, notre aïeule, reprisait au Temple les bas du Dauphin, notre infortuné grand'père, elle ne perdait rien de son auguste majesté aux yeux de personne au monde.

» Lorsque Louis XVII se faisait horloger pour gagner le pain de ses enfants, ou bien, pour assurer leur avenir, prolongeait tard ses veillées dans son atelier de pyrotechnie, il était digne du respect de tous.

» Notre père aussi a travaillé : le 22 juillet 1877, il écrivait à notre tante Amélie : « Tu me fais la remarque, dans ta lettre,
» que, sachant ne pas avoir de fortune, beaucoup d'enfants
» me feraient beaucoup travailler. Ton observation est bien

» juste, mais je t'assure que ce fait même me fait tenir à la vie
» et que ce fut toujours avec courage et bonheur que je me mis
» à l'ouvrage et que le soir, rentrant chez moi bien fatigué, je
» me sens le plus heureux des hommes, lorsqu'entouré de mes
» enfants, leur mère cause avec moi et me raconte les espiègle-
» ries de ces petits démons. » Il ne viendra à l'idée de personne
qu'en travaillant ainsi pour nous, notre père ait pu déroger.

» Charles XI, notre oncle, le chef de notre race, l'héritier
politique de Louis XVII, le premier « Roi du Sacré-Cœur »,
a gagné dans le commerce et même par le travail manuel le
pain qu'il mange aujourd'hui.

» Après tout, pourquoi tant d'exemples, quand il en est un
qui domine tous les autres : le Christ n'a-t-il pas travaillé ? Ne
l'appelait-on pas le Fils du Charpentier et ne montra-t-on
pas pendant plusieurs siècles, dans telle église de Chypre,
une charrue de bois sortie de ses mains divines et royales ?
Nous disons *royales*, puisque le Fils de David était comme
nous d'une race souveraine tombée dans l'infortune.

» Donc nous aussi, nous voulons gagner notre vie. Certes,
ce n'est point que la reconnaissance pour tous ceux qui ont
été les bienfaiteurs de notre jeunesse pèse à notre cœur!
Nous sommes profondément émus de tout le bien qu'on nous
a fait et bientôt, grâce à Dieu, on verra bien que nous savons
nous souvenir. Mais nous ne sommes plus des enfants, nous
voici des hommes et nous ne pouvons pas, nous ne voulons
pas vivre constamment des sacrifices de nos amis.

» Seulement, que faire ? Hélas ! notre nom nous ferme
toutes les carrières. Tant que nous n'aurons pas eu gain de
cause devant la Cour d'Appel de Paris, nous ne serons pas
légalement Français, nous les Enfants de France ; nous ne
pouvons pas même être soldats, nous les héritiers de tant de
vaillants chefs de guerre ; Philippe-Auguste, St-Louis, François Ier, Henri IV ; il faudrait pour cela nous faire naturaliser,
ou servir dans la Légion étrangère ; ce serait nous renier
nous-mêmes (1) : jamais ! Une seule voie reste ouverte devant

____

(1) Depuis lors, le prince Louis, le plus jeune frère de Jean III, en a jugé
autrement. Ne pouvant servir sous le drapeau français que dans la Légion
étrangère, il s'y est engagé et vient même de renouveler son engagement.

nous, une seule, c'est le commerce et nous la prenons résolu-
ment. Voici plusieurs années que nous sommes dans le Midi
et notre intention est d'y planter notre tente. Or, dans le Midi,
il n'y a guère aujourd'hui qu'un seul commerce prospère, c'est
le commerce des vins : nous allons donc nous y livrer.

» Que nos amis ne se troublent pas et ne tentent point de
nous en détourner ; nous voulons manger notre pain à nous.
D'ailleurs, ils peuvent se rassurer, la chose se fera d'une façon
décente et discrète, notre nom ne paraîtra pas en public et un
intermédiaire dévoué sera là pour voiler tout ce qui devra
échapper aux regards indiscrets.

» Pour vous, Monsieur, nous ne voulons pas avoir de secrets,
ceux qui viennent vous faire leurs offres de service sont:

» Vos Princes et vos amis :

» Auguste de Bourbon,

» Charles de Bourbon. »

Cette circulaire portait la mention : *très confidentielle*. Elle
n'était adressée qu'aux amis. Mais voici que *Drumont*, entre
les mains duquel un exemplaire était tombé, la reproduisit
avec humour et bienveillance dans la *Libre Parole* du 6 janvier
1897. Du coup, elle fit le tour de la presse française et européenne.

D'autres circulaires suivirent alors. Je ne les reproduis
point, n'ayant point ici l'intention de faire de la réclame. Celle-
ci suffisait, du reste, pour donner à M. de Bourbon l'attitude
que M. Gabaudan souhaitait qu'il prît, avant de lui donner sa
nièce.

Et voilà comme quoi M. de Bourbon est devenu citoyen de
Lunel. Peut-être, au fond, préférerait-il Versailles ? Quoi qu'il
en soit de ses préférences secrètes, c'est, en attendant, un
négociant philosophe et positif.

Il vient de le montrer dans une circonstance délicate et
toute récente. Au lieu d'envoyer aux Français, lors de son
« avénement », un manifeste exalté et tapageur, il s'est
contenté d'adresser au représentant de la cause à Paris une
lettre-programme très calme et très raisonnable. Dans cette
lettre il indique nettement à ses amis que, sans renier le passé,
il entend bien faire du commerce et non de la politique. Je ne
résiste pas au désir d'en citer une partie.

« Cher Monsieur Foulon de Vaulx,

» La mort du Prince, mon oncle, que vous avez servi avec une si affectueuse fidélité, une intelligence si parfaite de ce que comporte la situation de la Survivance, a fait de moi le chef de la Maison de France et l'héritier du Droit monarchique. J'accepte cet héritage comme j'accepte le devoir. Comme un prêtre serait prêtre, même malgré lui, le roi est le roi. J'ai reçu l'investiture des siècles : je ne saurais m'y dérober.

» Au jour des suprêmes périls, la France aura besoin d'un principe : du vieux principe qui fut, mille ans et plus, la clef de voûte de l'édifice social, et elle y reviendra. Mais il faut qu'elle sache, ce jour-là, où prendre le vieux sang capétien, où retrouver le rejeton des Lys. Pour cela, mes amis doivent d'abord faire la lumière de plus en plus vive sur le mystère du Temple et, par là, me mettre en état de gagner enfin, devant la Cour d'Appel de Paris, le procès dont mon cher père a renouvelé l'instance avant de mourir. Pour l'heure donc, nous n'avons pas de politique à faire : nous nous tenons sur le terrain historique et judiciaire. Cette réserve est dans la logique des choses.

» Elle est de plus un devoir de loyauté. Je ne suis encore, légalement, que l'hôte de la France. J'y veux vivre et travailler en paix, afin d'y amasser le petit trésor de guerre indispensable à mon procès en reconnaissance d'état. Aussi longtemps donc que je demanderai à la République l'hospitalité du sol français, je ne devrai rien faire, je ne ferai rien contre le gouvernement de fait. »

C'est le même ton de froide raison qu'on retrouve encore, dans l'acte le plus politique que M. de Bourbon put faire : l'indication de son nom dynastique. On lisait dans le numéro du 1ᵉʳ février 1900 de la *Légitimité*.

Monseigneur le Prince Auguste-Jean nous fait l'honneur de nous adresser la lettre suivante :

« Mon cher Directeur,

» Plusieurs amis me demandent quel sera mon nom dynastique? La réponse n'est pas bien urgente, puisque je ne veux être qu'un travailleur aussi longtemps que je demanderai l'hospitalité à la République.

» Néanmoins, je ne saurais oublier que je suis Chef de Maison souveraine et qu'en cette qualité je dois signer d'un seul prénom. J'adopte celui dont, depuis dix-sept ans (1), la *Légitimité* et mes amis saluent mes destinées, celui de JEAN, laissant à Dieu, s'il le voulait un jour, le soin d'y mettre le chiffre.

» Désormais, tout ce que je signerai, comme Chef de la Survivance, sera signé :

» Jean DE BOURBON. »

Et c'est ainsi que M. de Bourbon est Jean III, en droit. En fait, il prend ses précautions pour n'être pas un jour :

Gros Jean comme devant.

Ses fins de mois le préoccupent plus que le trône.

Eh bien ! ces fils de rois ne nous sont point du tout antipathiques. Ils travaillent. Ce n'est plus déroger. Jadis, le gentilhomme breton, obligé de se livrer au commerce, entrait dans l'église de sa paroisse et suspendait son épée à droite du Maître-autel, disant à Dieu :

« Dieu, voici ma noblesse. Je la dépose en votre sanctuaire, forcé que je suis d'acheter pour revendre. Gardez-la moi. Quand j'aurai gagné de quoi la reprendre, Dieu, je la reprendrai. »

De nos jours, on ne fait pas tant de cérémonies. Il n'y a point lieu, du reste, car le travail est chose noble aux yeux de tous, désormais. La noblesse du sang n'est plus rien qu'une sorte de croix d'honneur héréditaire.

Chacun vaut par lui-même. MM. de Bourbon, qui, se croyant les descendants des rois, se mettent courageusement au travail, au milieu de nous, méritent les sympathies et les encouragements de l'opinion publique (2). »

* *

Cette trop longue citation du *Midi-Télégraphe* nous suffira pour le séjour de nos jeunes princes à Lunel. Mais si la géné-

---

(1) *Légitimité* du 23 septembre 1883, p. 532.
(2) Ici finit la citation du *Midi-Télégraphe*.

rosité de M. Gabaudan pour son royal neveu et la Cause est sans bornes, sa fortune est médiocre : il fallut que Monseigneur émigrât sous d'autres cieux. Le *Temps* du 2 février 1905 va vous dire, sous la signature *Joseph Galtier*, ce qu'il est devenu :

« Jean III habite Paris, dans la rue du Faubourg Saint-Honoré, tout près de la place des Ternes, une maison neuve de belle apparence. Le vestibule et la cage de l'escalier ont fort bon air. « Le Prince de Bourbon? — Tout en haut et en face », me répond le concierge qui arrose la cour..

» L'antichambre étroite et irrégulière n'est pas encombrée. Sur les murs, un portrait en pied du Dauphin en officier vendéen avec une écharpe bleue, et deux plats en cuivre repoussé orné de figures. Deux pas et l'on entre dans le salon. Mêmes proportions exiguës. Ce serait le salon d'un petit employé, garni de meubles d'une vulgaire simplicité, n'était dans un angle le buste de Naundorff en uniforme brodé, la poitrine barrée d'un grand cordon. Un tableau représente une femme de profil (1) qui ressemble à Marie-Antoinette. Une large bande d'étoffe rouge parsemée de fleurs de lys et brodée aux armes de France — trois fleurs de lys bleues surmontées de la couronne — entoure le haut de la cheminée...

« Jean III est de taille moyenne, plutôt petite. Une raie impeccable sépare ses cheveux noirs lisses et brillants. Les yeux, d'un gris verdâtre, ont une pupille très dilatée et très noire ; le nez saillant et aquilin domine de haut une moustache noire martialement retroussée. Le corps, svelte, est pris dans une ample redingote à revers de soie qui encadrent une cravate bleu foncé, piquée d'une pierre fine peu précieuse. Des bottines vernies complètent le costume. Jean III parle lentement, avec une simplicité et une bonhomie parfaites.

» Jean III se prête à mes questions. Il me raconte sa vie qui n'est pas banale...

» J'ai quitté, dit-il, Lunel pour Montpellier, où j'ai habité boulevard Ledru-Rollin, près de la Banque de France. J'avais choisi ce quartier à cause de sa proximité avec le Peyrou, la charmante promenade que vous connaissez. Le « petit » allait y jouer. Souvent, il s'arrêtait devant la statue équestre de

---

(1) Mme Amélie, fille aînée de Louis XVII.

Louis XIV. Il a même, un jour, prononcé un mot historique. Je ne me le rappelle plus. Attendez... »

« Le Prince se lève, passe dans une pièce voisine. Il revient.

» La Princesse est à la messe. Mais le Dauphin a dit à peu près : « Prends-moi sur ton cheval, grand-papa. »

» A Montpellier, j'ai senti la nécessité de venir à Paris dans l'intérêt de la cause. J'y ai fait mon entrée en 1900. J'ai trouvé un emploi dans une maison de pétrole, aux appointements de 160 francs par mois — sous le nom de *de Lisbois*. Mais, depuis avril de l'année dernière, je suis, sous mon nom véritable, directeur d'une Société de sondage et de forage. J'ai fait à ce sujet plusieurs voyages en Algérie; j'ai vécu au désert. Je connais bien l'Algérien, l'Européen et l'Arabe... A ce propos, savez-vous que mon troisième frère, le prince Louis, est à la Légion étrangère? Il vient de rengager. Il a les galons de caporal. Jusqu'ici, il n'avait pas voulu accepter de grade, mais il a changé d'avis,

» Le Prince me montre le portrait de son jeune frère dans un album de famille, en maroquin noir. Le premier portrait est celui de Marie-Antoinette.

» Je vais prendre congé. Le Prince s'est levé. Je lui parle de son avènement. Gravement, il me répond :

» Il n'est pas impossible. Mais je ne serai porté sur le trône que par des événements extraordinaires. Je ne conspirerai jamais; les circonstances décideront de ma destinée. Je suis prêt. »

Monseigneur demeure près de M. Foulon de Vaulx, qui est, en fait, son représentant, comme il fut celui de Charles XI pendant de longues années. Ce vieux et dévoué serviteur de la Survivance est homme de foi, de cœur, de tact et de mesure. Il dirigera la Cause dans les jours effacés qu'elle traverse, et, s'il survenait pour elle des jours meilleurs, il ne serait point inégal à la tâche.

Ces jours meilleurs ne viendront-ils pas ??

*
* *

Il faut faire un choix dans les prophéties. On en a publié plusieurs, dont on n'a point établi l'authenticité et l'autorité. J'éprouve une défiance invincible et j'oppose une réserve absolue aussi longtemps que l'Eglise n'a pas parlé. Je condamne ce qu'elle condamne, mais quand l'Eglise approuve, je m'incline avec joie et j'écoute. Or, l'Eglise a approuvé la Salette. L'Eglise reconnaît, non dogmatiquement mais officiellement, que la Vierge Marie a parlé à la petite bergère de la Salette, Mélanie, comme au petit berger Maximin. Assurément, cette reconnaissance n'emporte pas approbation de tout ce que Maximin et Mélanie ont pu dire ultérieurement. Mais si le témoignage de Mélanie et de Maximin n'est qu'un témoignage humain, ce témoignage *géminé* n'en est pas moins souverainement autorisé.

Or, écrit Mgr Rigaud (1), « M. de Valamont, ami très intime de Maximin, n'a cessé de m'affirmer dans ses lettres que, d'après les confidences que lui a faites Maximin, le Grand Roi, auquel est relatif le secret du berger de la Salette, doit descendre de Louis XVII.

» La Très Révérende Mère Saint-Joseph, qui fut longtemps Supérieure générale des Religieuses de la Salette, m'a affirmé que Maximin, avant de mourir, a fait la même confidence à sa mère adoptive, Mme Jourdan, de qui elle le tient ».

Quant à Mélanie, qui vient de mourir, le 14 décembre 1904, elle était entièrement favorable à la Survivance du Roi-Martyr. Voici ce qu'elle écrivait naguère à la feue princesse Amélie :

« J. M. J.
» Castellamare (Italie), 23 avril 1881.

» Madame la Princesse,

» *Que Jésus soit aimé de tous les cœurs !*

» Je prends une bien large part à toutes vos peines et souffrances. Puisse le Divin Maître et la douce Vierge Marie les adoucir et avoir en même temps pitié de notre malheureuse France !

» Mais vous le savez, Madame la Princesse, les grandes

---

(1) *Le grand Triomphe approche*, p. 24. — Boulevard du Collège, 19. Prix : 1 fr. 25.

L'auteur a parfois manqué de critique et de mesure, mais sa loyauté est incontestée.

âmes ne se forment que sous le manteau de la croix, *pour devenir plus dignes,* au moment venu, *d'être de vrais iustruments* pour l'œuvre de Dieu : l'Eglise et le salut de la France.

» Je ne cesse, malgré ma grande indignité de prier tous les jours le bon Dieu, afin qu'il abrège les châtiments que méritent nos péchés et nous donne notre roi, la *Fleur de Lys,* non parce que nous le méritons, mais par pure miséricorde.

» J'espère que le Cœur de Jésus se laissera fléchir aux prières de tant d'âmes qui le prient, *et que bientôt Madame la Princesse unira ses actions de grâce à celles de la France régénérée par son Roi légitime.*

» Agréez l'hommage du plus profond respect avec lequel j'ai l'honneur d'être.

» Madame la Princesse,
» Votre très humble et très soumise indigne servante.

» MARIE DE LA CROIX, née MÉLANIE CALVAT.

» *Vive N.-D. de la Salette !* »

Je pourrais citer plus au long cette correspondance de Mélanie avec Mme Amélie, mais il faut se borner et c'est assez.

*   *
*

Voix du peuple,
Voix des rois,
Voix du Pape,
Voix du sang,
Voix de l'Histoire et de la Raison,
... Voix du Ciel !
J'ai fait entendre toutes ces voix, et toutes ces voix vous ont crié, lecteurs :

« Oui, Naundorff était Louis XVII.

» Oui, son petit-fis, Jean de Bourbon est de droit Jean III.

» Dans la pauvreté, il est le Roi, le fils aîné de l'Eglise. Et si Dieu a bientôt pitié de la France, il règnera ».

Ne vous semble-t-il pas que la Vierge Marie nous le fait

espérer ? Ne vous semble-t-il pas que le Sacré-Cœur lui-même l'ait promis jadis ?

En 1689, Notre-Seigneur dit à la Bienheureuse Marguerite-Marie : « Ne crains rien, ma fille, je règnerai malgré mes
» ennemis et tous ceux qui voudraient s'y opposer. Fais savoir
» au Fils aîné de mon Sacré-Cœur que mon cœur veut triom-
» pher du sien. Je veux régner dans le palais du roi de France,
» être peint sur ses étendards et gravé sur ses armes afin de
» les rendre victorieuses de tous ses ennemis et de tous les
» ennemis de la Sainte-Eglise. Le Père Eternel entend se
» servir du Roi de France pour faire construire un temple où
» sera placé le divin Cœur de son Fils afin d'y recevoir la
» consécration et les hommages du roi et de toute sa cour. »

Louis XVI, à la Tour du Temple, a fait vœu de satisfaire aux désirs du Sacré-Cœur de Jésus. Charles XI, petit-fils du Roi-Martyr, a relevé le vœu de son aïeul : le Sacré-Cœur rayonna dans ses armes au milieu des fleurs de lys. Quant à Jean III, il écrivit naguère au cardinal Richard la lettre suivante :

« Mon Cousin (1),

» Vous avez ordonné, pour le 24 juin, le renouvellement de la consécration du genre humain au Sacré-Cœur de Jésus. Je me dois, comme étant votre diocésain de droit, de prendre part à ce grand acte. Je vous adresse ci-joint copie d'une déclaration, signée de Charles XI, mon oncle, le 9 juin 1899, déclaration dont l'original fut remis en mains propres au Souverain Pontife le 16 août suivant (2). Je vous adresse également le texte de la consécration que j'ai personnellement faite à Montmartre, le 28 juin 1899, au Cœur Sacré de Jésus.

» Devenu aujourd'hui chef de la Maison de France, je renouvelle entre vos mains et ma consécration personnelle avec les promesses qu'elle contient et la consécration du Prince, mon oncle, avec tous les engagements qu'elle comporte.

---

(1) D'après l'étiquette monarchique, les cardinaux ont rang de princes du sang et le roi leur écrit : *mon cousin.*

(2) La remise en a été faite à S. S. Léon XIII par Mᵐᵉ Marguerite de la Tour du Pin Chambly de la Charce.

» J'ai foi dans la parole de Notre-Seigneur sans prétendre lui dicter une heure quelconque pour l'accomplissement de ses promesses. Je verrai tout au moins l'aurore de jours meilleurs pour la survivance du Roi-Martyr, et le Dauphin, mon fils, en verra la pleine lumière.

» Sur ce, mon Cousin, la présente n'étant à autre fin, je prie Dieu qu'il vous ait en sa sainte garde.

» JEAN DE BOURBON,

» Petit-fils de Louis XVII.

» Lunel, ce 22 juin 1900, en la fête du Sacré-Cœur. »

J'ai même confiance et mêmes espoirs !

XIII

TROIS POINTS D'INTERROGATION

En terminant le chapitre qui précède, je signai et j'écrivis FIN. Puis je communiquai mon manuscrit à quelques amis. D'abord au magister de mon village. Ensuite à un directeur d'usine de la ville voisine. Enfin au doyen du canton.

Le maître d'école, — pardon ! M. l'Instituteur — en me remettant mon manuscrit, me dit :

« Cher Monsieur, j'ai lu avec infiniment d'intérêt votre travail. C'est, me semble-t-il, clair et solide. Toutefois, vous avez oublié deux choses. Vous dites, p. 8, qu'en 1881, au retour des hirondelles, votre *opinion* fut fixée sur Louis XVII, mais non votre *conviction*. Il fallut, dites-vous, une nouvelle étape. Pourquoi ne pas nous la faire parcourir avec vous, cette étape ? Voulez-vous donc que, nous aussi, nous en restions à *l'opinion*, sans aller jusqu'à la *conviction* ?

» Et puis, votre opération n'est pas finie. Il y manque quelque chose...

— Quoi donc, s'il vous plaît ?

— Eh ! mais, quand vous aviez fait une multiplication, jadis, à l'école, que vous faisait-on faire ensuite, pour vous assurer qu'elle était bonne ?

— La preuve par neuf.

— Eh bien, faites nous la preuve par neuf. »

Le directeur de l'usine m'arriva, un dimanche, en voiture découverte, avec Madame et me dit :

« Très cher, tu sais, il fallait que ce fût toi, c'est-à-dire un vieil ami d'avant la guerre, pour lire cent pages et plus de tes pattes de mouches, car j'ai autre chose à faire, heureusement. Je t'ai lu consciencieusement tout de même. Conclusion : ton Naundorff était Louis XVII. Je l'admets, c'est entendu. Et après ?? Ta thèse est de l'archéologie toute pure, et ne mérite pas la belle passion qu'elle t'inspire. Car enfin, quel résultat pratique espères-tu en faire sortir? A moins que

Dieu ne t'envoie une nouvelle Pucelle d'Orléans pour faire sacrer à Reims ton gentil Dauphin, ce qui ne déplairait pas, je suppose, au cardinal Langénieux (1), tu ne rêves pas, je pense, à lui rendre la couronne des lys ? La France d'aujourd'hui, vois-tu, ne se croit plus l'héritage de personne. Elle prétend s'appartenir à elle-même. Voilà trente-cinq ans tantôt que nous sommes en République, — ce qui ne nous rajeunit pas, hein ? — Les derniers monarchistes meurent de vieillesse et ne sont plus remplacés. Chaque année, dans ta commune, les nouveaux électeurs, arrivés à leurs vingt et un ans, sont tous républicains et même écarlates. Va donc leur faire une conférence sur l'antique royauté ! Non, vois-tu, mon cher, c'est fini ! Finis les Bonaparte ! Finis les d'Orléans ! A plus forte raison, finis les Naundorff, avant même d'avoir commencé. Moi, je veux bien qu'ils soient les descendants de Louis XVI. Et même, je le crois. Mais après ? A quoi aboutiras-tu ? A quoi bon ? Voyons, dis. »

Et le brave garçon, plein de sa sagesse positiviste d'homme arrivé, me parla longtemps sur ce ton, avec une sympathie nuancée d'une visible compassion pour ma maladie naundorffiste.

Quelques temps après, ce fut le tour de M. le Doyen. Il me rapporta mon manuscrit en venant faire l'examen de première communion dans la paroisse que j'habite :

« Mon cher Monsieur, me dït-il, sur le terrain historique votre affaire est solidement charpentée. Ce n'est, il est vrai, qu'un résumé très rapide, mais il est très saisissant. Par exemple, votre thèse politique ne tient pas debout. Je ne connais point les secrets de Dieu, assurément, mais je serais fort étonné que Dieu restaurât la survivance de Louis XVI. Aucun indice, si faible soit-il, ne vous permet de l'espérer. Voyons, dans l'histoire de ce siècle, la survivance a-t-elle jamais compté pour quelque chose ?? Et puis, Léon XIII, voyant arriver, sur notre vieille mais immortelle Eglise, le raz de marée de la démocratie, n'a-t-il pas tourné du côté du flot la proue de la barque de Pierre ? Ne pique-t-il pas droit dans la lame ? Oui, c'est vrai, allez, les rois s'en vont, et je me

____

(1) Il vivait encore.

demande combien, dans cent ans, il restera de monarchies sur terre ?? »

Et l'on me rendit mon manuscrit. Je me hâtai d'y rayer la signature finale ainsi que le mot *fin* et, avec un soupir, je repris la plume, pour écrire ce présent et dernier chapitre.

*
* *

Si mon *opinion* était faite au retour des hirondelles en 1881, ce n'est guère qu'à leur nouveau retour en 1882 que la *conviction* commença à venir. Cent fois déjà, j'avais conclu que Naundorff était Louis XVII ; mais c'était conclusion théorique, spéculative, provisoire, inavouée aux autres et à moi-même. Cette fois-là (je m'en souviens comme d'hier), je faisais ma visite au Saint Sacrement. A deux genoux en face l'autel, les yeux fixés sur la porte du tabernacle, je me dis au fin-fond de moi-même : « Eh bien, oui, c'est vrai ! » Et pour la première fois, je priai pour la survivance du Roi-Martyr. Jusquelà, je ne l'avais pas osé. Mais enfin, j'étais vaincu par l'évidence des preuves.

Ces preuves, toutefois, je voulais encore en contrôler de plus près l'authenticité. J'en eus bientôt l'occasion, en septembre 1882, dans un voyage que je fis en Poitou. Madame la princesse Amélie voulut bien me donner l'hospitalité et m'ouvrir ses archives.

En 1884, Charles XI voulut bien aussi me faire envoyer par son secrétaire, M. le marquis de Meckenkeim, tout ce qu'il avait encore de précieux. C'est dans cet envoi que je trouvai les lettres autographes de M. Brémond, de Mme de St-Hilaire et de Mme de Rambaud à leur cher Prince, exilé alors en Angleterre. L'usage des enveloppes étant encore inconnu, ces lettres portent sur le verso de leur deuxième page, l'adresse du destinataire et les cachets des postes tant française qu'anglaise, cachets qui deviennent aujourd'hui une garantie absolue d'authenticité.

Pareille garantie ne m'était pas indispensable, il est vrai, car, directement ou indirectement, je m'étais mis en rapport avec les familles de Rambaud, de Saint-Hilaire, Brémond et de Joly et j'avais leurs réponses concordantes.

Ces réponses elles-mêmes n'étaient pas nécessaires, puisque les témoignages des anciens serviteurs de Louis XVI étaient relatés par trois auteurs hostiles, MM. Thomas, Sosthènes de la Rochefoucault et Louis Veuillot.

Et puis d'ailleurs j'étais en correspondance avec des personnes — il y en avait encore un assez grand nombre il y a vingt-cinq ans — qui avaient connu parfaitement et Naundorff et les témoins de son identité royale. Je connaissais même personnellement M. l'abbé Laprade et ses trois frères, MM. Xavier, Louis et Abel. Mais en pareille matière, le *trop* ne nuit pas. La lumière n'est jamais trop vive.

Aux lettres des anciens serviteurs de Louis XVI à Naundorff, il faut ajouter les lettres de Naundorff à sa famille. Là, certes, Naundorff ne posait pas pour la galerie. Il écrivait à ses enfants, à sa femme. Dans ces lettres, il était lui-même, il était *nature*. Il l'était si complètement et si simplement, que Madame Amélie hésita longtemps avant de permettre qu'on les publiât. J'en ai déjà publié un certain nombre. M. Otto Friedrichs vient de les donner au public, toutes et intégrales. En les lisant, on verra, on touchera du doigt, pour ainsi dire, la conviction intime de Naundorff et, très certainement, cette conviction sera contagieuse. Pour moi, la contagion était d'autant plus saisissante, que j'ai vu les originaux avec les cachets français et allemands de la poste.

Au surplus, la conviction des enfants de Naundorff, au sujet de leur origine, n'est qu'un reflet de celle de leur père. Or, cette conviction était manifeste. J'ai eu l'honneur de voir Charles XI : il avait évidemment et visiblement la foi sans nuage à son origine royale. Je l'ai vu à la Sainte Table à Montmartre, le 14 mars 1884, le visage baigné de larmes. Or, un homme, un soldat, un travailleur n'a pas les larmes faciles. En cette circonstance, si elles coulaient jusque sur sa moustache et sur la nappe de communion, c'est qu'il avait pleine conscience de l'acte qu'il faisait. Je lui avais dit dans le premier numéro de la *Légitimité* de 1884 :

« Oui, Monseigneur, c'est maintenant que votre cœur, transformé au contact du Cœur de Jésus, pourra lui parler de l'Eglise, de la France et du Roi; car vous avez compris où se fera la rencontre : à la Table Sainte...

» Venez à Montmartre, convoquez à la chapelle provisoire

du Vœu national les amis de votre légitimité renaissante, et vous verrez quel cortège de foi et de dévouement nous vous ferons au banquet sacré ».

Voilà ce que j'avais suggéré. Et voilà bien aussi ce que le Prince voulait accomplir. C'était bien à ses yeux, dans le sanctuaire même de sa conscience, la rencontre de Dieu, trop longtemps oublié et du Roi de France méconnu. Il se croyait, il se savait *Charles XI* revenant au Sacré-Cœur de Jésus. Son émotion était même d'autant plus significative que dans la vie ordinaire il avait l'allure simple, paterne, bonhomme de Louis XVI.

Madame Amélie, portrait vivant de Marie-Antoinette, était plus aristocratique, plus solennelle, plus royale, mais la conviction éclatait en elle avec une éloquence entraînante, une incroyable ardeur d'apostolat. Je n'ai qu'à redire sur ce point ce que je disais déjà dans la *Légitimité* du 20 mai 1883 :

« Je ne passai que deux jours au Logis (1). Pendant ces heures rapides, j'eus le temps de présenter à Madame toutes les objections que je voulus. Son Altesse répondit à tout, allant au-devant des difficultés, ne glissant sur rien, communiquant les documents demandés. Je l'admirais de toute mon âme. Physiquement, elle a un port de reine. Elle est de race, c'est visible, et sa place est évidemment à Versailles. Mais au moral, quelle grandeur plus sublime encore ! Je la vois d'ici, debout, et me disant avec une émotion d'une empoignante vérité : « Mon ami, je lutterai jusqu'au dernier soupir, car je
» ne veux pas que la vérité meure. Mais il y a quelque chose
» qui me tient plus au cœur que la reconnaissance de notre
» origine... Mon ami, ne doutez jamais, jamais, de la parfaite
» pureté, de la véracité, de la probité de mon bien-aimé père,
» quoi qu'on puisse dire de cette incomparable victime.
» Soyez persuadé que si, au lieu des saintes convictions que
» j'ai à ce sujet, la moindre incertitude était venue me troubler,
» je n'aurais pas poursuivi sa défense. Dieu m'a fait la grâce
» de me donner une âme loyale, et jamais le mensonge n'a
» souillé mes lèvres, pas plus que celles de mon vénéré père,

---

(1) Petit château jadis habité par la princesse, près de Lussac-lès-Châteaux en Poitou.

» qui m'a enseigné la crainte de Dieu, et m'a donné l'exemple
» ce toutes les vertus... Ah ! le Roi, mon père, en est témoin ;
» je tiens mille fois plus à son honneur qu'à son nom
» royal ».

Oui, les enfants de Naundorff ont été et sont (1) convaincus
que leur père était Louis XVII. Pourquoi ? D'abord et avant tout,
parce que Naundorff était convaincu lui-même. Eh bien, leur
conviction, bien visible pour moi, celle de Naundorff, consta-
tée par moi dans sa correspondance la plus secrète, puis la vue
des lettres autographes et timbrées des anciens serviteurs de
Louis XVI, voilà avec et après les trois preuves d'identité
indiquées plus haut, ce qui m'a fait franchir l'étape de *l'opinion* à la *conviction*.

J'ajoute encore ceci : M. de la Sicotière, M. Chantelauze et
M. Pierre Veuillot ont mis le sceau à ma conviction. Pendant
longtemps, je l'avoue, je tremblais à chacune de leurs
attaques (2), moi, chétif ! Et puis, quand je les avais lus, je
relevais la tête : « Peuh ! me disais-je ! ce n'est que cela ? Mais
ces braves gens ne connaissent pas même la question ! » Le
fait est que si je voulais m'en charger, je ferais à la thèse de
la *Survivance* des objections autrement troublantes et spé-
cieuses que les leurs...

Et, en définitive, mes objections ne vaudraient rien du
tout.

Je le sais, car j'ai fait « la preuve par neuf » que réclame
mon magister.

Oui, j'ai essayé, avant de publier mon *Roi de France* (3), de
le réfuter, de le démolir. Je n'ai pas pu. En 1887, je m'y suis
repris sérieusement et, cette fois, — j'étais froissé et mécontent, — avec le *désir* de réussir. Je n'ai pas pu davantage. En
1896, j'ai recommencé une troisième fois avec plus d'acharnement que jamais. L'insuccès fut le même. Il faut croire que

---

(1) Il ne nous reste plus que la princesse Marie-Thérèse. Quant aux petits-
enfants, leur conviction est le résultat de l'éducation et de l'étude. Ils n'ont
jamais connu Naundorff lui-même.

(2) Un jour surtout, M. l'abbé Bougaud, mort évêque de Laval, avait eu la
bonté de me les apporter.

(3) Voir les quatre premières années de la *Légitimité*.

« l'opération était bonne », car cette triple et sincère expérience vaut bien, ce me semble, « la preuve par neuf ».

Qu'en dites-vous, M. l'Instituteur ?

*
* *

Et maintenant, je suis à toi, mon cher vieux camarade qui viens me dire : « A quoi bon ? »

Non, mon ami, cette philosophie-là, fût-elle vraie, ne saurait être la mienne. D'abord, je ne crois pas à la force absolue du fait accompli. « La force prime le droit », dit Bismarck. « Malheur aux vaincus ! » disait jadis Brennus. Et Rome, quelques siècles plus tard, domptait et s'assimilait le pays de Brennus. Et Bismarck, quelques années plus tard, désarmait devant le vieillard du Vatican. Non, le fait accompli, le fait brutal ne détruit pas et n'engendre pas le droit. Le droit méconnu et foulé aux pieds ne meurt pas tout de suite au gré de l'oppresseur. Il a la vie dure. Sa force de résistance est presque immortelle. Souvent, c'est quand il paraît réduit à rien qu'il est à la veille du triomphe. Certaines prophéties nous disent que le jour où les fils de Saint-Louis remonteront sur le trône, leurs partisans tiendront tous facilement dans une petite chambre. Je ne m'en étonne pas. Plus d'une fois l'Histoire nous a montré le droit vaincu et expirant, et, l'heure d'après, vainqueur.

Je proclame cependant que je n'ai besoin d'aucun espoir pour demeurer fidèle. La méconnaissance de tous, au lieu de m'entraîner, exalterait mon orgueil et affermirait mon dévouement. Il n'est point banal d'être le serviteur de la vérité, de la justice et du malheur et de rester sans espoir.

Et puis, même au point de vue positiviste, cher ami, peux-tu dire : à quoi bon ? Ecoute. Un événement est *possible* et un autre événement est *certain*. Il est possible, très possible, que les amis de la *Survivance* arrivent à découvrir tels documents, si graves et si clairs, que l'opinion publique, entièrement retournée, reconnaisse Jean III, à l'unanimité, comme le chef de la maison de Bourbon. Ce n'est pas que nos preuves actuelles soient inférieures. Oh ! non certes. Et même, les trois preuves d'identité que j'ai indiquées plus haut ont seules —

toutes seules — une valeur démonstrative absolue. Mais, tout le monde n'a pas fait sa dialectique. Certaines preuves secondaires frappent davantage la masse du public. Tel procès-verbal qui se trouve aux archives de Vienne ou de Rome, telle page des Mémoires inédits de la duchesse d'Angoulême (1), convertiraient mieux les convictions récalcitrantes. Or, ces découvertes ou d'autres équivalentes, nous pouvons avoir la bonne fortune de les faire, un jour ou l'autre. Ce jour-là, la France entière saura — et croira désormais — que Monseigneur est vraiment le chef de l'antique Maison de France.

Voilà l'événement possible, et voici, hélas, l'événement certain. Je dis : *certain.*

Nous marchons à une catastrophe. Qu'est-ce qui la fera éclater? Nous devons craindre la défaite, l'anarchie, la banqueroute. Ce jour-là, la France aura besoin d'un sauveur. Et si, à cette heure difficile, notre Prince était déjà, aux yeux de la France, le représentant authentique de la légitimité séculaire, serait-il impossible que le pays songeât à lui ?

Il y a, dans la Haute Egypte, un endroit où il faudrait peu de travail pour changer le cours du Nil. Avec quelques millions seulement, on ferait infléchir son cours vers l'Orient, et il déboucherait dans la mer Rouge.

Il faut peu de chose aussi, à certaines heures, pour détourner le cours de l'Histoire. Il y a vingt ans, Charles XI avait une *Milice royale* dans laquelle il aurait pu, à l'heure décisive, recruter une ardente phalange de volontaires. Qui sait si, dans le désarroi de toutes choses, quatre cents hommes bien décidés, derrière le roi dans les rues de Paris, ne suffiraient point à la Restauration de la *Survivance*? Il n'en a pas fallu tant que cela en 1814.

Eh bien? vieux camarade, que dis-tu ?

— Que tu es superbe, mon cher, et qu'au jour de la Restauration, tu demanderas à ton roi la croix pour moi.

— Sceptique, va !

— Mais non. Seulement, moi, je fais des affaires avec ce qui est et non ce qui sera, mais ton raisonnement est impeccable.

---

(1) Ils ne paraîtront, hélas, qu'en 1951. Nous savons, par la belle-sœur morganatique du feu roi de Naples, qu'ils traitent de la *Survivance.*

Prince CHARLES - LOUIS

(Monsieur)

* *

« Vous me dites, Monsieur le Doyen, que Léon XIII, voyant arriver, sur notre vieille cité, le raz de marée de la démocratie, a déjà tourné du côté du flot la proue de la barque de Pierre ». Il est vrai. Mais a-t-il pris parti pour le flot ? Non. Il s'est garé de lui et voilà tout. Mgr l'évêque d'Orléans faisant l'oraison funèbre de Mgr d'Hulst, disait de ce prélat :

« Les princières amités de Mgr d'Hulst, ces amitiés qui remontaient à l'enfance, sont trop connues pour que j'aie besoin de commenter ce texte.

» Aussi, quand le suprème Pontife, discernant la législation et le pouvoir, écrivit cette lettre célèbre, dans laquelle il prescrivait d'accepter « sans arrière-pensée, avec la loyauté parfaite qui convient à des chrétiens, le pouvoir civil dans la forme où, de fait, il existe », Mgr d'Hulst dût pâlir, mais il déclara, il écrivit qu'il se soumettait.

» Il est vrai qu'il avait soin d'affirmer qu'il gardait au fond du cœur ses espoirs. Est-ce tout ce que voulait le Pape ?

» Personne ne me demandera, en ce moment, en ce lieu, de le décider ».

Mais le Pape, lui-même, l'a dit, et maintes fois. Il l'a dit entre autres, au R. P. Lemius, Supérieur des Chapelains du Sacré-Cœur de Montmartre, comme on peut le voir dans le *Bulletin* du Sacré-Cœur, en 1894. Léon XIII a demandé la « trêve des partis », pas autre chose. Et la preuve que nous ne nous trompons pas, c'est que le Saint-Père, par l'intermédiaire de son secrétaire d'Etat, le cardinal Rampolla, a daigné féliciter de son attitude la *Légitimité* qui, pourtant maintenait son titre... comme un drapeau (1).

---

(1) Pour mieux obéir à la pensée du Pape, elle a abandonné son allure et son format de journal politique, et est redevenue revue historique. Comme elle, c'est surtout sur le terrain historique que je défends la *Survivance*, mais cela ne m'empêche pas de dire : « Si jamais la France voulait revenir à la Monarchie, voici le Roi ». — Je me demande si Pie X renouvellera les directions pontificales de Léon XIII, et j'en doute. Léon XIII a cru, semble-t-il que le parti républicain français comprenait non-seulement des anticléricaux,

Vous dites, Monsieur le Doyen, que dans l'histoire de ce siècle, la Survivance n'a jamais compté pour rien ? Mais n'avez-vous donc pas remarqué que le roi de Rome, le duc de Bordeaux, le duc d'Orléans, le Prince Impérial, tous les héritiers du trône, sont morts misérablement ? Et si je vous disais que Dieu l'a décidé ainsi pour punir la méconnaissance du seul et véritable héritier, vous me diriez sans doute que nul ne connaît les desseins de Dieu, mais vous ne trouveriez pas ma supposition improbable, si vous y croyez, vous, à cet héritier.

Et puis n'avez-vous pas entendu dire avec quel cachet la République avait scellé en 71 la soumission de la France vaincue ? On lit dans le *Figaro* du 16 Juillet 1884 la page admirable que voici :

« Le 21 Janvier 1871, réduit par l'hiver, par la faim, par le refoulement des sorties aveugles, Paris, à l'aspect des positions inexpugnables d'où l'ennemi presqu'impunément le foudroyait, éleva enfin d'un bras fiévreux et sanglant le pavillon désespéré qui fait signe aux canons de se taire. Sur une hauteur lointaine, le chancelier de la Confédération germanique observait la capitale : en apercevant tout à coup ce drapeau, dans la brume glaciale et la fumée, il repoussa brutalement l'un dans l'autre les tubes de sa lunette d'approche, en disant au prince de Mecklembourg-Schwerin qui se trouvait à côté de lui : « La bête est morte. »

» L'envoyé du Gouvernement de la Défense nationale, Jules Favre, avait franchi les avants-postes prussiens ; escorté au milieu des clameurs, à travers les lignes d'investissement, il était arrivé au quartier général de l'armée allemande.

» On n'a pas oublié cette entrevue du château de Ferrières où, dans une salle obstruée de gravats et de débris, il avait tenté

---

mais des indifférents et même des catholiques. Mais non. Le parti républicain français n'a jamais reconnu comme *républicains* ceux qui vont à la Messe. La République n'a jamais été, de fait, dans la pensée de ses promoteurs maçonniques, qu'un instrument de guerre contre la religion. Il n'en est pas de même en Suisse, aux Etats-Unis et ailleurs. Mais en France, la République n'est que cela.

jadis les premières négociations. — Aujourd'hui, c'était dans une salle plus sombre et toute royale, où sifflait le vent de neige, malgré les feux allumés, que les deux mandataires ennemis se réapparaissaient.

» A certain moment de l'entretien, Favre, pensif, assis devant la table, s'était surpris à considérer en silence le comte de Bismarck-Schoenhausen, qui s'était levé. — La stature colossale du chancelier de l'empire d'Allemagne, en tenue de major général, projetait son ombre sur le parquet de la salle dévastée. A de brusques lueurs du foyer étincelaient la pointe de son casque d'acier poli, obombré de l'éparse crinière blanche, et, à son doigt, le lourd cachet d'or, aux armoiries sept fois séculaires des vidames de l'Evêché de Halberstadt, plus tard barons : le Trèfle des Bistumsmarke, sur leur vieille devise : *In trinitate robur.* — Sur une chaise était jeté son manteau de guerre aux larges parements lie de vin, dont les reflets empourpraient sa balafre d'une teinte sanglante. Derrière ses talons, enscellés de longs éperons d'acier aux chaînettes bien fourbies, bruissait par instants son sabre, largement traîné. Sa tête, au poil roussâtre de dogue altier, gardant la Maison allemande (dont il venait de réclamer la clef, Strasbourg, hélas !) se dressait. De toute la personne de cet homme, pareil à l'hiver, sortait son adage : « *Jamais assez !* » Le doigt appuyé sur la table, il regardait au loin par une croisée, comme si, oublieux de la présence de l'ambassadeur, il ne voyait plus que sa volonté planer dans la lividité de l'espace, pareille à l'aigle noire de ses drapeaux.

» Il avait parlé. — Et des redditions d'armées et de citadelles, des lueurs de rançons effroyables, des abandons de provinces s'étaient laissé entrevoir dans ses paroles... Ce fut alors qu'au nom de l'humanité, le ministre républicain voulut faire appel à la générosité du vainqueur, lequel ne devait en ce moment se souvenir, certes ! que de Louis XIV passant le Rhin et s'avançant sur le sol allemand de victoire en victoire ; puis de Napoléon prêt à rayer la Prusse de la carte européenne ; puis de Lutzen, de Hanau, de Berlin saccagé, d'Iéna !

» Et de lointains roulements d'artilleries, pareils aux échos de la foudre, couvrirent la voix du parlementaire, qui, par un sursaut de l'esprit, alors, se rappela... que c'était l'anniversaire d'un jour où, du haut de l'échafaud, le roi de France avait aussi voulu faire appel à la magnanimité de son peuple, lorsque des roulements de tambours couvrirent sa voix !... — Malgré lui, Favre tressaillit de cette coïncidence fatale à laquelle dans le trouble de la défaite, personne n'avait pensé jusqu'à cet instant. — C'était, en effet, du 21 Janvier 1871 que devait dater, dans l'histoire, l'ouverture de la capitulation de la France laissant tomber son épée... Et, comme si le destin eût voulu souligner, avec une sorte d'ironie, le chiffre de cette date régicide, lorsque l'ambassadeur de Paris eût demandé à son interlocuteur : Combien de jours de suspension d'armes serait-il accordé ? Le chancelier jeta cette *officielle* réponse : « Vingt-un, pas un de plus... »

» Alors, le cœur oppressé par la vieille tendresse que l'on a pour sa terre natale, le rude parleur aux joues creuses, au nom d'ouvrier, au masque sévère, baissa le front en frémissant. Deux larmes, pures comme celles que versent les enfants devant leur mère agonisante, bondirent hors de ses yeux dans ses cils, et roulèrent silencieusement jusqu'aux coins crispés de ses lèvres ! Car, s'il est une illusion que même les plus sceptiques en France sentent palpiter avec leur cœur, tout à coup, devant les hauteurs de l'étranger, c'est la patrie.

» Le soir tombait, allumant la première étoile. — Là-bas, de rouges éclairs suivis du grondement des pièces de siège et du crépitement éloigné des feux de bataillons, sillonnaient à chaque instant le crépuscule. — Demeuré seul dans cette mémorable salle, après l'échange du salut glacé, le ministre de nos Affaires Etrangères songea pendant quelques instants... Et il arriva qu'au fond de sa mémoire surgit bientôt un souvenir, que les concordances, déjà confusément remarquées par lui, rendirent extraordinaires en son esprit. C'était le souvenir d'une histoire trouble, d'une sorte de légende moderne, qu'accréditaient des témoignages, des circonstances, et à laquelle lui-même se trouvait étrangement mêlé.

» Autrefois, il y avait de longues années ! un malheureux, d'une origine inconnue, expulsé d'une petite ville de la Prusse saxonne, était apparu un certain jour, en 1833, dans Paris. — Là, s'exprimant à peine en notre langue, exténué, délabré, sans asile ni ressources, il avait osé se déclarer n'être autre que le fils de celui... dont la tête auguste était tombée le 21 janvier 1793, place de la Concorde, sous la hache du peuple français.

» A la faveur (disait-il) d'un acte de décès quelconque, d'une obscûre substitution, d'une rançon inconnue, le dauphin de France, grâce au dévouement de deux gentilshommes, s'était positivement échappé des murs du Temple, et l'évadé royal.., c'était lui. — Après mille traverses et mille misères, il était revenu justifier de son identité. N'ayant trouvé, dans *sa* capitale, qu'un grabat de charité, cet homme, que nul n'accusa de démence, mais de mensonge, parlait du trône de France en héritier légitime. Accablé sous la presque universelle persuasion d'une imposture, ce personage inécouté, repoussé de tous les territoires, s'en était allé tristement mourir, l'an 1845, dans la ville de Delft, en Hollande.

» On eût dit, en voyant cette face morte, que le destin s'était écrié : — Toi, je te frapperai de mes poings au visage, jusqu'à ce que ta mère ne te reconnaisse plus. Et voici que, chose plus surprenante encore, les États-Généraux de la Hollande, de l'assentiment des chancelleries et du roi Guillaume II, avaient accordé, tout à coup, à cet énigmatique passant, les funérailles d'honneur d'un prince, et avaient approuvé officiellement, que sur sa pierre tombale fût inscrite cette épitaphe : « Ci-git Charles-Louis de Bourbon, duc de Normandie, fils du roi Louis XVI et de Marie-Antoinette d'Autriche, XVIIe du nom, roi de France. »

» Que signifiait ceci ?... Ce sépulcre (démenti donné au monde entier, à l'histoire, aux convictions les plus assurées), se dressait là-bas, en Hollande, comme une chose de rêve à laquelle on ne voulait pas trop penser. — Cette immotivée décision de l'étranger ne pouvait qu'aggraver de légitimes défiances : on en maudissait l'accusation terrible.

» Quoiqu'il en fût, un jour de l'autrefois, cet homme de mystère, de détresse et d'exil etait venu rendre visite à l'avocat déjà célèbre qui devait être, aujourd'hui, le délégué de la France vaincue. En fantastique revenant, il avait sollicité l'orateur républicain, lui confiant la défense de son histoire. Et, par un nouveau phénomène, l'indifférence initiale, sinon l'hostilité même, du futur tribun, s'étaient dissipées au premier examen des documents présentés à son appréciation. Bientôt, remué, saisi, convaincu (à tort ou à raison qu'importe !), Jules Favre avait pris à cœur cette cause — qu'il devait étudier pendant trente années et plaider, un jour, avec toute l'énergie et les accents d'une foi vive. Et d'année en année, ses relations avec l'inquiétant proscrit étaient devenues plus amies : si bien qu'un jour, en Angleterre, où le défenseur était venu visiter son extraordinaire client, celui-ci, se sentant près de la mort, lui avait fait présent (en signe d'alliance et de reconnaissance profonde) d'un vieil anneau fleurdelysé dont il tut la provenance originelle.

» C'était une chevalière d'or. Dans une large opale centrale, aux lueurs de rubis, avait été gravé d'abord le blason de Bourbon : les trois fleurs de lys d'or sur champ d'azur. Mais, par une sorte de déférence triste, pour qu'enfin le républicain pût porter, sans trouble, ce gage seulement affectueux, le donateur en avait fait effacer, autant que possible, les armoiries royales. — Maintenant, l'image d'une Bellone, tendant sur l'arc fatidique la flèche, aussi, de son droit divin, voilait de son symbole menaçant l'écusson primordial (1).

» Or, d'après les biographes, c'était une sorte d'inspiré, d'illuminé quelquefois, ce prétendant téméraire ! A l'en croire, Dieu l'avait favorisé de visions révélatrices, et sa nature était douée d'une puissante acuité de pressentiments. Souvent, la mysticité solennelle de ses discours communiquait à sa voix des accents de prophète. — Ce fut donc avec une intonation des plus étranges, et les yeux sur les yeux de son ami qu'il ajouta, dans cette soirée d'adieu et en lui conférant l'anneau, ces singulières paroles : « Monsieur Favre, en cette opale, vous le voyez, est sculptée, comme une statue sur une pierre funéraire, cette figure de la Bellone des vieux âges. Elle traduit ce qu'elle recouvre. — *Au nom du roi Louis XVI et de*

---

(1) En 1904, cette bague a été offerte par M. Gaston Velten, neveu de Mme Jules Favre, à M. Bertrand, archiviste au ministère des affaires étrangères, pour être déposée au musée historique dudit ministère. Monseigneur possède une empreinte du chaton.

toute une race de rois dont vous avez défendu l'héritage désespéré,
portez cet anneau ! Et que leurs mânes outragés pénètrent, de
leur esprit, cette pierre ! Que son talisman vous conduise et qu'il
soit, un jour, pour vous en quelque heure sacrée, le témoin de
leur présence ! « — Favre a déclaré souvent avoir attribué,
alors à quelque exaltation produite par une trop lourde con-
tinuité d'épreuves, cette phrase qui lui parut longtemps
inintelligible, mais à l'injonction de laquelle il obéit toutefois
par respect, en passant à l'annulaire de sa main droite
l'anneau prescrit.

» Depuis ce soir-là, Jules Favre avait gardé la bague de ce
« Louis XVII » à ce doigt de sa main droite. Une sorte
d'occulte influence l'avait toujours préservé de la perdre ou
de la quitter. Elle était pour lui comme ces emprises de fer
que les chevaliers d'autrefois gardaient, rivées à leurs bras,
jusqu'à la mort, en témoignage du serment qui les vouait à
la défense d'une cause. Pour quel but obscur le sort lui
avait-il comme imposé l'habitude de cette relique à la fois
suspecte et royale? Avait-il donc fallu, enfin qu'à tout prix
ceci dut venir possible, que ce républicain prédestiné portât
ce signe à la main, dans la vie, sans savoir où ce signe le
conduisait? — Il ne s'en inquiétait pas ; mais, lorsqu'on
essayait de railler en sa présence le nom germain de son
dauphin d'outre-tombe : « Naundorff, Frohsdorff !... »
murmurait-il pensivement.

» Et voici que, par un enchaînement irrésistible, l'imprévu
des événements avait élevé peu à peu l'avocat-citoyen jusqu'à le
faire tout à coup le représentant même de la France ! Il avait
fallu, pour amener ceci, que l'Allemagne fît prisonniers plus
de cinquante mille hommes, avec leurs canons, leurs armes
et leurs drapeaux flottants, avec leurs maréchaux et leur
Empereur... et maintenant, avec leur capitale !

» Et ce n'était pas un rêve. — C'est pourquoi le souvenir de
l'autre rêve, moins incroyable, après tout, que celui-là, vint
hanter M. Jules Favre, pendant un instant ce soir-là, dans la
salle déserte où venaient d'être débattues les conditions de
salut (ou plutôt de vie sauve) de ses concitoyens.

» A présent, atterré, morne, il jetait malgré lui sur l'anneau
transmis à son doigt des coups d'œil de visionnaire. Et sous

les transparences de l'opale frappée de lueurs célestes, il lui semblait voir étinceler, autour de l'héraldique Bellone vengeresse, les vestiges de l'antique écusson qui rayonna jadis, au fond des siècles, sur le bouclier de Saint-Louis.

» Huit jours après, les stipulations de l'armistice ayant été acceptées par ses collègues de la Défense nationale, M. Favre, muni de leur pouvoir collectif, s'était rendu à Versailles pour la signature officielle de cette trêve qui amenait l'épouvantable capitulation. — Les débats étaient clos. M. de Bismarck et M. Jules Favre s'étant relu le traité, y ajoutèrent, pour conclure, l'article 15, dont la teneur suit :

« Article 15 : En foi de quoi les soussignés ont revêtu de » leurs signatures et scellé de leurs sceaux les présentes » conventions. .

» Fait à Versailles, le 28 janvier 1871.

» *Signé* : JULES FAVRE — BISMARCK. »

» M. de Bismarck, ayant apposé son cachet, pria M. Favre d'accomplir la même formalité pour régulariser cette minute, aujourd'hui déposée à Berlin aux archives de l'empire d'Allemagne.

» M. Jules Favre ayant déclaré avoir omis, au milieu des soucis de cette journée, de se munir du sceau de la République française, voulait l'envoyer prendre à Paris. — « Ce serait d'un retard inutile, répondit M. de Bismarck : votre cachet suffira. » — Et, comme s'il eût connu ce qu'il faisait, le chancelier de fer indiquait, lentement, au doigt de notre envoyé, l'anneau légué par l'Inconnu.

» A ces inattendues paroles, à cette subite et glaçante mise en demeure du destin, Jules Favre, presque hagard, et se rappelant le vœu prophétique dont cette bague souveraine était pénétrée, regarda fixement, comme dans le saisissement d'un vertige, son impénétrable interlocuteur.

» Le silence, en cet instant, se fit si profond qu'on entendit, dans les salles voisines, les heurts secs de l'électricité qui déjà télégraphiait la grande nouvelle aux extrémités de l'Alle-

Prince Louis

magne et de la terre ; l'on entendait aussi les sifflements des locomotives qui déjà transportaient des troupes aux frontières.

» Favre reporta les yeux sur l'anneau !... Et il lui sembla que des présences évoquées se dressaient confusément autour de lui dans la vieille salle royale, et qu'elles attendaient, dans l'invisible, l'instant de Dieu.

» Alors, comme s'il se fût senti le mandataire de quelque expiatoire décret d'en haut, il n'osa pas, du fond de sa conscience, se refuser à la demande ennemie ! — Il ne résista plus à l'anneau qui lui attirait la main vers le traité sombre. — Grave, il s'inclina : — « C'est juste ! » dit-il.

» Et, au bas de cette page qui devait coûter à la patrie tant de nouveaux flots de sang français, deux vastes provinces, sœurs parmi les plus belles ! l'incendie de la sublime capitale et une rançon plus lourde que le numéraire métallique du monde : sur la cire pourpre où la flamme palpitait encore éclairant, malgré lui, les fleurs de lys d'or à sa main républicaine, Jules Favre, en pâlissant, imprima le sceau mystérieux où, sous la figure d'une exterminatrice oubliée et divine, s'attestait quand même ! l'âme — soudainement apparue à son heure terrible, — de la Maison de France !!!

» Comte de Villiers de l'Isle-Adam ».

Que dites-vous de cette page, Monsieur le Doyen ? Affirmeriez-vous maintenant que, dans l'histoire de ce siècle, la *Survivance* n'a jamais compté pour rien ?

Hélas !

Mais si l'ombre de Louis XVII méconnu assistait là, mystérieusement, au traité de la défaite, son héritier — plaise à Dieu de nous faire voir ce jour — signera le traité de la revanche.

Nous ne sommes pas des Jaurès... nous autres !

Nous chantons à pleine voix et à plein cœur cet appel ardent des foules catholiques à la puissance de Dieu :

« Sauvez Rome et la France,
Au nom du Sacré-Cœur ! »

Et si je meurs avant de voir réalisé mon double vœu, je

mourrai inconsolé, mais plein d'espérance. L'Eglise est immortelle. Quant à la France, fille aînée de l'Eglise et sergent de Dieu, Dieu ne l'a point encore remplacée. Elle est éprouvée, non réprouvée. Elle comprendra un jour les réparations qui s'imposent à elle.

OSMOND (1)

---

(1) Ce pseudonyme n'en est plus un aujourd'hui. Comme la visière des chevaliers de jadis, il a été brisé dans la mêlée. Pourquoi avais-je choisi ce nom ? Je l'ai dit dès le premier numéro de la *Legitimité* dans une note que je reproduis ici :

LA LÉGENDE D'OSMOND. — On sait que Louis IV d'Outremer voulait s'emparer de la Normandie, et retenait prisonnier le jeune duc Richard. Voici comment cet autre *duc de Normandie* parvint à s'échapper : « Le gouverneur de Richard, un seigneur nommé *Osmond*, d'une illustre famille de Normandie, dévoué à son jeune maître de ce dévouement sans limite qu'on n'a plus revu depuis les races féodales, entreprit de le sauver, en usant à la fois de ruse et d'audace. Par ses conseils, Richard feignit tout à coup d'être gravement malade ; il se mit au lit, et il parut si mal au bout de quelques jours qu'on désespéra de sa vie. Trompés par ce stratagème, les gardes entretenus par le roi se départirent peu à peu de leur vigilance. Un soir, Osmond, déguisé en palefrenier, pénétra dans la chambre du prince, l'enveloppa dans une botte de foin, le chargea sur son épaule et, traversant les cours du palais et les rues de la ville sans exciter aucune défiance, il franchit les portes. Au bas de la montagne de Laon, il s'arrêta dans une maison amie, dégagea le jeune duc, le fit monter à cheval, et l'accompagna d'abord jusqu'au château de Coucy, puis jusqu'à Senlis, où il le mit sous la protection du duc de France, Hugues-le-Grand ». — M. Mourin, *les Comtes de Paris*, p. 222.

FIN

TABLEAU GÉNÉALOGIQUE DE LA DESCENDANCE DE LOUIS XVI

LOUIS XVI

LOUIS
(1er *Dauphin*).
† le 4 juin 1789

MARIE-THÉRÈSE
(*Madame Royale*)
née le 19 décembre 1778
mariée au DUC D'ANGOULÊME
† en 1851
(*sans enfants*)

LOUIS-CHARLES
(*duc de Normandie*)
né le 27 mars 1785
marié à Jeanne-Frédérique Einert
† à Delft (Hollande)
le 10 août 1845

1
AMÉLIE
née en 1819
mariée à
Abel Laprade
† le 27 décembre
1891
à Messac
(Ille-et-Vilaine)

2
CHARLES-ÉDOUARD
(CHARLES X)
né le 23 juillet 1821
† le 31 janvier
1866
à Bréda
(*sans alliance*)

3
MARIE-ANTOINETTE
née en 1829
mariée à
Guillaume
van der
Horst, puis
à Benjamin
Daymonaz,
† en 1893

4
LOUIS-CHARLES
(CHARLES XI) .
né le 11 mars 1831
marié à Hermine
de Kruijf
† le 26 novembre
1899
à Tétéringen
(Hollande)
(*sans enfants*)

5
CHARLES-EDMOND
né le 24 mars 1833
marié en 1872
à
Christina Schœnlau
† le 29 octobre
1883
à Bréda (Hollande)

6
MARIE-THÉRÈSE
née en 1835
encore vivante
veuve
de M. Le Clercq

7
ADELBERTH
né le 26 avril 1840
marié à
Marie du Quesne
† le 18 octobre
1887

8
EMMANUEL
né le 14 mars
1843
† le 13 février
1878
(*sans alliance*)

1
CORNÉLIE
mariée
à M. Tourtelot

2
AUGUSTE-JEAN-CHARLES-EMMANUEL
(JEAN III)
né le 6 novembre 1872
à Maëstricht
marié le 7 février 1898
à
Fanny-Marie-Magdelaine
Cuillé

3
CHARLES-LOUIS-MATHIEU
(MONSIEUR)
né le 4 mars 1875
à Maëstricht

4
LOUIS
né le 29 août
1878
à Bréda

1
LOUIS
né le
8 décembre
1866
marié à
Gabrielle
Johan

2
HENRI
né le
25 octobre
1867
marié à
Caroline
van Kervel

3
EMMANUEL
né le
14 janvier
1869

4
FERDINAND
† 1873

HENRI-CHARLES-LOUIS
(DAUPHIN)
né le 27 novembre 1899
à Lunel

APPENDICES

APPENDICE

I

MÉDAILLES RÉVÉLATRICES

Le roi de Prusse Frédéric-Guillaume II a laissé, à son fils Frédéric Guillaume III, des traditions très précises au sujet de Louis XVII.

Dans le cours de cette brochure, nous avons dit un mot déjà *des médailles frappées par son ordre.*

Expliquons-nous plus au long.

Dans le n° de la *Voix d'un Proscrit* du 20 mars 1840, M. Gozzoli, directeur de cette revue, publia la lettre suivante :

« Perpignan, le 13 mars 1840.

» Monsieur,

» Une attaque de goutte m'a empêché de vous adresser plus tôt cette lettre ; mais j'espère qu'elle arrivera assez tôt pour vous autoriser à publier la description du médaillier mystérieux dont je suis dépositaire, *et pour la saisie duquel* Louis XVIII *a fait ou ordonné de faire tant de visites de police, tant d'actes violents et sans exemples,* puisqu'il a porté l'audace jusqu'à violer le droit des gens sur la personne, les papiers, et même les écrins, la caisse et la bourse de mon ami, le commandeur d'Oliveira, ambassadeur portugais, lorsqu'il était sur le point de s'embarquer au Havre pour Lisbonne, le 15 novembre 1822.

» Rien ne manque à l'authenticité de ce médaillier, *qui constate la délivrance du Dauphin le jour même qui fut assigné à sa mort*, et qui prouve (1) que le comte de Lille ne se reconnaissait pas comme roi de France. Un procès-verbal, ou inventaire très minutieux de tout ce que le royal fugitif avait pu laisser dans son appartement, fut dressé par ordre de Napoléon, le 20 mars 1815, avant qu'il ne pénétra de sa personne dans cet appartement. Cet inventaire décrit, jusque dans ses moindres détails, l'une des six médailles, celle de Louis XVI, *et porte qu'un ruban noir plus que fané, témoignait que cette médaille avait dû être suspendue journellement au cou de quelqu'un et probablement au cou du roi.*

» Cet inventaire a dû nécessairement être déposé aux archives ; *je l'ai lu et je l'ai fait lire à un certain nombre d'amis, dans un journal qui prit naissance au retour de Napoléon*, et qui cessa de paraître après sa chute.

» En quelque nombre et de quelque importance que puissent être les témoignages des personnes vivantes, jamais ils n'auront la force de celui qui est inscrit dans ce singulier médaillier ; puisque là, *c'est l'oncle lui-même qui constate la délivrance de son royal neveu...* (2).

» SAUQUAIRE DE SOULIGNÉ.

---

(1) ? ? ?

(2) Rien n'indique, selon nous, que la frappe de ces médailles ait été faite sur une suggestion de Louis XVIII.

MÉDAILLES RÉVÉLATRICES

5ème Médaille

6ème Médaille

» P.-S. — Celui qui vous remettra ce billet vous fera voir les six médailles qui sont actuellement dans ses mains, afin qu'il ne manque rien à votre conviction sur la fidélité et la minutieuse exactitude de la description que j'en fais..... »

Les deux dernières médailles sont les seules importantes à décrire pour le besoin de notre cause. Les quatre premières ont pour objet le martyre de Louis XVI, de la Reine, de Madame Elisabeth et l'exécution du duc d'Orléans. Elles sont toutes signées : *Loos*.

Etudiée dans son ensemble, la sixième médaille, qui constate le retour du Prince à la liberté, démontre avec quelle intelligence de l'œuvre accomplie elle a été formée. La cinquième représente l'image du Dauphin et de sa sœur réunis, tous les deux prisonniers. Autour on lit : « Louis-Charles et Marie-Thérèse-Charlotte, enfants de Louis XVI. »

Au revers, on voit une toile de théâtre qui cache la scène ; au-dessous on lit : « *quand sera-t-elle levée ?* » Cette médaille indique qu'elle voile un mystère relatif aux enfants de Louis XVI. Avec la sixième, elle prouve l'évasion du Dauphin. Sur un côté de cette dernière, on voit l'image de Louis XVII. Autour, on lit : « Louis, *second fils* de Louis XVI, *né le* 27 *mars* 1785. »

Au revers, la toile de la médaille précédente est relevée. On voit un ange écrivant avec un burin sur le marbre d'un mausolée :

« *Redevenu libre, le* 8 *juin* 1795. »

Il est assis sur un cercueil qui, au lieu d'être sous le mausolée, est par devant et en dehors, de sorte que le mausolée n'est qu'un cœnotaphe *vide*. Un de ses pieds foule à terre une torche funéraire fumante qu'il vient de renverser; l'autre pied s'appuie sur le cercueil, au-dessus d'un obituaire ouvert qui porte les noms des quatre personnes royales décédées: Louis (*premier Dauphin*). — Louis XVI. — Antoinette. — Elizabeth. Ceux-là sont morts. *Quand au Dauphin, il est redevenu libre.* Le tombeau, qui l'attendait, n'a pas même son cercueil.

Tout le système de l'évasion est là. Les quatre décès antérieurs au 8 juin sont prouvés par le cercueil, contre lequel est adossé le livre qui porte les noms des décédés; la date du 8 juin rend la liberté au second Dauphin par la mort de l'enfant substitué; le cercueil rappelle celui dans lequel le Prince est sorti du Temple.

Indépendamment des mots: « *Redevenu libre le 8 juin* 1795 », cette vérité est de nouveau reproduite par le soin qu'à eu l'auteur de la médaille d'indiquer que le Dauphin survit à son frère, à son père, à sa mère, à sa tante, *en opposant la vie à la mort.*

Ainsi, la toile levée *laisse voir quatre morts et le Dauphin vivant.*

Si l'on rapproche, en outre de cette preuve si décisive de l'évasion, et qui supplée à toutes les autres, la révélation de Naundorff par laquelle, le premier de tous, il a fait connaître que sa délivrance avait été opérée par suite de la mort d'un enfant substitué, arrivée le 8 juin 1795, et à l'aide de son cercueil, il devient difficile de ne pas l'admettre, quand elle se trouve si positivement confirmée, à son insu, par le burin de l'histoire numismatique. Mais là n'est pas pour l'instant la question.

« Au nombre des amis du Prince, dit Me J. Favre,

se trouvait un homme très considérable... ; et à ce propos, laissez-moi vous dire qu'un des plus grands regrets que j'éprouve, après celui de vous fatiguer si longtemps, est celui non moins vif de ne pouvoir le faire davantage..... Car si je pouvais dire tout ce que je sais..... ; si je pouvais verser mon cœur dans le vôtre et vous faire assister aux études que j'ai faites, *ma cause n'y perdrait rien.*

» Au nombre des amis du Prince, dis-je, se trouvait un homme des plus honorables !.... un docteur éminent, c'est-à-dire un homme peu disposé à la credulité, *M. le chevalier de Caro*, le médecin particulier, aux eaux de Carlsbad, de Mme la duchesse d'Angoulême. Il avait pour elle un grand dévouement, et ce n'est qu'à son corps défendant, vaincu par la vérité, qu'il a cru à l'existence de Louis XVII, qui lui avait été fort indifférente jusqu'au voyage de Mme de Rambaud à Prague, en 1834....

» Etudiée dans son ensemble, la sixième médaille, qui constate le retour du Prince à la liberté, démontre avec quelle intelligence de l'œuvre accomplie elle a été formée. Elle ne doit pas être isolée de la cinquième. Celle-ci représente l'image du Dauphin et de sa sœur réunis, tous les deux prisonniers. Autour on lit : « LOUIS-CHARLES et MARIE-THÉRÈSE-CHARLOTTE, *enfants* de Louis XVI.

» Possesseurs de ces médailles, nous en avons recherché l'origine. Pour cela, nous ne pouvions mieux nous adresser qu'au docteur de Caro. Il est allé aux informations, et tout d'abord il a su — et ceci donne peut-être à ces petits morceaux de cuivre une valeur, un caractère un peu moins dérisoire que celui que nos adversaires seraient tentés de leur attribuer, — il a, dis-je, su que les six médailles *existaient dans le cabinet numismatique de Berlin et de Vienne.*

» C'était quelque chose ! Continuant ses investigations, il a appris ensuite que ces médailles avaient été frappées en 1795 ou 1796, par un graveur nommé *Loos*, habitant Berlin, et mort depuis longtemps. Son fils ne voulut pas faire connaître la personne qui s'était rendue auprès de son père pour commander ces médailles ; il essaya même de soutenir que c'était de son propre mouvement que son père les avait livrées au public..... Mais cette version est peu probable. J'ai dit, en effet, et nous le savions, que ces médailles sont dans le cabinet numismatique de Paris.

» En 1826, on fit un catalogue de toutes les médailles du cabinet numismatique. Arrivé à celles-ci, savez-vous comment on traduisit ces mots « *Redevenu libre le 8 juin* 1795 ? » : « Mort au Temple le 8 Juin 1795 ! » Il faut convenir que les commentateurs en prennent à leur aise. Si l'on avait mis : « *Devenu libre,* » je concevrais qu'à la rigueur on eût pu hasarder cette interprétation ; mais « *Redevenu libre !* » Je ne sache pas *qu'on meure deux fois; on ne* REMEURT *pas.* « *Redevenu libre* » veut évidemment dire qu'il est *sorti de prison,* et non pas qu'il est mort. C'est ce que confirme M. de Caro dans la lettre suivante, du 19 février 1841, adressée à Londres au duc de Normandie :

« Monseigneur,

» Mme Forest (1), aura probablement communiqué

---

(1) Dame d'atours de la cour de Saxe.

à Votre Altesse Royale le présent qui lui a été fait de deux médailles d'argent relatives à votre évasion du Temple. Mais ce qu'elle ne peut vous avoir mandé, ce sont les observations et les recherches numismatiques que ces médailles m'ont fait faire. N'ayant vu dans la description qu'elle m'a envoyée qu'une nouvelle mais imposante confirmation de votre évasion du Temple, j'ai désiré vivement d'apprendre quand, à quelle occasion, et aux frais de qui elles furent gravées et frappées. J'ai fait prendre des renseignements là-dessus dans les musées numismatiques de Vienne, de Dresde et de Berlin ; mais mes propres recherches, sans sortir de Prague, ont devancé celles que j'ai mises en train dans les trois autres capitales. J'ai donc appris ce à quoi je m'attendais le moins.

» Notre bibliothèque impériale de l'Université possède *l'Histoire numismatique de la Révolution française,* ou description raisonnée des médailles, monnaies et autres monuments numismatiques relatifs aux affaires de la France, depuis l'ouverture des Etats-Généraux jusqu'à l'établissement du gouvernement consulaire.

» L'une des médailles constate si manifestement votre évasion du Temple le 8 juin 1795, que son importance est grandement rehaussée par les soins qu'on a pris, sous la Restauration, d'en dénaturer le sens, en expliquant *votre retour à la liberté* comme synonyme de la mort ; quoique cette explication paraîtrait tout aussi absurde à un Hottentot ou à un Iroquois qu'elle doit l'être à un Français ou à un Anglais. L'*Histoire numismatique* fut publiée à Paris en 1826, donc sous Charles X. Votre Altesse Royale sera, j'en suis sûr, touchée de l'intérêt qu'attachent à la découverte de ces deux médailles deux grands personnages, à qui j'en avais envoyé la description, et auxquels j'avais dit que je remuerais ciel et terre pour découvrir à quelle occasion et à l'instigation de qui l'événement avait été transmis à la postérité par Loos. Il parait, dis-je, que l'un de ces bienveillants personnages a mis du prix à me devancer, attendu que, sans que je l'eusse prié et à mon insu, il a fait faire à Berlin des recherches directes, dont le résultat a été aussi prompt qu'intéressant.

» J'ignore qui est l'ami, également grand seigneur, auquel il s'est adressé ; mais le fait est que ce dernier s'est si bien acquitté de sa commission que le présent Loos, essayeur général de la monnaie à Berlin, lui a fait cadeau des six médailles en bronze que feu son père, SANS SUGGESTION ÉTRANGÈRE, du temps de la Révolution française, a fait paraître sur le sort malheureux de la famille royale de France. Ce sont les propres paroles de Loos, dans sa réponse, dont j'ai eu en main l'original. Sans parler de l'idée de chacune d'elles, les légendes dont les unes sont en vers, les autres en prose, ont un caractère si français qu'il me parait *absolument impossible* qu'elles aient été *imaginées et composées par un médailleur allemand*; et si le père Loos revenait au monde pour me dire, avec son fils, qu'il les mit au monde *sans suggestion étrangère*, je ne pourrais, ne leur en déplaise, que leur rire au nez, et n'en pas croire un mot. L'auteur de l'idée et des légendes doit avoir été Français et avoir dirigé le burin de l'habile graveur allemand. Passons-les en revue....

» Le commentateur de ces médailles, c'est-à-dire *l'auteur de l'Histoire numismatique, déjà citée*, nomme *les six victimes*, expression par laquelle il est manifeste qu'il n'entend pas seulement les *victimes immo-lées*, mais aussi les *victimes vivantes*.... Je ne doute pas que le défunt Loos, puisque son nom y est et que son fils l'atteste, ait gravé les *six victimes* ; mais si les idées, les légendes, et même les jeux de mots, comme dans celle *d'Égalité*, si éminemment français, sont de lui, sans avoir eu de *souffleur*, je consens à être la *septième*, en laissant même à l'exécuteur des hautes-œuvres, chargé de me *victimer* tout de bon, le choix du glaive ou de la guillotine.

» D'ailleurs le présent G. Loos n'est tenu envers personne de nommer ceux qui firent travailler feu son père, c'est-à dire qui lui suggérèrent *l'idée* ou *les idées* de ces six médailles, et si nous réfléchissons qu'elles furent gravées et probablement frappées en 1795, c'est-à-dire il y a quarante-six ans, il se peut fort bien que le fils ignore qui étaient les personnes à la suggestion desquelles ces médailles furent publiées. N'est-il pas de plus très probable que, pour un monument numismatique de cette impor-tance, et si opposé à la conduite politique de son gouvernement, il ait reçu les instructions les plus positives (1).... »

Le même ami écrivait en même temps à Mme Fo-rest :

« Vous vous étonnerez sans doute, Madame, qu'en 1826, sous le règne de Charles X, on ait fait connaître au monde deux médailles, dont l'une annonçait que

---

(1) Assurément. Sans cela il n'eût pas pris sur lui de frapper ces médailles. Mais il est possible et probable que le roi de Prusse les a composées d'après quelqu'inspiration française : M. de Caro a raison.

l'orphelin du Temple était redevenu libre le 8 juin 1795; et par conséquent *l'usurpation de Louis XVIII et de Charles X*. C'eût été en effet une inconcevable maladresse. Mais qu'a-t-on fait pour se tirer de ce mauvais pas ? Omettre tout à fait l'insertion des médailles, dans un ouvrage qui contenait toutes celles de la Révolution, c'était s'exposer à les voir publier et commenter *dans leur vrai sens*, dans quelque autre ouvrage à l'étranger, où elles furent gravées et frappées, ou même en France.

» C'est pourquoi, je pense, on prit le parti de les faire graver telles qu'elles sont, mais d'en *dénaturer* entièrement le sens, probablement dans l'espoir que les lecteurs superficiels et inattentifs ne se donneraient pas la peine de collationner les gravures avec leur commentaire ; et cela d'autant plus *qu'on a eu le soin* de mettre à côté des médailles en question, une autre sur laquelle on lit : — *Mort au Temple*, le même jour. — »

On lit dans une lettre du 4 décembre 1882, adressée à l'*Echo de la Dordogne* par M. l'abbé Dupuy, de Bergerac :

« C'est ainsi qu'à l'époque de la première substitution on fait frapper une première médaille répandue dans tous les musées de l'Europe. Nous la possédons nous-même ; et elle fait partie de la collection de la Bibliothèque Nationale, où nous l'avons souvent examinée. D'un côté elle représente les deux enfants de Louis XVI, et de l'autre une toile mystérieuse tirée sur une tringle avec cette exergue : « *Quand sera-t-elle levée ?* » Ce qui veut dire en bon français, la numismatique ne s'occupant jamais de l'avenir,

« *quand verrons-nous clairement ce qui se passe au Temple ?* »

« L'évasion est-elle devenue un fait accompli, tout aussitôt on en frappe une seconde qui annonce la bonne nouvelle « *redevenu libre le 8 juin 1795.* » L'or, l'argent, le bronze, le cuivre et l'étain mettront ces médailles à la portée de toutes les bourses. La Bibliothèque nationale les possède en quatre métaux différents et en cinq exemplaires. »

J'ai vu moi-même à Lunel, chez notre cher Prince, un exemplaire en argent de cette fameuse médaille. Il n'y a pas à s'y méprendre ; dès 1795, le graveur Loos, essayeur général de la monnaie de Berlin, a voulu signaler (cinquième médaille) qu'il y avait un mystère à la Tour du Temple relativement aux enfants de Louis XVI, et dévoiler (sixième médaille), la solution du mystère quant au Dauphin (1). Selon lui c'est la mort arrivée le 8 juin 1795 qui a rendu la liberté au Dauphin. L'ange ou le génie de l'histoire qui burine cette date et cette délivrance est assis sur le cercueil, instrument de l'évasion, et renverse du pied le luminaire funèbre qu'on avait dressé auprès.

Ainsi Loos a su, en 1795, le vrai mode de l'évasion telle que Naundorff, *qui connut ces médailles* en 1840, l'a racontée en 1835.

Maintenant, Loos a-t-il frappé ces médailles sans aucune suggestion étrangère, comme l'a prétendu son fils ?

---

(1) Mais non quant à Madame. On a dû, très probablement, avoir des projets sur elle... Dans la cinquième médaille, le rideau est tiré sur elle comme sur son frère.

Comment donc aurait-il su, lui, modeste fonctionnaire, *le Secret d'Etat de la Tour du Temple*?

Que le roi de Prusse et ses ministres l'aient connu et en aient saisi toute la philosophie, je le comprends, mais l'essayeur des monnaies, *non*.

Et puis ce fonctionnaire eût-il connu et compris le mystère, n'aurait certainement pas pris sur lui de frapper pour la France — les inscriptions sont, en effet, non en allemand, mais en français — des médailles dévoilant, à tout bon entendeur, *le Secret d'Etat* le plus brûlant de la puissance voisine.

Donc, Loos n'a pas frappé cette série des *six victimes* sans l'ordre de ses chefs, c'est-à-dire du gouvernement de Frédéric-Guillaume II.

Au surplus, M. Otto Friedrichs a trouvé une brochure, imprimée en 1793 (1). Elle porte sur le titre la première médaille de la série des *six victimes* dont fait partie la fameuse médaille de l'évasion. Elle dit textuellement : « Cette médaille a été frappée à Berlin *par ordre du Roi* » ; et elle ajoute : « Cette médaille se trouve à Berlin, chez Loos, médailliste de la Cour. » A la bonne heure ! C'était bien à supposer : on n'avait point agi sans l'ordre du roi. Eh bien ! si ces médailles ont été frappées par ordre de Frédéric-Guillaume II, voilà qui leur donne une haute valeur. Le roi de Prusse aurait donc su le mystère du Temple et le *quomodo* de son dénouement (2). Or, il le raconte

---

(1) *La Question de Louis XVII*, étude historique publiée sous la direction de M. Otto Friedrichs, Paris, 1900, p. 70.

(2) On pourra objecter que *la brochure de* 1793 ne parle que de la première médaille, en indiquant qu'elle a été frappée par ordre du roi, mais qu'elle ne parle pas des cinq autres. Il nous paraît

exactement, en ses médailles, comme Naundorff, seul,
l'a raconté. N'y a-t-il pas là une coïncidence extrême-
ment remarquable ? Le récit de Naundorff ne se
trouve-t-il pas confirmé, par avance et à son insu, par
le roi Frédéric Guillaume II ? Et l'identité royale du
prétendant n'est-elle pas ainsi indirectement reconnue par le gouvernement prussien dès 1795 ? Car
aucun des autres prétendants n'a raconté l'évasion,
selon la formule adoptée par Frédéric-Guillaume II.

*
* *

Frédéric-Guillaume II mourut en 1797. Son fils,
Frédéric-Guillaume III lui succéda. Or, l'année suivante, la reine Louise, sa femme, qui a laissé dans
l'histoire un renom de bonté et de vaillance, payait
la pension de Naundorff chez un pasteur protestant
de Suisse. Nos lecteurs savent déjà, s'ils ont lu la *Survivance*, que Naundorff, à son entrée en Prusse, en
1809, eut pour compagnon un jeune homme nommé
Frédéric Leschot, oncle de Mlle Marie Leschot, de
Genève, qui a récemment publié son témoignage.
Or, ce n'était pas la première fois que Frédéric ren-
contrait ce mystérieux ami qui allait bientôt porter
le nom de Naundorff :

« Dans l'année 1798, raconte Mlle Leschot, Frédéric avait été envoyé en pension à Neuveville, chez
son aïeul maternel le docteur Himely. Or, il m'a été
raconté que le docteur gardait à cette époque un

évident que Loos, ayant frappé la première sur l'ordre du roi,
n'aurait pas commis l'impertinence de frapper les suivantes sans
cet ordre.

jeune garçon de grande famille, qu'on tenaït caché en le faisant passer pour un fou inabordable : les parents de cet enfant étaient morts sur l'échafaud, mais lui avait été sauvé par des serviteurs devoués, qui étaient venus ensuite se réfugier en Suisse ; et il avait été confié pour quelque temps à la famille Himely. Avait-on révélé son nom au docteur ? et mon oncle Frédéric reconnut-il cet enfant pour celui-là même qui avait passé chez son père l'année précédente ? Je n'en sais rien (1). Je ne puis pas davantage certifier que le jeune garçon soit resté tout ce temps (de 1798 à 1800) à Neuveville : il se peut qu'il ait été caché alors déjà, comme il le fut plus tard, dans la Neuve-Métairie dont je parlerai tout à l'heure.

» Mais le docteur Himely mourut le 27 avril 1800, et Frédéric, après un court séjour à Genève, fut envoyé chez son oncle et parrain Aimé-Bénédict Himely, qui venait de passer (juin 1798) de Court à Bévilard en qualité de pasteur.

« M. le Pasteur Himely — écrit-on de Bévilard » même, le 24 avril 1884 — était célibataire et vivait » avec son frère le capitaine Himely qui avait servi » dans les cent-suisses. Il recevait les enfants de deux » sœurs qui étaient mariées, l'une, à Tramelan, à un » M. Perrin (2), et l'autre à un M. Leschot... D'après les » renseignements recueillis, M. Himely s'occupait » d'études scientifiques, de mathématiques, m'a-t-on » dit ; il aimait ses neveux et nièces, qui passaient

---

(1) C'est probable. Mais il est certain (et cela nous suffit), qu'en 1809, Frédéric reconnut facilement son compagnon d'études et de jeux de Neuveville et de Bévilard.

(2) Ou Perret, on va le voir plus bas.

» volontiers *des mois et même des années* dans sa
» maison. Il était un peu original et son frère le capi-
» taine plus que lui... »

» Là encore, Frédéric Leschot, mon cher oncle, se
rencontra avec ce même jeune homme qui avait été
confié à la famille Himely et qui passait pour être le
fils d'une dame Perrin. Très sûrement l'on m'a dit que
ce jeune garçon était *sous la protection du roi et de
la reine de Prusse, et que la reine Louise était toute
dévouée à sa cause;* et il ne parait pas qu'on l'ait tenu
caché comme auparavant. Quant à cette dame Perrin,
qui était censée sa mère, c'était, je crois, une Lée, de
Neuveville, qui avait épousé (je ne sais si c'est en
premières ou en secondes noces) un M. Perrin ou
Perret. Un peu plus tard, elle disparut sans qu'on ait
jamais su ce qu'elle était devenue ».

Ainsi Naundorff, pendant ses études, était « sous la
protection » de Frédéric-Guillaume III et de la reine
Louise, qui était « toute dévouée à sa cause ».

*
* *

Voilà ce qui explique bien que, quelques années
plus tard, Naundorff, échappé des prisons de Napoléon, alla chercher un refuge en Prusse et s'engagea
dans une troupe de francs-tireurs prussiens, com-
mandée par le célèbre partisan Ferd. von Schill.
Mais la chose tourna mal pour lui. Il fut fait prisonnier par les troupes françaises. Les officiers furent
fusillés à Wésel par ordre de l'Empereur et les simples francs-tireurs furent dirigés sur le bagne de Tou-
lon, car Napoléon les regardait comme hors le droit
des gens. Heureusement pour Naundorff, il fut malade
et mis à l'hôpital le long du chemin et, de l'hôpital,

il réussit à s'évader avec Frédéric, qu'il venait de retrouver. Peu après, il perdit ce gai et dévoué compagnon, qui fut pris en Wesphalie par la gendarmerie du roi Jérôme. C'est alors seulement qu'il prit le nom de *Naundorff*, inscrit sur un passeport qu'un inconnu lui prêta comme étant le sien propre. Ici, j'aurais beaucoup à raconter, mais je dois me hâter et montrer la nouvelle attitude de Frédéric-Guillaume III, ou du moins de son gouvernement vis-à-vis de Naundorff. Il ne m'est pas entièrement démontré, en effet, que le roi ait su, à sa date, l'arrivée de Naundorff à Berlin. C'est à peine s'il venait d'y rentrer lui-même, ayant fui devant Napoléon. La Prusse était bien humble alors devant l'Empereur. Il pourrait se faire que le prince de Hardenberg, connaissant les sentiments bienveillants du roi et la fragilité du trône, ait cru devoir cacher à son royal maître cette complication à la fois utile et fâcheuse. *Fâcheuse* : le dauphin était échappé du donjon de Vincennes et, si Napoléon venait à savoir le lieu de son refuge, il en éprouverait une colère redoutable. Il était bon, en ce cas, que le roi pût, avec une absolue sincérité, prétexter de son ignorance. *Utile :* ne pourrait-on pas un jour, à l'heure des revers, faire renaître à l'encontre du triomphant empereur, l'idée légitimiste et lui jeter dans les jambes Louis XVII retrouvé, reconnu, soutenu ? Ne pourrait-on pas, subsidiairement, si Louis XVIII remontait sur le trône, le menacer de Louis XVII et profiter de la fausse position de Louis XVIII pour obtenir de lui des concessions plus larges ? Oui, il était bon d'accueillir Louis XVII comme un en-cas dont on pourrait peut-être user à l'occasion. Mais, pour cela, il fallait le dérober aux recherches de Napoléon et, dès lors, lui maintenir sur le visage, ce masque politique de *Naundorff*, dont il arrivait masqué d'avance. Et, pour cela encore, il fallait que Naundorff, au milieu des troupes françaises qui sans cesse parcouraient le pays, fut un citoyen comme tout le monde, ne se faisant remarquer par aucune singularité de religion ou de langage, travaillant tranquillement et ne laissant pas croire qu'il était français et catholique. Mais comment faire ? Pour le faire recevoir bourgeois de Berlin, c'était difficile. La municipalité de Berlin eut demandé, suivant la loi, l'acte de sa naissance, et cet acte, on ne voulait pas, on ne pouvait pas le donner.

Il serait plus facile aujourd'hui au Gouvernement français de peser sur le Conseil municipal de Saint-Cloud ou de Vincennes que sur celui de Paris. De même le Gouvernement prussien pensa qu'il pourrait faire recevoir Naundorff comme bourgeois de Spandau, sans aucun des papiers exigés par la loi, sans acte de naissance démontrant qu'il était citoyen prussien ou sans acte de naturalisation constatant qu'il l'était devenu : pareille tentative à Berlin aurait pu ne pas réussir. Voici comment, en son plaidoyer, Jules Favre expose l'affaire :

« M. Lecoq (1), disait l'illustre avocat, paraissait à l'avance disposé à accepter cette confidence de Naundorff. Seulement, il dit à l'étranger :

« — Vous ne pouvez pas rester à Berlin ; la police
» française vous inquiéterait et nous aussi : il faut
» vous rendre dans une ville voisine, à Spandau, vous
» vous y ferez recevoir bourgeois ».

---

(1) Préfet de police de Berlin.

» Se faire recevoir bourgeois n'était pas chose facile. Naundorff en fit l'objection.

« — Ne vous en préoccupez pas, répondit M. Lecoq, » je me charge de lever toutes les difficultés ».

» Or, Messieurs, aux termes d'une ordonnance prussienne du 19 novembre 1808 (1), on ne pouvait être admis bourgeois d'une ville qu'à la condition de certifier ses antécédents et surtout de fournir son extrait de naissance. C'était là une pièce indispensable sans laquelle rien n'était possible.

» M. Lecoq dit qu'il se chargeait de tout, qu'il enverrait les pièces nécessaires, et Naundorff partit pour Spandau.

» Il y resta quelques mois, après lesquels, sur l'ordre de M. Lecoq, il présenta sa demande à la bourgeoisie de Spandau pour y être admis.

» Voici le texte de la requête, qui porte la date du 25 novembre 1812 :

« Actum Spandau, ce 25 novembre 1812.

» En vertu d'assignation, paraît :

» 1° — L'horloger Charles-Guillaume Naundorff en » personne, habitant, et dépose :

» Je suis venu de Berlin ici avec la permission du » magistrat de cette ville pour m'y établir comme » horloger. Etant tenu, aux termes de la loi, de me » faire conférer le droit de bourgeoisie, je présente, » à cet effet, un certificat du 2 novembre *c. in origi-*

---

(1) Par conséquent toute récente et non tombée en désuétude.

» *nali* (1), du président royal de la police, conseiller
» d'Etat à Berlin, Monsieur Lecoq. Je sollicite donc,
» en conséquence, mon admission comme bourgeois
» dans cette ville...

» 2° — Le marchand M. Jean-Chrétien-Samuel
» Beckmann.

» Le même dit : etc., etc.

Berlin, le 26 mai 1836.

» Pour copie conforme (2).

» WELFF,

» Inspecteur secret de la chancellerie au minis-
» tère de l'intérieur et de la police. »

« Suit le certificat de M. Lecoq, que nous avons
» pu nous procurer depuis.

» Vous allez voir quel est son impératif laconisme :

» Nous certifions, par le présent acte, que Charles-
» Guillaume Naundorff, horloger, pendant son séjour
« dans cette ville, s'est toujours comporté en habi-
» tant paisible et régulier ; et que, d'ailleurs, il n'existe
» point ici de renseignements défavorables sur son
» compte.

» Berlin, le 2 novembre 1812.

» *Le conseiller d'État royal et président
de la police de Berlin,*

» *Signé :* LECOQ. »

---

(1) Cet original existe encore à l'Hôtel de Ville de Spandau.
M. Otto Friedrichs l'y a vu récemment.

(2) Ces documents ont été envoyés à M. Xavier Laprade, par
l'intermédiaire de l'ambassade de Prusse à Paris, en 1836. Ils sont
actuellement entre les mains de Madame Adelberth de Bourbon.

» Comment donc, Messieurs, l'ordonnance du 19 novembre 1808 pouvait-elle être ainsi interprétée ? Comment la municipalité pouvait-elle accepter un semblable certificat comme le remplacement des pièces prescrites par cette ordonnance ? A cela il n'y a qu'une réponse raisonnable, à savoir : que dès les premiers jours, la police a protégé autant qu'elle a persécuté celui pour les enfants duquel je parle : et de cette protection occulte accordée par la police, il faudra bien qu'on m'explique l'origine et la cause, si elle n'est pas dans un secret d'Etat, que M. Lecoq connaissait. Aussi, voyez, il donne un ordre auquel il est impossible de se soustraire, et, sur le vu de cet ordre, les droits de bourgeoisie furent conférés par l'acte suivant en date du 8 décembre 1812 :

« Le magistrat de la ville royale prussienne de
» Spandau, située en la Kurmark, certifie et reconnaît,
» par ces présentes, que l'horloger Charles-Guillaume
» Naundorff, après avoir justifié des qualités requises,
» a été admis comme bourgeois de cette ville...

» Délivré, pour lui servir de document authen-
» tique, et scellé du sceau de la ville de Spandau, le
» 8 décembre 1812.

> *Le magistrat de la ville,*

» *Signé :* KATTFUS. »

« En même temps il payait la rétribution nécessaire pour l'acquisition des droits de bourgeoisie, c'est-à-dire la somme de 6 thalers 18 gros. Le certificat qui porte cette mention porte également celle relative à une autre personne, le sieur Beckmann, marchand, qui ne paie, lui, pour sa réception que 18 gros, parce qu'il est déjà bourgeois de Berlin, et qu'il ne s'agit à son égard que d'une translation de droits. »

J'interromps ici J. Favre pour placer une brève observation.

Cette différence de taxe prouve, en effet, que Naundorff n'avait encore été bourgeois dans aucune ville de Prusse. L'acte de naissance constatant sa nationalité prussienne devenait donc indispensable légalement. On s'en est passé cependant, et l'on s'est contenté d'un mot de la haute police du royaume. C'est absolument démonstratif, ce nous semble. Jules Favre continue :

« Si j'insiste, Messieurs, sur ce détail, c'est qu'il établit d'une manière irrécusable que Naundorff acquérait à Spandau le droit de bourgeoisie, sans fournir aucune pièce autre que l'ordre de M. Lecoq, qui, au nom de l'autorité supérieure, forçait les portes de la bourgeoisie de Spandau, éludait le texte de l'ordonnance de 1808, et introduisait cet ÉTRANGER sans antécédents, dont on ne connaissait pas l'origine, parmi les paisibles bourgeois de Spandau.

» Plus tard, dans des circonstances que vous connaitrez, nous avons dû essayer d'arriver à une conviction complète en ce qui concerne ce fait. Nous avons dû faire des recherches à Spandau, et il a été attesté par les magistrats de la ville qu'on n'avait, en effet, produit aucune autre pièce que le certificat de M. Lecoq.

» Voici le texte de la déclaration des magistrats de Spandau, recueillie en 1856 par M. le consul prussien à Rotterdam :

« Le magistrat de Spandau déclare que ni d'après
» les actes qui se trouvent à Spandau, ni d'après les

» autres actes judiciaires qu'il a examinés, le sieur
» Naundorff n'a remis d'autres documents à l'occa-
» sion de son domicile à Spandau, qui pourraient
» donner les éclaircissements désirés, que l'attesta-
» tion du conseiller d'Etat, président de la police,
» M. Lecoq.

» *Signé :* Frédéric CARP. »

» Voilà, Messieurs, le point de départ de tous les
événements certains. Je ne m'occupe que de ceux-ci
pour le moment ; nous allons en suivre la filière.

» Naundorff arrivant à Berlin, où il n'est pas connu,
où il ne peut rien dire de son origine, où il fait à
M. Lecoq la déclaration que j'ai dite, obtient de ce
magistrat une protection tellement puissante, qu'il
est admis bourgeois de Spandau sans autre vérifica-
tion que celle qui vient de l'autorité officielle. »

Mais, diront nos lecteurs, cela prouve bien que le
gouvernement prussien a voulu cacher la personnalité vraie de Naundorff, mais cela ne prouve point
que cette personnalité, qu'il voulait cacher, fut celle
de Louis XVII.

C'est juste.

Mais j'ai prouvé, au chapitre *Couronnes et tiare* que
Naundorff, dès ses premières relations aves le gouvernement prussien, s'est donné comme étant
Louis XVII. Je ne veux pas répéter ces preuves : ce
serait fastidieux. Deux mots seulement, pour rafraî-
chir la mémoire de mes lecteurs.

« Il est bien certain, ai-je dit, que Naundorff, en
arrivant à Berlin, s'est donné à M. Lecoq, préfet de
police de cette capitale, comme le Dauphin, évadé des
cachots de Bonaparte. L'un des cartons qui contient

son dossier porte les noms de Charles-Louis et de duc de Normandie mêlés à ceux de Charles-Guillaume et de Naundorff : M. Xavier Laprade l'a vu et en témoigne. M. Otto Friedrichs a vu aussi à Berlin des papiers officiels rappelant les négociations et arrangements qui intervinrent alors entre Naundorff et la Prusse. En outre, le général comte Poulain du Fays et le général marquis de la Roche-Aymon, émigrés, alors au service du roi de Prusse, apprirent de l'état-major prussien et chez le préfet de police Lecoq l'arrivée du Dauphin à Berlin vers 1810 et son établissement *comme horloger*. Naundorff, dans ses rapports avec le gouvernement prussien, s'est donc bien donné pour Louis XVII dès le premier jour, et par conséquent, c'est bien cette personnalité politique que le gouvernement prussien a voulu cacher par ses dispenses illégales. »

*
* *

J'ai dit tout à l'heure que, personnellement, Frédéric-Guillaume III, pouvait peut-être ignorer la présence de Naundorff en ses états. Je l'ai dit parce que le roi l'a affirmé plus tard. Mais quoi! MM. de la Roche-Aymon et du Fays auraient appris de la police du roi et de son état-major un secret d'Etat que le roi lui-même n'aurait pas su ? Naundorff n'a point cru cette affirmation royale et, dès sa première assignation à la duchesse d'Angoulême, il y fit insérer qu'il avait été reçu bourgeois de Spandau « par ordonnance et mandement de pur mouvement, » de ce même roi de Prusse. Certainement Naundorff n'aurait pas pu faire la preuve directe de cette affirmation. Elle peut même être erronée à la rigueur, mais combien elle est vraisemblable ! En tous cas, il me semble bien qu'après 1814 le roi de Prusse pouvait bien moins encore, affirmer son ignorance : on va le voir.

Nous avons donné déjà le témoignage notarié de la marquise de Broglio-Solari. Nous nous contenterons d'en rappeler ce passage :

« Ayant passé quelque temps avec Hortense, reine de Hollande, à Augsbourg, vers l'année 1819 ou 1820, elle me confirma dans plusieurs conversations l'évasion du Dauphin du Temple ; et entre autre choses, elle me dit que, lorsque l'empereur Alexandre *et le roi de Prusse* allèrent visiter Joséphine, ils lui dirent : « Qui mettrons-nous sur le trône de France ? » Et Joséphine leur répondit : « Naturellement, le fils de Louis XVI! »

Ainsi Frédéric-Guillaume III était bien averti par l'impératrice.

Voici un autre témoignage. Il émane d'un vieux serviteur de la famille royale, de Jacques Boillaut, ancien valet de pied de Louis XVIII, depuis lors rentier, demeurant à Paris (58, rue de l'Université).

« En 1814, j'allai me présenter à l'hôtel Beauharnais, chez le roi de Prusse, pour lui servir de conducteur dans Paris. Il agréa mes services, et non-seulement à cette époque, mais toutes les fois qu'il revint à Paris, je lui servis de guide et l'accompagnai partout. Sa promenade favorite était le Luxembourg ; c'est là que j'eus particulièrement lieu de lui parler de la Révolution, sur laquelle il me demandait constamment des détails. En lui parlant un jour de Louis XVI, je lui dis que j'étais convaincu que le fils de ce prince existait, et que j'avais eu sur son évasion du Temple des détails qui ne me laissaient aucun doute. Le roi ne me répondit qu'en me recommandant de ne jamais parler d'une pareille chose, si je ne voulais pas me faire arriver de la peine. Je pris, malgré cela, la liberté de lui donner par écrit de nouvelles explications à ce sujet ; il brûla immédiatement ma lettre et me dit en me revoyant ; « Je vous » ai déjà défendu de m'entretenir de cette idée ; faites » attention à la nouvelle défense que je vous fais, car » vous pourriez cruellement vous en repentir. » Ce fut lui qui me plaça comme valet de pied auprès de Louis XVIII, et lorsqu'il me fit entrer au service de ce prince il me dit : « Si vous ne m'aviez pas demandé » avec tant d'instance la place que je vous ai fait » accorder, j'aurais préféré vous placer auprès du » prince de Condé, car je crains que vous ne puissiez » retenir votre langue au sujet de votre Louis XVII, » et les conséquences pour vous en seraient très » graves. » En effet, ayant eu la faiblesse de me confier à l'un de mes camarades, je fus trahi et immédiatement renvoyé sans aucun motif. Jamais je ne vis le roi dans une colère pareille à celle où il se mit le jour de mon renvoi. Quelques jours après, je revins au château pour solliciter la bienveillance de M. le comte d'Artois. Avant d'arriver à ce prince, je rencontrai M. le duc de Rivière qui me demanda où j'allais et qui me dit : « Vous avez eu bien tort, Boillaut, de « vous représenter ici ; vous vous êtes permis un » propos qui devait vous perdre ; vous avez parlé de » Louis XVII ; quand même il vivrait, vous n'auriez » dû en rien dire (1) ; si Decazes vous y reprenait, il

---

(1) Le duc de Rivière n'a pas l'air d'être bien convaincu de la mort de Louis XVII au Temple.

» pourrait bien vous envoyer finir vos jours dans un
» cul de basse-fosse. Allez-vous-en d'ici, n'y repa-
» raissez jamais, et surtout prenez garde à vos
» paroles. »

Jacques Boillaut publia ce témoignage en 1835,
dans le N° 19 de la *Justice*.

Ainsi Frédéric-Guillaume III, qui venait d'entendre
les confidences de l'impératrice Joséphine, ne dit
point à Boillaut: « Vous êtes dans l'erreur, Louis XVII
est mort au Temple. » Il se contente de lui dire qu'il
va se « faire arriver de la peine » et qu'il pourra
« cruellement s'en repentir. » Il ajoute qu'il aimerait
« mieux le placer auprès du prince de Condé » car
là il aurait moins besoin de « retenir sa langue »,
attendu que Condé lui-même croyait à l'évasion. On
voit que le roi de Prusse était parfaitement renseigné
et Louis XVIII le savait bien. Grâce à la connivence
de ce dernier, disposé à tous les sacrifices pour payer
l'usurpation du trône de son neveu, la politique
prussienne préparait la formation d'un puissant état
qui, agrandi d'une partie de la Saxe, d'une partie de
la Westphalie, du grand duché du Bas-Rhin, de la
Poméranie suédoise, de la Posnanie et des territoires
que la paix de Tilsitt lui avait fait perdre, arrivera,
moins de soixante ans après, à dominer l'Europe.
Louis XVII a été, en 1814, le principal facteur de
l'agrandissement de la Prusse. C'est lui que la diplo
matie prussienne a eu mission de faire entrevoir avec
la discrétion voulue. Le roi de Prusse devait donc
bien savoir qu'il avait à Spandau le vrai roi de France.
S'il avait cru avoir en Naundorff un simple mannequin, il n'aurait pas su ni pu en tirer le résultat diplo-
matique qu'il en tira. Frédéric-Guillaume III, quoi

qu'il en ait dit plus tard, savait la présence de Naundorff à Spandau et le croyait bien Louis XVII.

La seconde attitude de ce roi n'infirme aucune-
ment la première. Cette seconde attitude fut dictée
par la crainte de Napoléon et par des visées d'avenir.
Elle ne contredit pas la première, toute de bienveillance discrète, mais désintéressée et dévouée.
Cette attitude première était la résultante de la tradition laissée par Frédéric-Guillaume II à son fils,
tradition si bien traduite par les deux médailles plus
haut reproduites.

II

CONTRE UN GÊNEUR — POIGNARD ET BALLES

Au moment où la présente brochure achève de
s'imprimer, un ami, qui, en corrigeant les épreuves,
a lu tout notre travail, nous écrit :

« Il manque une preuve à votre démonstration.
Quand un homme gêne *vraiment* et *beaucoup*, on le...
supprime ! Voyez Syveton ! Assurément la duchesse
d'Angoulême était incapable d'ordonner un crime.
Mais n'a-t-elle pas dit à Mme d'Av. (1) et à d'autres :
« De quel fardeau pénible je serais soulagée, si l'on
m'apportait la nouvelle de la mort de mon frère ! »
Cette parole me rappelle, malgré moi, la plainte
d'Henri II d'Angleterre contre l'archevêque de Can-

---

(1) *Intrigues dévoilées*, T. III, p. 75.

torbery, le martyr Saint-Thomas Becket : « Parmi les lâches qui mangent mon pain, il n'y en aura donc pas un pour me débarrasser de ce prêtre rebelle ? » N'y a-t-il pas trop souvent, dans l'entourage des princes, des hommes de parti, sans beaucoup de scrupules, pour qui la fin justifie les moyens ? Si Naundorff était Louis XVII, il a dû être de la part des Bourbons exilés, une gêne effroyable, un cauchemar angoissant. Et parmi les courtisans de leur exil, il a dû se trouver tel partisan, homme d'action pour qui la Raison d'Etat était une justification très suffisante. Oui, si Naundorff était le Dauphin, infailliblement on a dû tenter de le *syvetonner* ».

Eh mais, cher Monsieur, on ne s'en est point fait faute !

Je serais infini si je voulais raconter ici la série des attentats de toute sorte dont Naundorff a été la victime. Je me contenterai de signaler en quelques mots les deux tentatives d'assassinat dans lesquels le poignard et les balles essayèrent de le faire disparaître en 1834 et 1838.

Voyons d'abord l'attentat de 1834.

Voici la lettre que M. de la Rochefoucauld adressa, dans cette circonstance, à la duchesse d'Angoulême.

Nous la trouvons dans les *Mémoires* du noble vicomte.

« Madame,

» ... Une circonstance importante a précédé de quelques jours le retour de M. de [Saint-Didier] (1).

---

(1) Qui était allé en Autriche demander à la duchesse d'Angoulême une audience pour Naundorff.

Je ne la juge point, bien qu'elle soit grave ; je me borne à la raconter.

» On vint me prévenir le 29 janvier, en toute hâte, que le personnage avait été atteint la veille, à huit heures du soir, de plusieurs coups de poignard, dont un paraissait assez profond, mais qu'on ne le croyait pas en danger.

» Je m'y rendis le lendemain, et j'examinai le tout avec le plus grand soin ; je voulus voir et JE VIS LA PLAIE et tous les habits percés de plusieurs coups, tous les linges baignés de sang : la blessure est A QUEL-QUES LIGNES DE LA RÉGION DU CŒUR. Au-dessous se trouve une contusion fort douloureuse, causée par la pression violente *d'une médaille d'argent de la sainte Vierge, percée de part en part, et qui semble avoir paré un coup* QUI EUT ÉTÉ SANS RÉMISSION (1). On avait eu l'imprudence de venir à Paris, de se rendre dans une maison surveillée (2), de vouloir en sortir seul. On a lutté avec force contre deux hommes, qui ont fini par se sauver à l'approche d'une voiture, et bien que terrassé, après être tombé, on avait eu la présence d'esprit de ne point crier, sentant l'importance qu'il y avait à ne pas être arrêté sans avoir pris de précautions.

» On parlait avec un extrême sang-froid : « *Le Dieu* » *de saint Louis, qui m'a toujours protégé, vient encore*

---

(1) Naundorff a fait cadeau de cette médaille à M. Ferdinand Geoffroy, père de notre vénérable amie Mme de Tournefort, dont nous venons d'apprendre la mort.

(2) Ces détails sont inexacts. Le prince avait dîné chez Emile Marco de Saint-Hilaire et était allé à la poste chercher une lettre qu'il attendait impatiemment de M. Appert, curé de Saint-Arnoult.

» *de me sauver comme par miracle*; il achèvera son
» ouvrage, Monsieur, en me faisant reconnaître pour
» le fils de l'infortuné Louis XVI. Oui, je suis la vérité,
» bientôt on le saura. Puisse ma sœur ne pas mettre
» plus longtemps obstacle à ma reconnaissance, qui
» aura lieu sans elle et malgré elle ! » Je me taisais.
» Douterez-vous encore me dit une personne pré-
» sente ; en aurez-vous le courage ? — Je plains la
» souffrance et le malheur, répondis-je ; je vois en
» effet une circonstance grave, mais rien au monde
» n'est capable de me faire déclarer une conviction
» avant qu'il ne puisse plus me rester un doute, et que
» toutes les preuves que l'on annonce tenir en réserve
» aient été données ». Chacun garda le silence.

» Comprenant la nécessité de constater tous les
faits, j'ai envoyé un homme de l'art, habile et discret ;
Il ignore entièrement qui est le blessé ; les procès-verbaux ont été dressés avec la plus scrupuleuse exactitude ;
une saignée faite, un régime ordonné, le malade est
bien, mais la suppuration annonce une plaie profonde, que quelques lignes de plus rendaient mor-
telle : les habits ont été confrontés par mes soins, et
l'identité est parfaite ; il est prouvé que la blessure
a été opérée par un coup violent. Donné sans intention, aurait-on pu le diriger ainsi à si peu de distance
du cœur.

» En même temps, une nouvelle lettre était également adressée dans ces termes à Son Altesse Royale (1)
par la personne qui avait connu le Dauphin dans son
enfance et qui assurait toujours qu'elle le voyait dans
le prétendu Louis XVII ».

---

(1) La duchesse d'Angoulême.

Voici une partie de cette lettre. Mme de Rambaud sollicite une audience pour Naundorff et ajoute :

« Madame apprendra de lui sa triste histoire ; elle y verra sa résignation soutenue par son espoir en Dieu, dont la main puissante l'a préservé jusqu'à ce jour, et, depuis peu encore, d'une tentative d'assassinat, qui, sans Dieu, eut terminé sa vie !.... D'autres se sont chargés d'en instruire Votre Altesse Royale. C'est une chose aussi pénible à dire qu'à penser et qui remplit mon cœur d'effroi : sûrement, ce n'est point un faussaire qu'on assassine !!! On le juge, comme tant d'autres l'ont été à cet égard et qui ont disparu de même comme des fantômes. Cette identité de plus, ajoutée à tant d'autres, me fait supplier Votre Altesse Royale de voir son Auguste frère....

» Mottet, Vve de Rambaud. »

Après avoir cité ces deux lettres, M. de la Rochefoucault ajoute :

« J'avais été moi-même prévenu par un billet pressant de l'accident funeste dont il est question dans les deux lettres précédentes, et des suites que cet accident pouvait avoir. La blessure n'était que trop réelle, et outre les témoignages qu'on vient de lire, les procès-verbaux du chirurgien habile et accrédité qui avait été appelé ne pouvait laisser aucun doute... » (*Mémoires* de M. de la Rochefoucault, T. V, p. 152 et 170).

Ce chirurgien, dont le vicomte ne donne pas le nom, était P. E. Rulx, chirurgien interne de l'hôpital de la Pitié (1).

---

(1) *Correspondance de Louis XVII*, Otto Friedrichs, T. I, p. 235.

Citons encore un passage de la Rochefoucault :

« Il était hors de doute que ce personnage était toujours l'objet de la surveillance de la police ; car pendant son séjour dans le quartier et dans l'habitation retirés qu'il occupait, le maître de la maison me raconta qu'une fois, vers la fin de mars (1834), un Anglais, qui fréquente cette maison et qui par sa stature et son apparence offre quelqu'analogie avec le personnage en question, sortait, entre dix et onze heures du soir, de la rue de... ; un homme s'approche de lui, le suit et le regarde d'assez près à la lueur d'un reverbère ; aussitôt, à un coup de sifflet qu'il fait entendre, deux autres hommes sortent d'un mur contre lequel ils paraissaient collés, et arrivent sur lui. L'Anglais, vigoureux et robuste, se débarassa d'eux avec quelques rudes coups de poing, et parvint à se sauver ».

Ainsi, l'attentat du 28 février était manqué, ou voulait s'y reprendre !

On s'y reprit effectivement le 16 novembre 1838, à Londres. Gruau de la Barre raconte dans la *Survivance*, p. 312, les péripéties de l'attentat :

« Nous résidions alors, le Prince et moi, chez M. Batt, n° 21, Clarence-Place. Une maison assez vaste pour nous loger tous, fut louée sur la place de Camberwel-Green, à très peu de distance de la nôtre. Tous les jours, nous allions prendre nos repas en commun, et nous retournions coucher à notre ancienne habitation, parce que les chambres qui nous étaient destinées ne se trouvaient pas encore entièrement disposées pour nous recevoir. Le mercredi, 13 novembre, à cinq heures et demie du soir, pendant que nous dînions, on informa le Prince qu'un Français malheureux réclamait son assistance, et insistait pour le voir. Interrogé, il répondit qu'il était un réfugié vendéen, condamné à mort pour avoir pris part au mouvement politique organisé par la duchesse de Berry; qu'il s'appelait Désiré Roussel; *qu'il venait de Suisse* (1), et qu'il habitait depuis trois mois l'Angleterre. La police a constaté qu'il était venu à Londres le 17 du mois de janvier dernier; qu'il avait de nouveau débarqué à Liverpool, il n'y avait pas longtemps, et que, quelques mois auparavant, il était à Londres. C'était un assassin envoyé pour tuer le duc de Normandie.

» Dans la première quinzaine du mois d'août, à notre dernière résidence, que nous avions quittée depuis quelques jours, un individu se présenta avec une lettre pour le duc de Normandie, manifestant un grand désir de le voir. Cette lettre me fut remise à Clarence-Place. Il revint trois fois chercher la réponse, insistant pour voir le Prince. Je lui fis dire que le Prince était à la campagne, et qu'il devenait inutile de faire de nouvelles démarches auprès de lui. Il s'informa alors quand le Prince serait de retour..... cet homme était *Désiré Roussel* qui, sous un autre nom, dès son arrivée à Londres, cherchait à se rapprocher de Son Altesse Royale.

» J'arrive au 16 novembre. Ce jour-là, à six heures et demie du soir, le Prince et moi nous allâmes faire nos préparatifs de déménagement, devant quitter le soir la maison. M. l'abbé Laprade nous accompagnait,

---

(1) Il avait essayé d'apprendre de *Frédéric* Leschot où étaient cachés les papiers de Louis XVII. Voir *Légitimité*, 1900, p. 524.

Vers huit heures et demie, le Prince eut besoin de se rendre au jardin où étaient les lieux d'aisance. Un brouillard fort épais ajoutait encore à l'obscurité. Je lui proposai de l'accompagner ; il ne voulut pas y consentir, prit un flambeau et sortit. M. Laprade et moi nous étions au salon dans une parfaite sécurité, qui fut bientôt troublée par deux effroyables détonations et un cri déchirant.

» Nous nous précipitons au jardin ; nous appelons le Prince ; nous courons à l'endroit où nous supposions qu'il devait être, et nous le trouvons étendu par terre. Je veux le relever ; le royal infortuné me dit d'un ton pénétrant : « Prenez garde, mon ami, je suis blessé.... » Environ un quart d'heure après le bruit des coups de feu, des hommes de la police et beaucoup de témoins virent trois fusées lancées d'une rue où avait résidé l'assassin. On ne sut que plus tard la vraie cause de ces signaux. Il est résulté des rapports des agents de police que l'assassinat était prémédité, et l'œuvre de plusieurs misérables qui l'avaient concerté ensemble.

» Assistés des personnes de la maison, nous relevâmes le Prince et le conduisîmes dans son appartement. Il nous dit qu'au moment de sortir du cabinet, il avait entendu marcher ; mais, pensant que c'était un de nous, il ouvrit la porte sans défiance, et se vit en face d'un homme qui, tenant un pistolet de chaque main, les dirigea sur sa poitrine et les déchargea soudainement, au moment où, élévant le flambeau pour regarder, il s'était tourné un peu : « La commotion fut si forte, ajouta l'auguste blessé, que je crus être coupé en deux, et fus renversé comme par l'effet de la foudre. »

» Les pistolets contenaient double charge; deux balles étaient entrées dans le haut du bras gauche; et le second coup avait frappé au cœur. Sans le mouvement que fit le Prince, il eût infailliblement été tué sur-le-champ. La partie de l'habit sur la poitrine atteinte du coup de feu était brûlée, ainsi que le gilet et la chemise. M. Brown, l'un des docteurs appelés auprès du Prince et qui fit l'extraction des balles, a dit dans sa déposition :

« Ma ferme conviction est que deux pistolets simples
» ont été déchargés sur le duc. Les deux balles que
» j'ai extraites du bras ont dû partir du même canon.
» Mais, en outre, je découvris sur le côté gauche une
» contusion d'un caractère si grave que je me vis dans
» la nécessité d'y appliquer cinquante sangsues. »

« Desiré Roussel fut arrêté le lendemain. Le Prince fut loin de se réjouir de l'arrestation de ce scélérat. Il déclara qu'il n'entraverait pas le cours de la justice ; mais que, si l'on avait besoin de sa parole pour l'envoyer à la mort, sans trahir la vérité, il ne la donnerait pas ; *qu'il était l'instrument de ses cruels ennemis, et qu'il lui pardonnait.* Le digne fils du Roi-Martyr, pardonnant comme lui à ses bourreaux, mit en pratique la sublime générosité de son âme ; *car je puis affirmer qu'il avait reconnu l'assassin.* S'il eût juré positivement qu'il le reconnaissait, cet homme atroce eût été pendu (1).

» J'ai reproduit dans les *Intrigues dévoilées* la totalité

---

(1) Loin d'être pendu, il conserva une pension qu'il avait des Bourbons, et qui lui fut continuée par Louis-Philippe. Son vrai nom était *Désir* (Isaïe-Pierre-Amédée). Il mourut à Genève, le 1er novembre 1849.

des débats criminels; je ne les retrace pas ici ; mais je dois signaler un incident de haute portée qui marqua les premiers instants de la perpétration du crime. M. Brown, étant retourné chez lui pour aller chercher les instruments nécessaires à l'extraction des balles, revint tout ému, presque tremblant et nous dit : « A peine étais-je dehors (il était dix heures du soir) qu'un étranger sort de la foule qui encombre les avenues de la maison. Enveloppé dans son manteau, il se cachait la figure ; il m'aborde brusquement et, du ton d'un homme fortement agité, me demande : « *Le Prince est-il mort ?* » Tout interdit de cette question, et de la contenance de l'individu, je ne pus que répondre : « Non, mais il est grièvement blessé. — *Mourra-t-il ?* » ajouta l'inconnu, en me suivant. — J'espère que le » prince français n'est nullement en danger, » répliquai-je. Et aussitôt cet étranger, que je pense actuellement être un complice de l'assassin, disparut avec précipitation. »

« Le lendemain de l'attentat, Mme la comtesse du Plessis vint voir le Prince, et, indignée, nous rapporta que le baron Capelle, l'un des derniers ministres de la seconde usurpation, et l'agent de la famille royale déchue, débitait partout :

« *Que cet assassinat était une comédie; que l'impos-* » *teur ou quelqu'un de ses amis avait tiré sur lui pour* » *exciter l'intérêt public en sa faveur !....* »

« Les balles ayant manqué la victime royale, on sentait l'importance d'essayer de détruire, dans l'opinion publique, ce second témoignage d'identité PAR LE SANG. »

C'était inévitable... Comme le dit si bien Mme de Rambaud : « Sûrement, ce n'est point un faussaire qu'on assassine. On le juge ! » On comprenait cela. Et l'on voulait détruire ou empêcher cette évidence de frapper les esprits. Je ne puis songer à réfuter ici ces calomnies ineptes. Je l'ai fait dans la *Légitimité*, tout au long et en grand détail, en 1886, et mieux encore, en 1897-98. On peut s'y reporter. On y verra que Naundorff n'a point été dédaigneusement laissé en paix et que, si on ne l'a point *syvelonné*, c'est qu'on n'a point pu y réussir. La bonne volonté ne manqua pas.

Mais Dieu, sans doute, a voulu garder « *le vieux sang de la Cape* » pour des destinées ultérieures.

III

LOUIS-PHILIPPE NAUNDORFFISTE

Au chapitre *Couronnes et Tiare*, nous avons vu que Louis-Philippe avait prouvé par ses illégalités violentes envers Naundorff, sa conviction naudorffiste. De cette conviction, nous avons un écho topique dans la *Légitimité* du 1er mars 1897 (p. 335). On peut y lire la lettre suivante :

« Génelard, le 27 décembre 1896.

» Monsieur le Directeur,

» Mon frère étant à Souvigny (Allier), il y a une quinzaine d'années, a entendu raconter le fait suivant par M. Ogerdias, curé de cette paroisse, mort depuis quelques années. Cet excellent prêtre *ayant*

*été second aumônier à la Cour du roi Louis-Philippe,
de 1836 à 1840, disait aux Frères — que le roi, les
princes et les princesses savaient fort bien que
Louis XVII n'était pas mort au Temple ; qu'on en
parlait couramment à la Cour et qu'on était au courant de tout ce qui le concernait.*

» Mon frère, actuellement directeur des Frères
Maristes à Génelard, ne tient pas à livrer son nom à
la publicité ; mais il répétera quand vous voudrez et
devant n'importe qui le récit ci-dessus.

» Recevez, Monsieur, mes plus sincères salutations.

» Frère VIVENTIUS,

» Professeur à Génelard (Saône-et-Loire. »

La *Légitimité* ajoute :

« Nous remercions vivement le T. H. Frère Viventius de son intéressante communication ; et nous
invitons, pour la centième fois, tous ceux qui connaissent des faits ou témoignages corroborant notre
thèse à ne pas craindre de nous les adresser. Ils
s'honoreront grandement en prenant place, devant
l'opinion, parmi les témoins de la vérité historique. »

IV

OSMOND A CHILESHURST

On a pu voir, p. 85, qu'il y a près de trente ans,
étant en Angleterre, j'avais été amené à aller saluer
l'Impératrice Eugénie et son fils, le Prince Impérial.

Déjà, lors de la première édition de *Fleur de Lys*, le fait de cette visite avait donné lieu, parmi nos amis, à certains commentaires et à certaines critiques. On me permettra d'y couper court, en donnant ici le simple récit de mon voyage.

Voici comment je le racontai au commandant Armand M... en 1901.

Saint-Brisson, Cendres, 1901.

Monsieur et cher ami,

Le samedi, 6 octobre 1877, après avoir dit ma messe à Saint-Paul-Saint-Louis, j'accompagnais à la gare du Nord un ami, lorsque je vois une affiche : « *Dernier train de plaisir de la saison pour Londres ; aller et retour, tant !* »

J'ouvre précipitamment mon porte-monnaie où je trouve 143 francs. Immédiatement décidé, je file à Montrouge, où ma cousine Jeannin me prête les habits d'Athanase (1) et me cravate comme elle vous l'a rappelé. Je reviens à la gare et je prends le train comme un vrai fou, sans savoir où je descendrais là-bas, et, en fait d'anglais, connaissant le mot *yes*. Tenez, je ne sais même pas au juste comment le mot s'écrit. Du diable si le matin, en me levant, je pensais aller en Angleterre ! .

J'étais venu à Paris pour mon livre *Courtenay et ses anciens seigneurs*, et j'avais la malchance de trouver archives et bibliothèques fermées. Mais mon curé (2) m'avait donné un congé d'une quinzaine, et

---

(1) Son mari qui était à son bureau.
(2) J'étais alors vicaire de Courtenay.

je ne voulais pas rentrer avant la dernière minute. Ma fugue vers la traîtresse Albion avait toujours l'avantage de passer le temps.

Me voilà donc dans le rapide, très gêné par mon costume d'occasion. Les poches du pantalon s'ouvraient, non sur la couture, mais sur le bas ventre. Et puis j'avais atrocement froid aux cuisses habituellement plus préservées.

Il y avait dans mon compartiment une jeune dame, un vieux monsieur décoré et un soldat qui se mit à fredonner des vilenies. Je le fis taire avec autorité, et le vieux monsieur me prêta main-forte. La dame me remercia. Elle allait à Londres rejoindre son mari qui était batteur d'or et demeurait près des Jésuites français. Je lui contai mon cas et elle voulut bien me promettre de me conduire chez eux. J'embarquai à Boulogne-sur-Mer à minuit et je devais débarquer à Londres, aux docks Sainte-Catherine, le dimanche à neuf heures du matin. « Si je ne puis dire la messe, je pourrai toujours l'entendre », me disais-je ? Or, grâce aux brouillards de la Tamise, je débarquai à trois heures du soir ! C'est la seule fois de ma vie que, bien portant, je manquai la messe. Les hamacs — de simples rayons de marchands de nouveautés — n'étaient point tendres. J'y dormis tout de même, après avoir regardé longtemps mes pieds faire un 8, par suite du roulis et du tangage combinés. J'avais choisi le hamac le plus élevé, aimant mieux éventuellement... donner que recevoir. Mais le cœur fut solide. Vers sept heures du matin, nous n'étions pas encore en Tamise, et le Pas-de-Calais offrait un coup d'œil splendide, égayé par plusieurs centaines de navires, et illuminé par le soleil. Et puis, la mer est un spectacle si grandiose! Je me souviens que, commençant mon chapelet avec ce spectacle sous les yeux, et ayant, pour commencer, à dire le *Credo*, je m'écriai avec enthousiasme : « *Credo !!* ah dame oui, par exemple! *Credo in Deum omnipotentem !* »

Mais nous entrions en Tamise, et adieu le spectacle. Un brouillard intense nous envahit. Impossible de voir à vingt mètres. Tous les vapeurs qui montaient faisaient entendre, sans discontinuer, le sifflet d'alarme. Tous ceux qui descendaient sonnaient avec une clochette proportionnée au tonnage. J'allai me recoucher, fort ennuyé de voir que je manquerais la messe. Tout à coup la coque du navire grinça, râclée horriblement dans tout son bordage et j'entendis des cris déchirants. Je montai vite sur le pont, je vis les hommes de l'équipage pâles, livides, et j'aperçus dans la buée une forme gigantesque qui s'était arrêtée, pour dresser et envoyer procès-verbal à l'amirauté. A l'arrière, je lus ce nom de sinistre mémoire : l'*Azincourt !*

En rentrant au salon des voyageurs, mon pied glissa sur les marches de zinc humide, et je fis de la main un mouvement instinctif pour préserver d'une déchirure la soutane.... que je n'avais pas. Une dame vit le mouvement et sourit. Elle vint à moi, m'appelant carrément *Monsieur l'abbé* et, à elle aussi je racontai mon histoire. — « *Eh ! bien, monsieur l'abbé*, me dit-elle, *il y a une Providence pour les jeunes fous. Ma maison, si vous le voulez bien, sera votre hôtel —* », et nous échangeâmes nos cartes. J'étais tombé sur lady Mac-Mahon , parente écossaise ou irlandaise du maréchal, veuve d'un député aux Communes. J'acceptai et j'allai remercier ma batteuse d'or, qui n'eut pas l'air d'en être autrement fâchée.

Le lendemain, au retour de la messe, Mme Mac-Mahon me dit : « *Je n'ai point l'intention de vous piloter dans Londres. Débrouillez-vous. Seulement je pars tout à l'heure pour Chileshurst, où je vais voir l'Impératrice Eugénie. Vous plairait-il de m'accompagner ?* » — Je ne répondis point que j'étais légitimiste, et que Mgr le Comte de Chambord était mon roi, mais je répondis — ce qui était vrai : — « Milady, mes parents m'ont élevé dans la crainte de Dieu et l'amour de Napoléon » — *All right !* et nous partîmes.

Je vis donc chez elle, au coin de son feu, l'Impératrice Eugénie, très belle encore. Je me souviens de toute la conversation qui dura une demi-heure. Je serais infini, si je la voulais raconter. J'en ai rappelé un mot, p. 15, de *Fleur de Lys* (1).

Comme nous nous levions en demandant des nouvelles du Prince Impérial : « *Mais je veux que vous le voyiez* » dit-elle, et Sa Majesté le fit prévenir.

Le Prince vint et je causai debout avec lui douze à quinze minutes. Il était beau, imposant, aimable. En le quittant je me permis de lui dire : « *Monseigneur, il nous faut un gouvernement fort, et donnant l'exemple.*

— C'est mon programme, me répondit-il. Au revoir, mon cher abbé, au revoir..... aux Tuileries. — » Je m'inclinai et nous sortîmes.

Le lendemain mardi, à dix heures du soir, je repris le paquebot. Nous devions être à Boulogne à midi, mais nous manquâmes la marée, et la passe étant

---

(1) De la première édition ; p. 85 de la seconde.

peu profonde, nous dûmes faire le va et vient sur le détroit jusqu'à minuit. Le jeudi soir j'étais à Châtillon-sur-Loire, où l'on me fit fête, quoique je n'eusse plus que..... cinq sous dans ma poche.

» *Il vous a parlé, grand'mère ! Grand'mère, il vous a parlé !* » Mes parents éprouvaient le même sentiment. « *Tu iras le revoir aux Tuileries puisqu'il t'y a donné rendez-vous !.... Pour sûr, il te nommera évêque !* »

Hélas ! pauvre jeune homme ! La gloire et l'amour le conduisirent chez les Zoulous, et je me souviens du capitaine Carrey, le *Dreyfus* d'alors ! Oh ! les Anglais !...

Voilà, mon très cher, mon voyage à Chileshurst. J'étais allé à Paris, sans penser que j'irais en Angleterre. J'étais allé en Angleterre sans penser que j'irais voir l'Impératrice et son Fils.

La jeunesse est tout de même une belle maladie ! A 52 ans, on a horreur de l'imprévu, et la vie perd beaucoup de son côté pittoresque. Quelquefois mon confrère voisin, qui est jeune, me raconte l'emploi de sa semaine, et je me dis qu'à ce régime je préférerais aujourd'hui les travaux forcés. Jadis j'étais mécontent de rentrer. Plus tard j'étais content de sortir *et* de rentrer. Aujourd'hui je suis mécontent de sortir. Vie de prière, d'étude, de ministère, avec une petite distraction tous les quinze jours, voilà ce qu'il me faut maintenant !

Ci-joint (à retourner) une lettre que, de Londres, j'écrivis à ma famille. Vingt-trois ans ! *Longum œvi spatium,* dirait Tacite. Quand cette lettre parvint à Châtillon, maman fut épouvantée : la mer est si creuse ! Mon père, qui avait gardé bon souvenir de son tour de France, comme ouvrier plâtrier, dit au contraire : *Il a bien fait et je voudrais bien être à sa place.* »

Je vous écris tout cela pendant que les masques passent sous mes fenêtres, avec les lanternes allumées, cherchant défunt Carnaval. C'est saugrenu, mais *transeat*. Ce qui est moins innocent, c'est un couple que j'ai vu passer tout à l'heure : un prêtre en aube et étole, donnant le bras à une religieuse.

Echo malsain des débats de la Chambre ! Les femmes qui ont habillé ainsi ces jeunes fous sont plus à reprendre qu'eux. Ce sont évidemment les matrones qui protègent *l'école laïque.*

Un tas de gamins, qui ont encore au front les Cendres de ce matin, suivent cet abominable couple.

. . . .

Bien cordialement à vous.

OSMOND.

V

LA PENSÉE DE L'IMPÉRATRICE EUGÉNIE

Au moment où cette brochure s'achève, on nous communique un article de *l'Intermédiaire des Chercheurs et Curieux* du 30 avril 1905 (col. 617 et 618), où il est dit :

« Je suis autorisé (1) à déclarer que jamais l'Impé-

---

(1) Par qui ? On évite de préciser. Ce n'est donc pas par l'Impératrice.

ratrice Eugénie n'a émis l'opinion que l'Impératrice Joséphine avait contribué à aider à l'évasion de Louis XVII du Temple, et qu'elle ignore comment on a pu lui prêter un pareil propos.

» L'Impératrice croit que Louis XVII est mort au Temple.

» J'ajoute que Mme de Saulcy m'a affirmé n'avoir jamais entendu l'Impératrice parler de Louis XVII; qu'elle, et sa sœur, Mme Serre ont protesté lorsqu'on a voulu mettre en avant leur témoignage (1) dans cette affaire et que Mme de Saulcy m'a prié de renouveler encore cette protestation (2).

» Pour savoir l'autorité que l'on peut donner aux dires de M. d'Hérisson, on doit consulter les comptes-rendus de l'Institut: on y verra comment M. Philippe Berger, membre de l'Académie des inscriptions, durant trois séances consécutives, a démontré — à propos des fouilles de Tunisie — qu'il était impossible de se fier aux affirmations les plus formelles de M. d'Hérisson (3).

GERMAIN BAPST ».

Ah ???

M. le comte d'Hérisson répliquera, sans doute, mais nous n'avons pas le temps d'attendre sa réplique.

Je suppose bien, toutefois, que M. Germain Bapst

---

(1) Mais Mme Serre ne vous a pas « affirmé n'avoir jamais entendu l'Impératrice parler de Louis XVII? » Elle n'a protesté que contre la *publication* de son témoignage?

(2) Mme Serre ne vous en a pas prié?

(3) Je ne connais pas la question, mais s'il fallait traiter de malhonnêtes tous les archéologues qui, sur des vestiges à demi effacés, font des déductions hasardées !...

ne met pas tout le monde dans le même sac. Eh bien, voici, une seconde fois, la lettre que M. d'Hérisson reçut de M. le baron de Billing, attaché pendant vingt-cinq ans au Ministère des Affaires étrangères :

« Mon cher ami,

Je lis dans le *Cabinet Noir* un propos que vous mettez dans la bouche de l'Impératrice, relativement à Louis XVII. Votre mémoire, comme toujours, vous a merveilleusement bien servi. L'Impératrice se trouvant à Chiselhurst pendant la période 1870-71, a, en effet, tenu ce propos devant mes deux sœurs, Mme Serre, et Mme de Saulcy, dames du palais de Sa Majesté, *et devant ma nièce et mon neveu* (1) qui n'ont pas quitté l'Impératrice depuis le 7 septembre 1870 jusqu'au mois de juillet 1871. Mille amitiés de votre dévoué,

BILLING. »

Alors, Monsieur Bapst, c'est M. le baron de Billing qui . . . . . a travesti la vérité ? Car enfin il n'aurait pas toléré, lui ou sa famille, et ce depuis tantôt vingt ans que M. le comte d'Hérisson lui attribuât une lettre *fausse* ??? Dites. . . . . .

Mais non, Monsieur, la vérité est, sans doute, que Mmes Serre et de Saulcy ont été taxées d'indiscrétion et se mordent les lèvres.

Ça arrive souvent.

------

(1) Ceux-là ont-ils donné à M. Bapst mission de parler pour eux ?

TABLE

APPENDICE